División autonómica de España

Contigo

Ausgabe A in 2 Bänden

Schülerband 2

C. C. BUCHNERS VERLAG · BAMBERG

Contigo

Ausgabe A in 2 Bänden

Schülerband 2

Herausgegeben von Mónica Duncker und Eva-Maria Hammer

Contigo A wurde auf der Grundlage von Contigo B bearbeitet von Cora Heinrich.

Contigo B wurde erarbeitet von Mónica Duncker, Martha Freudenstein, Eva-Maria Hammer, Cora Heinrich, Christine Petersen-Silberg, Anke Schöttler, Britta Steinhauer und María Villarrasa

Bitte beachten: An keiner Stelle im Schülerbuch dürfen Eintragungen vorgenommen werden! Das gilt besonders für Lösungswörter und für die Leerstellen in Aufgaben und Tabellen.

1. Auflage 1 5 4 3 2 1 2017 16 15 14 13
Die letzte Zahl bedeutet das Jahr dieses Druckes. Alle Drucke dieser Auflage sind, weil untereinander unverändert, nebeneinander benutzbar.

Dieses Werk folgt der reformierten Rechtschreibung und Zeichensetzung. Ausnahmen bilden Texte, bei denen künstlerische, philologische oder lizenzrechtliche Gründe einer Änderung entgegenstehen.

www.ccbuchner.de

Redaktion: Michaela Silvia Hoffmann
Illustrationen: Heinrich Drescher, Münster
Gestaltung: Jutta Eckel, ideen.manufaktur | dortmund
Druck und Bindung: Stürtz, Würzburg

ISBN 978-3-7661-**6965**-5

Liebe Schülerinnen und Schüler!

Weiter geht's mit ***Contigo***: In diesem Lernjahr werdet ihr die spanischsprachige Welt in ihrer geografischen, kulturellen und historischen Vielfalt genauer kennen lernen. ***Contigo 2*** ist in acht *Etapas* eingeteilt, die jeweils einen thematischen Schwerpunkt haben. So erforscht ihr Galicien und die Kanarischen Inseln und erkundet die beiden größten Städte Spaniens, Madrid und Barcelona. Ein weiterer Fokus liegt auf Lateinamerika: Eine komplette Etapa widmet sich Argentinien, außerdem lernt ihr lateinamerikanische Geschichte und spannende Bräuche wie den *Día de los Muertos* kennen. Darüber hinaus werden Fragen behandelt, die euch ganz konkret bewegen: Freizeitgestaltung und Zukunftspläne, aber auch aktuelle Probleme.
Mit diesem Band erreicht ihr die Ebene B1, im Leseverstehen B1 plus, des europäischen Sprachreferenzrahmens. Grammatikalisch lernt ihr vor allem das Futur und den *Subjuntivo* kennen, so dass ihr über Zukünftiges sprechen und einen Standpunkt vertreten könnt. Auf den *Competencias*-Seiten nach den Etapas 3, 6 und 8 könnt ihr mithilfe der Lösungen (S. 206) euren Lernstand selbst ermitteln. Schließlich sollen euch eigene Strategieseiten, genannt *Manuales*, helfen.

B1

Im Buch begegnen euch außerdem folgende Zeichen:

Das ist ein Lesetext (= texto). Über den Mediencode könnt ihr auf www.ccbuchner.de eine Audio-Version des Textes herunterladen.

E Das ist eine Aufgabe (= ejercicio).

Hierbei handelt es sich um eine Hörverstehensübung.

Das ist eine Partnerübung.

Hier arbeitet ihr in einer Gruppe.

Hier sollt ihr selbst einen Text schreiben.

Hierbei handelt es sich um eine Mediationsaufgabe.

Zur Lösung dieser Aufgabe recherchiert ihr im Internet.

Dieses Symbol kennzeichnet Globalverstehenstexte, bei denen ihr nicht jedes Wort zu kennen braucht.

Bei der Lösung dieser Aufgabe hilft euch eine Strategieseite.

→G Hier findet sich ein Verweis auf ein Kapitel des Grammatischen Beihefts.

Hier erfahrt ihr Wissenswertes über Land und Leute.

¡Ojo! Hier geben wir euch Tipps für die Bearbeitung der Aufgaben und weisen auf häufige Fehler hin.

facultativo Dieses Symbol kennzeichnet fakultative Texte und Aufgaben.

Wir wünschen euch viel Spaß und Erfolg beim Spanischlernen mit ***Contigo***!

Índice

Índice

Die hier aufgelisteten Angebote sind nicht obligatorisch abzuarbeiten.
Die Auswahl der Übungsteile richtet sich nach den Schwerpunkten der schulinternen Curricula.

Etapa 1

Argentina: viajando por la Ruta 40

1 saliendo de casa en Bariloche

2 San Martín de los Andes, Ruta de los 7 lagos

3 Cañón del Atuel en Mendoza

4 Pasamos la noche en el camping de San Juan

5 Valle de la Luna, San Juan

6 guanacos[1] en Salta

7 Abra del Acay, Salta

8 Llegamos a Jujuy.

E1 La carretera más larga e impresionante de la Argentina

En Argentina hay un camino de 4.667 kilómetros que va a lo largo de los Andes. A lo largo de esta ruta puedes ver cómo cambian los paisajes y las culturas. Escucha el texto en el CD, haz una lista con los lugares que escuchas y búscalos en el mapa.

E2 Un blog de la Ruta 40

Este es el principio del blog de dos hermanos que recorrieron la Ruta 40 en moto. Con la ayuda de sus fotos y tu fantasía, cuenta sus aventuras y experiencias. Mira bien las fotos para ver qué tiempo hace, cómo es el paisaje, cómo se sienten los hermanos etc.

> Hola, somos Juan y Cocho, dos hermanos de Bariloche, de 25 y 17 años. Este blog es un pequeño resumen de nuestro viaje al norte argentino en las vacaciones de verano de 2010-2011.

despacitoperosindescanso.blogspot.com, 22.11.2012

Am Ende der Etapa kannst du ...

... Einträge für einen Blog schreiben
... einen Argentinier an seiner Sprache erkennen
... das Plusquamperfekt bilden und benutzen
... wiedergeben, was jemand anderes gesagt hat
... Wege beschreiben und dich in einer Großstadt zurechtfinden

1 el guanaco das wilde Lama

Paso 1 *La mágica Ruta 40*

Planeando un viaje

6965-02

Roberto es un primo de Anahí. Tiene 23 años y vive en Córdoba, Argentina. Hace unos días vio el blog de Juan y Cocho en Internet. ¡Le fascinan su viaje y sus experiencias! De momento está planeando hacer este recorrido con su amigo Ignacio. Está chateando con Anahí y contándole sobre sus planes.

Roberto: Anahí.

Anahí: Roby, ¿qué pasa?

Roberto: Estoy planeando un viaje… 🙂

Anahí: ¿Otro viaje???????

Roberto: Sí, y esta vez me quedo en Argentina. A que no adivinás adónde quiero ir…

Anahí: Dímelo, Roby.

Roberto: Y, vos ya sabés que Ignacio y yo planeamos ir de viaje juntos este año. Y recordé que había leído un blog de dos hermanos que habían recorrido la Ruta 40. Lo busqué mucho en Internet, y cuando lo había encontrado se lo mostré a Ignacio. ¡Ignacio también está encantado!

Anahí: Pero ¿no queríais viajar a Colombia?

Roberto: Sí, antes habíamos planeado recorrer Colombia con mochila, pero cuando leímos lo de la Ruta 40, cambiamos de opinión.

Anahí: ¿Y cómo lo vais a hacer?

Roberto: Bueno, los chicos lo hicieron en moto …

Anahí: ¿En moto!? ¡Pero tú no tienes moto!

Roberto: No, tranquila, queremos recorrerla en coche.

Anahí: ¿Y dónde encuentro este blog?

En algunos países de América Latina, especialmente en Argentina y Uruguay, la gente no usa el pronombre personal "tú", sino "vos". Esto se llama voseo. Tampoco usan el pronombre personal "vosotros", sino "ustedes". Las formas de los verbos en la segunda persona singular y plural también cambian.
En Argentina dicen, por ejemplo, "vos hablás y ustedes hablan", "vos comés y ustedes comen", "vos escribís y ustedes escriben", "vos sos y ustedes son". ¿Cómo lo dices en España?

E1 Sobre el texto …

1. Primero habla con tu compañero/-a sobre estos puntos y después escribe en tu cuaderno la información del chico con el que habla Anahí.
2. Piensa tres preguntas sobre el texto para tu compañero/-a.
3. Escribe un comentario que Roberto puede dejar en el blog de Juan y Cocho.

Nombre: ●●●,
pero Anahí le dice: ●●●
Edad: ●●●
Nacionalidad: ●●●
Ciudad en la que vive: ●●●
Relación con Anahí: ●●●

E2 El pasado del pasado

1. En el texto hay un nuevo tiempo del pasado: el pretérito pluscuamperfecto. Búscalo y escribe los ejemplos en tu cuaderno.
2. Habla con tu compañero/-a: ¿Cómo formas este tiempo? ¿Cuándo lo usas? Comprueba en el libro de gramática. → G 1.1
3. ¿Existe el mismo tiempo en tu idioma? ¿Y en otros idiomas? Escribe ejemplos.

E3 El señor Pluscuam Perfecto

Escribe frases con las formas correctas del pretérito pluscuamperfecto de los siguientes verbos. Usa la primera persona del singular.

hacer – poner – salir – dar – acostarse – escribir – ir – estar – leer – ver – comer – decir

E4 Tándem: ¿Lo habías hecho ya?

1. En parejas, haced preguntas y contestad usando el nuevo tiempo.

A	B
¿Ya ••• *(hacer)* los deberes de Español cuando te llamé ayer por la tarde?	•••••••
•••••••	Cuando llegaste ayer al instituto, ¿ya ••• *(empezar)* la clase?
Cuando llegaste ayer a tu casa, ¿tu familia ya ••• *(comer)*?	•••••••
•••••••	Ayer a las siete de la tarde, ¿ya ••• *(ver)* a tu mejor amigo/-a?
Cuando ayer te fuiste a casa, ¿ya ••• *(irse)* todos?	•••••••
•••••••	Ayer a las once de la noche, ¿ya ••• *(acostarse)*?

2. Pensad en dos preguntas más cada uno/-a.

E5 Antes de salir

1. Antes de hacer el viaje, Roberto y su amigo tuvieron que preparar muchas cosas. Escribe las formas del pretérito pluscuamperfecto. Cuando el 21 de septiembre Roby e Ignacio salieron de viaje ya …

a) ••• *(comprar)* un libro y un mapa de la Ruta 40.
b) ••• *(hablar)* con unos chicos que conocían bien la ruta.
c) ••• *(llevar)* el coche al mecánico.
d) ••• *(ver)* un DVD sobre el viaje.
e) ••• *(hacer)* un plan de viaje.
f) ••• *(escribir)* e-mails a diferentes hostales.
g) ••• *(preparar)* sus mochilas.

2. ¿Qué otras cosas crees que ya habían hecho? Completa la lista.

E6 El blog de Roby

1. Durante su recorrido por la Ruta 40, Roby también prepara un blog. Cada noche, antes de dormirse, se sienta en una mesa o simplemente en el suelo y toma apuntes para no olvidar las experiencias de su viaje. Aquí tienes sus apuntes de la primera semana. Escribe el blog de Roby y usa el pretérito pluscuamperfecto si es necesario. Si quieres, puedes buscar información sobre los lugares en Internet y usarla para el blog.

día 1:
- muy cansado, muy feliz
- planear: salir de Córdoba a las 5:30 → salir a las 6:30
- ir 13 horas en coche → llegar a La Quiaca

día 2:
- levantarse muy temprano, desayunar con otra gente que recorre Ruta 40
- paisajes impresionantes
- pasar mucho frío, llegar a Salta
- ¡cenar con la gente del desayuno!

día 3:
- ver los primeros viñedos[1]
- problemas con el coche, llevarlo al taller
- coche solo necesita agua
- mecánico repara el coche (¡gratis!) → seguimos el viaje

día 4:
- La Rioja: paisaje precioso, ¡como un desierto! recorrer 300 km → ¡después ver la primera persona!
- coche perfecto

día 5:
- pueblos preciosos
- pasar la noche en San Juan

día 6:
- ver el Aconcagua, la montaña más alta de América
- recorrer 500 km → quedarnos en un pueblo entre Mendoza y Neuquén
- dormir en un camping casi vacío

día 7:
- recorrer muchos kilómetros → llegar a San Carlos de Bariloche
- maravilloso paisaje de lagos y montañas
- ¡los días más geniales de nuestra vida!

2. En parejas. Cambiad vuestros cuadernos y controlad lo que ha escrito vuestro/-a compañero/-a. Después ordenad los errores en diferentes grupos: el tiempo o la forma de un verbo, el significado[2] de una palabra, el orden[3] de las palabras … → 5

E7 Experiencias

1. Escribe en tu cuaderno una lista de las experiencias positivas y negativas que Roby cuenta de su viaje.

2. Piensa en tus últimas vacaciones y escribe tus experiencias positivas y negativas.

3. Habla con tu compañero/-a. ¿Tuvisteis alguna experiencia parecida?

4. ¿Qué otros verbos pueden ir con la palabra *experiencia*? ¿Qué otros adjetivos? Completa la expresión en tu cuaderno. Usa el diccionario para encontrar muchos adjetivos.

Modelo: *tener* → ***una experiencia*** → *interesante*

1 el viñedo der Weinberg, 2 el significado die Bedeutung, 3 el orden die Reihenfolge

E8 Carteles en la ruta

1. En su camino Roberto vio muchos carteles. Elige tres imágenes y explica a tu compañero/-a qué dice el cartel.

   Modelo: *El cartel dice que el pueblo … está a … kilómetros girando a la izquierda.*

2. En el año 2500 un arqueólogo[1] encuentra unos carteles del siglo XXI. ¿Qué significaban? ¿Qué decían los carteles?

   Modelo: *El cartel decía que el pueblo … estaba a … kilómetros girando a la izquierda.*

E9 Tres minutos al teléfono

En parejas. La abuela de Roby y Anahí, Alicia, está muy preocupada por el viaje de su nieto. Anahí la llama para explicarle las cosas más importantes del viaje de Roby. Haced un diálogo de no más de tres minutos y utilizad toda la información que tenéis hasta ahora sobre el viaje de Roberto.

¡Hola nana! …

…

1 el/la arqueólogo/-a der/die Archäologe/-in

¡Ojo!

Un uso importante del pretérito pluscuamperfecto es en el estilo indirecto con el verbo de la frase principal en pasado. Mira estos ejemplos:

A: Más tarde llamo a Pedro.

B: ¿Qué dice A?
C: Dice que más tarde llama a Pedro.

B: ¿Qué dijo A ayer?
C: Dijo que más tarde llamaba a Pedro.

A: Hoy he llamado a Pedro.

B: ¿Qué dice A?
C: Dice que hoy ha llamado a Pedro.

B: ¿Qué dijo A ayer?
C: Dijo que ese día había llamado a Pedro.

A: Ayer llamé a Pedro.

B: ¿Qué dice A?
C: Dice que ayer llamó a Pedro.

B: ¿Qué dijo A ayer?
C: Dijo que el día antes había llamado a Pedro.

¡Ojo!

Otros cambios

(estilo directo → estilo indirecto):

aquí	→	allí
hoy	→	ese día
ayer	→	el día antes
mañana	→	al día siguiente
este	→	ese
ir	→	venir
llevar	→	traer

E10 Dijo que había llamado a Pedro.

1. Trabaja con tu compañero/-a. Mirad el ¡Ojo! y formulad una regla para el estilo indirecto en pasado. Después comparad vuestra regla con lo que dice la gramática. → G 1.2
2. ¿Cómo es en alemán? ¿Y en inglés? Compara.
3. En grupos de tres. Escribid cada uno en un papel cinco frases en presente o en pasado. Mirad el ejemplo en el ¡Ojo! Una persona lee una frase, la otra persona no escucha o no entiende bien, la tercera persona repite la frase usando el estilo indirecto.

E11 ¿Qué dijo Roberto?

¿Qué dijo Roberto ayer? Escucha las frases y usa el estilo indirecto.

Modelo: La semana pasado volvimos de nuestro viaje. → *Ayer Roberto dijo que la semana pasada habían vuelto de su viaje.*

Roby habla de su viaje.

E 12 ¡Juanse quiere saberlo todo!

María Jesús está en casa de Anahí. Las chicas están charlando de muchas cosas.

María Jesús: ¿Sabes? Mi tío está en Argentina.
Anahí: ¿Ah, sí? ¿Y qué hace allí?
María Jesús: Trabaja durante cuatro semanas en Rosario, pero los fines de semana recorre un poco otras provincias.
Anahí: ¡Qué suerte! ¿Está solo?
María Jesús: No, mi tía está con él.
Anahí: ¿Viajan en autobús? Porque en Argentina casi no hay trenes …
María Jesús: No, alquilan un coche.
Anahí: Ah, eso es mejor. Pero conducir allí es un poco diferente que aquí.
María Jesús: Sí, pero ellos viajan mucho, ya conocen Perú, Ecuador, Costa Rica.

Al día siguiente, Juanse, el hermano de Anahí, entra en su habitación.

Juanse: ¿Por qué hay dos tazas de té? ¿Quién vino?
Anahí: El rey de España.
Juanse: Ay, qué graciosa eres.
Anahí: Pues, María Jesús, chico, como casi todos los días.
Juanse: Ah, ¿y qué te dijo?
Anahí: Pues, me contó que su tío estaba en Argentina y que …

Sigue tú usando el estilo indirecto.

E 13 ¿Jugamos?

¿Conoces el juego *Tabú*? Hay que hacer dos grupos y elegir palabras que el otro equipo tiene que describir, y además dos o tres palabras que no pueden usar en la definición. Preparad los papeles con las palabras para el otro equipo. Tenéis que usar palabras de este paso.

Paso 2 *Buenos Aires*

E 1 Palabras más, palabras menos …

Relaciona las palabras de la derecha con sus definiciones.

a) cada una de las partes de una ciudad
b) algo que se puede ver o encontrar en la calle
c) que tiene cosas o costumbres de diferentes lugares del mundo
d) caminar por un lugar, recorrer un lugar → F)
e) un edificio muy alto
f) se dice de un pueblo o un paisaje cuando son muy bonitos

A) pintoresco/-a
B) el rascacielo
C) callejero/-a
D) cosmopolita
E) el barrio
F) dar un paseo

Etapa 1

T1 Buenos Aires, una capital cosmopolita

6965-03

El viernes pasado Roberto e Ignacio fueron a Buenos Aires para encontrarse con Gonzalo, un joven español al que habían conocido por un blog de "amigos de la Ruta 40" y que quiere hacer el mismo viaje. Quedaron en un bar muy típico, el Café Tortoni. Mientras Gonzalo esperaba a los chicos, leía una guía de la ciudad.

Buenos Aires es una de las ciudades más interesantes del mundo. En esta ciudad vive casi un tercio de la población del país, unos 13 millones de personas. Esta ciudad ha sido siempre la más activa, elegante y moderna de toda América del Sur. Hay impresionantes rascacielos como en otras grandes ciudades del mundo.
Entre las cosas que más les gustan a los que visitan Buenos Aires están su ambiente y la personalidad diferente de cada uno de sus barrios. Esta ciudad ofrece muchas actividades culturales, muchísimas tiendas y restaurantes.

Buenos Aires es la ciudad más cosmopolita de Sudamérica. Dar un paseo por la calle Florida, disfrutar de un rico café en el barrio San Telmo o comer la famosa carne argentina en uno de los restaurantes de Puerto Madero son experiencias inolvidables. También es maravilloso visitar los pintorescos mercados callejeros, ver bailar el tango en una calle del barrio de La Boca, cruzar la Avenida 9 de Julio, la más ancha del mundo, ver un partido de fútbol ...

www.gift-tours.com/buenos-aires-travel/, 26.02.2011 (adaptado)

E2 Sobre el texto ...

1. ¿Cuál es la frase correcta?

a) En Buenos Aires vive casi...
A) ... un 25 % de los argentinos.
B) ... un 35 % de los argentinos.
C) ... un 40 % de los argentinos.

b) Argentina tiene unos...
A) ... 39 millones de habitantes.
B) ... 49 millones de habitantes.
C) ... 59 millones de habitantes.

c) Buenos Aires tiene...
A) ... muchos barrios bonitos.
B) ... muchos barrios distintos[1].
C) ... muchas personas famosas.

d) Un turista en Buenos Aires puede...
A) ... comer mucha comida distinta.
B) ... ver muchos bailes distintos.
C) ... hacer muchas cosas distintas.

2. Busca palabras del texto T1 y piensa en definiciones para ellas.
Tu compañero/-a tiene que adivinar de qué palabra estás hablando.

1 distinto/-a unterschiedlich

E3 ¿Bailamos un tango?

1. La clase forma cinco grupos. Cada grupo busca infomación sobre diferentes temas del tango.

> su origen – un cantante famoso – cómo se baila – el idioma del tango: el lunfardo – un tango

2. Cada grupo presenta la información que encontró en clase.

E4 ¿Escuchamos un tango?

1. Escribe en tu cuaderno el contrario de las palabras en paréntesis.

Volver

Yo adivino el parpadeo
de las luces que a lo ●●● *(cerca)*
●●● *(vienen)* marcando mi retorno[1].
Son las mismas que alumbraron
●●● *(sin)* sus pálidos reflejos
hondas horas de dolor.
Y aunque ●●● *(sí)* quise el regreso,
●●● *(nunca)* se vuelve al primer amor.
La ●●● *(nueva)* calle donde el eco dijo
tuya es su ●●● *(muerte)*, tuyo es su querer,
bajo el burlón mirar de las estrellas
que con indiferencia ●●● *(ayer)* me ven
volver.
Volver, con la frente[2] marchita,
las nieves del tiempo platearon mi sien.
Sentir, que es un soplo la ●●● *(muerte)*,
que veinte años no es ●●● *(todo)*
que febril la mirada, errante en las
sombras,
te ●●● *(encuentra)* y te nombra.
●●● *(morir)* con el alma aferrada
a un dulce recuerdo
que lloro otra vez.
Tengo miedo del encuentro
con el ●●● *(futuro)* que vuelve
a enfrentarse con mi ●●● *(muerte)*.
Tengo miedo de las ●●● *(días)*
que pobladas de recuerdos
encadenan mi soñar ...
Pero el viajero que huye
tarde o temprano detiene su andar.
Y aunque el olvido, que ●●● *(nada)* destruye,
haya matado mi ●●● *(joven)* ilusión,
guardo escondida una esperanza humilde
que es toda la fortuna de mi corazón.
Volver ... (repite)

Carlos Gardel, Alfredo Le Pera, "Volver". 1935

2. Ahora escucha la canción y comprueba.

3. ¿Cuál es la solución correcta? ¿Y dónde está en el texto?

a) Es una canción ...
   A) ... de amor.
   B) ... de Buenos Aires.

b) La persona que canta ...
   A) ... es joven.
   B) ... ya es mayor.

c) La persona que canta ...
   A) ... es un hombre.
   B) ... es una mujer.
   C) ... es un niño.

d) La persona que canta ...
   A) ... está triste.
   B) ... está feliz.
   C) ... está cansada.

→

1 el retorno, el regreso die Rückkehr, 2 la frente die Stirn

4. ¿Puedes encontrar adjetivos para describir la música? ¿Cómo es?

5. A Moritz le encanta este tango. En un e-mail a su amigo alemán Oliver, le cuenta cómo es la canción y de qué habla. Escríbelo.

6. Cantad todos juntos este tango.

E5 Repaso: ¿Recuerdas?

En las primeras líneas del texto 1 (página 16) están los tres tiempos del pasado que has aprendido hasta ahora. ¿Recuerdas por qué los usas en cada frase? Habla con tu compañero/-a y escribe en tu cuaderno los motivos. Después mira y compara con la gramática. → G 1.1

T2 6965-04

En el Café Tortoni

Cuando Roberto e Ignacio llegaron al Café Tortoni, los tres chicos pidieron unas bebidas. Gonzalo quiso saber muchas cosas sobre el viaje, y así charlaron y charlaron.

Roby: Bueno, ya casi al final del viaje llegamos a Bariloche. Allí encontramos a dos alemanes que habían salido desde La Quiaca como nosotros, pero dos meses antes.

Gonzalo: ¿Y eso?

Ignacio: Ja ja, viajaban a dedo[1]. ¡Dos locos muy simpáticos!

Roby: Tenían más o menos nuestra edad y eran muy graciosos, y bueno, así decidimos seguir los cuatro juntos.

Ignacio: A la mañana siguiente salimos muy temprano y recorrimos 700 kilómetros. Pasamos paisajes increíbles: lagos, montañas, bosques. Por la noche llegamos a un pueblito con las calles de tierra, casi sin gente ... por suerte encontramos un hotel chiquito[2].

Gonzalo: Bueno, era pequeño pero tenía por lo menos dos habitaciones para vosotros ...

Roby: Noooo, nos dieron una pieza[3] chiquita para los cuatro. Allí fuimos a comer algo, charlamos con algunas personas y dimos un paseo.

Ignacio: A la mañana temprano después de un café con leche con medialunas[4]...

Gonzalo: ¿Con qué?

Roby: Mi prima vive en España y me contó que ustedes le dicen cruasáns, ¿es así?

Gonzalo: Ah, sí, ja ja.

Ignacio: Bueno, fuimos 200 kilómetros por calles de tierra, dejamos el coche y empezamos a caminar, cruzamos el Río Pinturas y llegamos hasta la Cueva de las Manos, con pinturas de más de 9.000 años. Los alemanes no querían irse, no podían creer lo que veían.

Roby: Por suerte, Mathias y Christian tenían información de un lugar para pasar la noche. A la mañana siguiente, seguimos hasta el Río Belgrano. Allí encontramos guanacos[5]. ¿Vos sabés qué son los guanacos?

---

1 a dedo per Anhalter, **2 chiquito/-a** *in Argentinien:* klein, **3 la pieza** *in Argentinien:* das Zimmer, **4 la medialuna** *in Argentinien:* das Croissant, **5 el guanaco** das wilde Lama

Gonzalo: Sí, lo sé, pero nunca he visto ninguno. Lo que he visto son muchas vacas ...

Ignacio: Ja ja. Bueno, caminamos casi todo el día y pasamos la noche en una estancia[1].

Roby: Al próximo día salimos hacia El Calafate, en el camino no había casi autos ni casas, y muy poca gente, solo la calle y los árboles. Nadie hablaba.

Gonzalo: ¡Qué impresionante!

Ignacio: Sí, increíble.

Gonzalo: Chicos, tengo una idea. ¿Por qué no vamos a algún restaurante y comemos la famosa carne argentina? Comemos y me seguís contando. ¿Vale?

Roby e Ignacio: De acuerdo.

la Cueva de las Manos en Santa Cruz, de 7350 a. C.

E6 Etapas del viaje

1. Haz una lista con las etapas de viaje que Roberto e Ignacio cuentan a Gonzalo.
2. Escribe en tu cuaderno las palabras del texto que van en los siguientes grupos. Después, busca en el diccionario y escribe dos palabras más para cada grupo.

   a) animales   b) lugares   c) comidas   d) paisajes

3. Describe la foto de la Cueva de las Manos. ¿Cómo es?
4. ¿Conoces otras cuevas famosas? Si quieres, trae una foto de otra cueva interesante y preséntala a tus compañeros.

E7 No es lo mismo pero es igual.

Los chicos argentinos usan algunas palabras y formas gramaticales que el español no dice, pero se entienden igual. Busca en el texto las palabras que faltan.

En Argentina dicen ...	En España dicen ...
chiquito/-a ●●● ●●●	●●● habitación cruasán
●●● ustedes ●●● ●●●	¿sabes ...? ●●● tú vale

1 la estancia die Farm, das Landgut

E8 Volviendo al pasado ...

En el texto los chicos cuentan sobre su experiencia cuando llegaron a un pequeño pueblito y tomaron una habitación en un hotel. ¿Cómo era el pueblito? ¿Cómo era el hotel? ¿Qué hicieron los chicos allí? Escribe un pequeño texto para el blog de Roby en tu cuaderno contestando estas tres preguntas. Piensa qué tiempos de verbos usas y utiliza muchos adjetivos y adverbios. Después, corrige tu texto. → 5

E9 Ahora toda la clase

Primero piensa en algún lugar en el que estuviste durante las vacaciones. Escribe en un papel cómo era el lugar, dónde vivías, qué hacías cada día, qué hiciste una vez. Después mezclad todos los papeles y repartidlos[1]. Tenéis cinco minutos para corregir si encontráis algún error. Leed los trabajos en voz alta. ¿Podéis adivinar quién escribió cada uno? → 5

E 10 ¿Hay algún restaurante cerca de aquí?

1. Los chicos están en el Café Tortoni, en la Avenida de Mayo. Quieren ir a comer buena carne a un restaurante. Ninguno de los tres sabe adónde ir y preguntan a una señora. Escucha el diálogo y encuentra el camino del restaurante que les propone en el mapa de la página 21.

2. ¿Correcto o falso? Corrige la información falsa.

	c	f
a) La señora dice que hay mil restaurantes para comer buena carne.	●	●
b) Los chicos no quieren ir a un restaurante muy caro.	●	●
c) A Gonzalo no le importa cuánto cuesta.	●	●
d) Para la señora, La Cabaña es el mejor restaurante de carnes.	●	●
e) Una cuadra es igual a cincuenta metros.	●	●
f) Primero tienen que caminar dos cuadras hasta llegar a Carlos Pellegrini.	●	●
g) En Carlos Pellegrini tienen que girar a la izquierda.	●	●
h) Van a cruzar Avenida de Mayo.	●	●
i) El restaurante está bastante lejos.	●	●

3. Gonzalo habla con el acento[2] español mientras que Roby, Ignacio y la señora lo hacen con el acento argentino. ¿Escuchas la diferencia? ¿Cómo la describes?

4. En parejas. Cada uno de vosotros elige tres lugares en el mapa e imagina qué hay en estos puntos (una tienda, un colegio ...). La otra persona tiene que preguntar dónde están estos edificios y encontrarlos siguiendo las indicaciones[3] del / de la compañero/-a. Primero decidid dónde estáis.

1 repartir austeilen, 2 el acento der Akzent, 3 la indicación der Hinweis

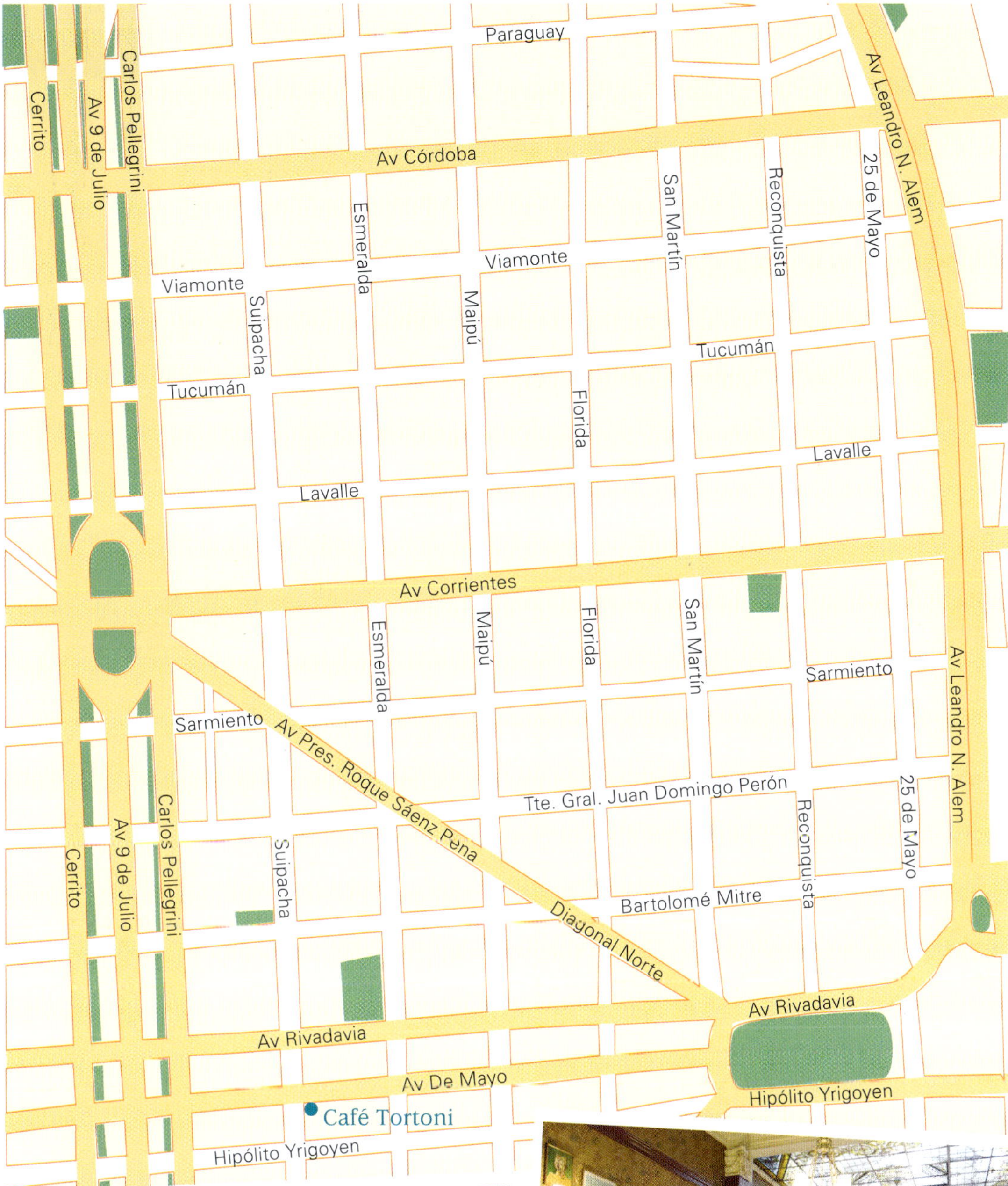

la Avenida 9 de Julio

el Café Tortoni

E11 En el restaurante

En el restaurante, los tres chicos vuelven a hablar del viaje. Escribe en tu cuaderno los verbos en la forma correcta.

Gonzalo: ¡Qué lugar más bonito! Mientras esperamos la carne, tenéis que contarme un poco más. ¿Dónde ●●● *(estar, vosotros)*?

Ignacio: ●●● *(llegar, nosotros)* al Parque Nacional Los Glaciares. El día ●●● *(ser)* muy claro, por eso ●●● *(poder, nosotros)* ver dos montañas muy famosas: Torre y Fitz Roy. Las montañas todavía ●●● *(tener)* nieve. ¡Qué impresionante! Cuando vives en Córdoba como nosotros, ver nieve es algo muy extraño.

Roby: Por la tarde ●●● *(encontrar, nosotros)* un pueblo con mucha vida, con gente de todo el mundo, El Calafate, sobre el Lago Argentino. Ignacio y yo ●●● *(buscar)* un hostal y los alemanes ●●● *(irse)* a un camping. La habitación ●●● *(ser)* muy chiquita pero ●●● *(tener)* ducha, televisión. Un lujo[1] para nosotros. Esa noche ●●● *(salir, nosotros)* a tomar algo y ●●● *(conocer, nosotros)* a otros grupos que ●●● *(estar, ellos)* haciendo el mismo viaje.

Gonzalo: ¿Lujo? Esto es un lujo, mirad, aquí viene nuestra comida ...

E12 Un día después

Gonzalo le escribe un e-mail a su novia y le cuenta lo que le dijeron Roby e Ignacio en el texto 2 (páginas 18 y 19). Escribe el e-mail de Gonzalo y usa el estilo indirecto. Cuenta solo lo más importante. Después, corrige tu texto. → 5

Modelo: *Roby me contó que casi al final del viaje habían llegado a Bariloche y allí habían encontrado a dos alemanes que habían salido desde La Quiaca como ellos, pero dos meses antes. Me contaron que eran dos locos muy simpáticos y que tenían su misma edad ...*

E13 Dicen que dijo ...

Lee las siguientes frases y decide si están en estilo directo o indirecto. Después escribe en tu cuaderno el estilo contrario.

a) Gonzalo preguntó al camarero cuánto costaba la mejor carne que tenían allí.
b) Gonzalo dijo: —Chicos, es la mejor carne que he comido en mi vida.
c) Los chicos le preguntaron si era verdad que él pensaba hacer el viaje solo.
d) Gonzalo contestó: —Es verdad, mi amigo no puede, tiene que trabajar.
e) Les contó que al principio había pensado hacer el viaje con su amigo Juanjo.
f) Roby dijo: —No es fácil si estás solo. Puedes tener problemas con el coche y en esas rutas hay muy poca gente.
g) Gonzalo les contó que había hablado con otros chicos, pero que ninguno tenía tanto tiempo.

1 el lujo der Luxus

Paso 3 *Comemos juntos un asado*

E1 En la autopista Buenos Aires – Córdoba

Después de pasar el día hablando sobre el viaje, Roby e Ignacio tienen que volver a Córdoba. Ya es de noche pero por suerte hay una buena autopista entre las dos ciudades. Además no van a ir solos. Invitaron a Gonzalo a pasar unos días con ellos en Córdoba. Mathias y Christian van a ir también a pasar el fin de semana allí antes de volver a Alemania el lunes por la noche. El sábado todos van a comer un asado.
Durante el viaje los chicos charlan de muchas cosas, pero siempre vuelven al mismo tema. Gonzalo quiere saber cómo decidieron hacer "el gran viaje". Completa los espacios vacíos con un tiempo de pasado. Habla Roberto.

Todo ●●● *(empezar)* cuando ●●● *(leer)* un blog de dos hermanos que ●●● *(hacer)* ese viaje en verano del 2010-2011. Yo siempre ●●● *(querer)* hacer algo diferente y esta idea me ●●● *(parecer)* genial. ●●● *(buscar, yo)* información sobre la Ruta 40 y ese mismo día ●●● *(decidir)* hacer el viaje.
No ●●● *(hacer, yo)* nunca un viaje de aventura, solo los típicos, a la playa o a la montaña. Quizás fue por eso que ●●● *(decidir, yo)* llamar a Ignacio y le ●●● *(preguntar)*: "¿Tienes ganas de viajar 5000 kilómetros conmigo?" Ignacio, que es todavía un poco más loco que yo, me ●●● *(contestar)*: "Claro. ¿Cuándo salimos?" Así ●●● *(empezar)* todo.

E2 Gonzalo, Mathias y Christian

Es sábado y Roby e Ignacio fueron a comprar la carne para el asado. Gonzalo quiere saber también un poco sobre el viaje de los alemanes. Solo hay un problema: Mathias habla bastante bien español, pero Christian solamente habla alemán e inglés. Y Gonzalo solo habla español. Por eso, Mathias tiene que ayudarlos a entenderse. Escribe en tu cuaderno lo que tiene que decir para ayudarlos.

Roberto preparando el asado

Christian: Unsere Reise hat in La Quiaca angefangen. Dort haben wir in einer kleinen Herberge übernachtet, wo wir gleich zwei Jungs aus Buenos Aires getroffen haben, die wie wir die Reise machen wollten. Nur in die andere Richtung: Sie wollten nach Bolivien.
Mathias: ●●●
Gonzalo: ¿Habéis organizado el viaje ya en Alemania? ¿Se conoce esta ruta?
Mathias: ●●●
Christian: Das Übliche, Freunde von uns waren hier und haben uns erzählt, wie toll es war. Dann wollten wir es auch sehen.
Mathias: ●●●
Gonzalo: A mí me pasó lo mismo. Yo quería venir con un amigo, Juanjo, pero en el último momento le ofrecieron un trabajo y decidió quedarse. Bueno, ¿y cómo seguisteis?
Mathias: ●●●

→

Christian: Am nächsten Tag hat uns ein Auto bis nach Yavi mitgenommen. In diesem malerischen Indianerdorf scheint die Zeit nicht zu vergehen, so eine Ruhe! Wir haben dort eine Kirche besucht, die aus dem Jahr 1640 ist.

Mathias: ●●●

Gonzalo: Qué ganas tengo de ver todo eso. ¡Uy, qué tarde es! Nos esperan para el asado ... después seguimos hablando. Vamos chicos.

Mathias: ●●●

E3 Chimichurri[1]

1. La mamá de Roby prepara chimichurri para comer con el asado. ¿Qué es chimichurri? Escucha y completa en tu cuaderno.
2. Roby quiere saber qué come la gente en Alemania. Cuéntale un poco sobre alguna comida. ¿Cómo se llama? ¿Qué lleva? Primero toma notas en tu cuaderno, después interpreta el diálogo con tu compañero/-a.

El chimichurri (o como se le dice familiarmente ●●●) es una salsa muy típica de Argentina. ●●● lo usas para comer con carnes como el ●●●. ¿Qué lleva?

- ●●● gramos de pimentón[2] picante
- ●●● orégano[3]
- bastante ●●●
- ●●● hojas de laurel[4]
- pimienta ●●● y bastante ●●●
- medio litro de ●●●
- ●●● litro de vinagre

¿Cómo lo preparas?
●●● mezclar bien ●●● con el aceite. ¡Ya está!

E4 Un e-mail para Gonzalo

Después del asado Gonzalo va al ordenador de Roby para mirar sus e-mails. Lee este e-mail y elige la forma correcta de los verbos.

Nuevo e-mail

Hola Gonza,
¿cómo estás? ¿cómo son los argentinos? ¿y las argentinas ☺? Ayer ●●● *(he ido/fui/había ido)* a hablar finalmente con mi jefe. ●●● *(He tenido/Tuve/Tenía)* mucha suerte, porque ●●● *(ha estado/estuvo/estaba)* muy contento. Su equipo de fútbol favorito ●●● *(ha ganado/ganaba/había ganado)* un partido o algo así, igual, la cosa es que ¡●●● *(he tenido/voy a tener/tenía)* las vacaciones desde el próximo lunes! ☺☺☺ Eso significa que el miércoles me ●●● *(voy a ir/voy/iba)* a Buenos Aires. ¿Qué te ●●● *(parece/va a parecer/ha parecido)*? Hasta pronto,
Juanjo.

---

1 el chimichurri *eine Steaksoße*, 2 el pimentón das Paprikapulver, 3 el orégano der Oregano, 4 el laurel der Lorbeer

E5 Una respuesta

Escribe el e-mail que Gonzalo escribe a Juanjo. ¿Qué crees que le va a contar? Compara después con tu compañero/-a.

E6 Una historia argentina

1. En parejas. Mirad esta historia de Quino y pensad en lo que dicen o piensan los personajes en cada imagen. Utilizad el diccionario. Después interpretad el diálogo en clase.

2. Buscad información en Internet sobre Quino y presentadla en clase. ¿Cómo se llama el personaje más famoso de Quino?

☺☺ E7 De viaje por Argentina

Imagínate que estás pasando unas semanas en este país. Vas a visitar diferentes regiones. Trabajad en pareja: Cada uno va a mirar en el mapa de la página 8 para saber adónde vais a ir. En cada lugar tenéis que hacer un pequeño ejercicio. ¡Buen viaje!

1

¡Bienvenido al Aeropuerto Internacional de Ezeiza! Du möchtest in die Stadt. Frage, ob es einen Bus gibt und wo die Haltestelle ist.

2

Para empezar quieres ir a La Boca, el barrio de los primeros inmigrantes italianos al lado del antiguo puerto de la ciudad. Ves que muchas casas son de diferentes colores. Miras en tu guía y lees que eso es porque los inmigrantes, que eran muy pobres, usaron los restos de pinturas de los barcos para pintar sus casas. Beschreibe die Häuser auf dem Foto und erkläre, was deine Lieblingsfarbe ist und warum.

3

Ahora es la una y tienes hambre. Vas a un pequeño restaurante y entras. Frage den Kellner, was es zu essen gibt. Du möchtest etwas Typisches probieren. "Empanadas", sagt er. Frage, was das ist, dann bestelle zwei davon und ein Mineralwasser.

4

Haces una excursión de un día a San Antonio de Areco, a 100 kilómetros de la capital. Allí te ofrecen mate, la bebida nacional. Du freust dich über das Angebot und sagst, dass du ihn am liebsten sehr süß[1] trinkst. Frag, ob es wahr ist, dass in dieser Stadt noch echte Gauchos leben.

1 süß dulce

5

Al próximo día tomas un autobús para ir a Misiones. Después de muchas horas llegas a San Ignacio y visitas las ruinas de las misiones jesuíticas[1]. Allí te dicen que hablas muy bien el español. Du bedankst dich und erzählst, wo und wie lange du schon Spanisch lernst.

6

De San Ignacio sigues hacia el norte para ver las Cataratas de Iguazú, en la frontera con Brasil. En el parque nacional, un turista peruano te pregunta por el camino a la ciudad. Sag ihm, dass es dir leid tut, aber dass du nicht von hier bist. Erzähle ihm, woher du kommst.

7

De vuelta en Buenos Aires, en tu última noche quieres ver bailar el tango y vas a San Telmo, un barrio muy antiguo y famoso. En el camino ves a dos parejas que bailan el tango en la calle, para los turistas. Allí conoces a un grupo de chicas y chicos argentinos. Frage sie, ob Tango schwierig zu lernen ist. Sag, dass du gern einen Tangokurs belegen möchtest, sobald du zurück in Deutschland bist.

E8 En Alemania hay mucho para ver

Roby va a visitar tu país y te pregunta adónde puede ir. Escríbele un e-mail y cuéntale qué puede visitar, cuántos días va a necesitar, cómo puede viajar. Describe un camino o una ruta que para ti es muy interesante. Utiliza muchos adverbios y ayúdalo con buenas ideas.

1 las misiones jesuíticas die Jesuitenmissionen

Etapa 2

¿Qué será?

E1 Los piscis son muy sensibles[1]...

1. ¿De qué signo eres? ¿Conoces algunas características de tu signo? Habla con tu compañero/-a, después presentad los resultados en clase.
2. ¿Qué dicen los horóscopos? Lee la tabla y relaciona. Sobran[2] 4 horóscopos.

En la próxima semana ...	signo
... pasará mucho tiempo sin sus amigos.	●●●
... se llevará bien con sus hermanos/-as.	●●●
... irá de compras.	●●●
... hablará con una persona que no conoce.	●●●
... gracias a sus padres hará algo genial.	●●●
... alguien le ayudará.	●●●
... discutirá con sus amigos.	●●●
... vivirá una vida muy sana.	●●●

Horóscopo

Capricornio

Tendrás buenas notas en un examen muy difícil.

Acuario

Pronto llegarán noticias muy agradables para tu familia.

Piscis

Tus padres te permitirán hacer algo especial.

Aries

Tú y tus amigos saldréis juntos y conoceréis a una persona interesante.

Tauro

Esta semana no discutirás con tus hermanos/-as.

Géminis
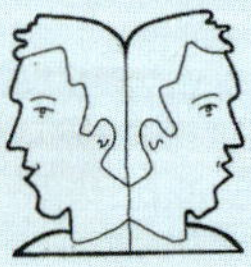
Tus amigos no creerán en lo que les dices.

Cáncer

Haz mucho deporte y te sentirás muy bien.

Leo

Encontrarás un trabajo y ganarás dinero para comprar algo bonito.

Virgo

Tendrás mala suerte, pero al final estarás muy contento/-a.

Libra

Alguien te hará un favor importante.

Escorpio
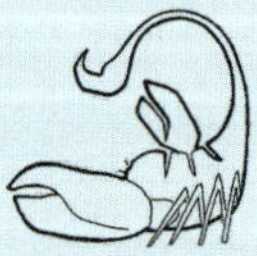
Si no cambias perderás a tu mejor amigo/-a.

Sagitario
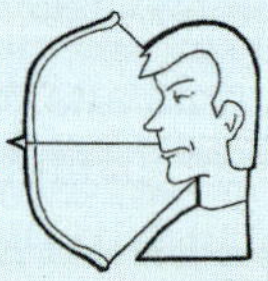
Por un proyecto escolar tus amigos/-as no tendrán tiempo para ti.

---

1 sensible einfühlsam, **2 sobrar** übrig sein

E2 ¿Y vosotros?

1. Haz una encuesta entre tus compañeros de clase. Solo puedes hacer una pregunta por persona. Cuando recibes un sí como respuesta, escribe en tu cuaderno el nombre de ese/-a compañero/-a.

   a) ¿Crees que los horóscopos dicen la verdad?
   b) ¿Crees que los más jóvenes creen menos en los horóscopos que los mayores?
   c) ¿Lees a veces el horóscopo?
   d) ¿Haces lo que te dice el horóscopo?
   e) ¿Crees que muchas personas de tu signo tienen las mismas características?
   f) ¿Hay un signo que prefieres?
   g) ¿Hay un signo que no te gusta?
   h) ¿Conoces a personas que leen el horóscopo cada semana?

2. Presentad los resultados en clase.

3. Forma un grupo con todos tus compañeros del mismo signo. Habla con ellos y decide: ¿tenéis algunas características parecidas?

E3 Visión[1] de futuro

1. En el horóscopo hay un nuevo tiempo de verbo: el futuro simple. Escribe en tu cuaderno todos los verbos que están en este tiempo y los infinitivos correspondientes.

2. Ahora tienes que echar la buena ventura[2] a un compañero. Usa los siguientes apuntes. ¿Sabes hablar como un/-a adivino/-a[3]?

conocer a un/-a chico/-a muy guapo/-a – viajar muy lejos – tener una experiencia especial – vivir muchos años – conocer a una persona impresionante – tener una biografía especial – ganar mucho dinero – tener muchos hijos – descubrir algo genial – tener notas muy buenas

Am Ende der Etapa kannst du ...

... über die Zukunft sprechen
... dich zu den Themen „Umweltschutz" und „Arbeit" äußern
... Statistiken beschreiben und interpretieren
... Vermutungen äußern
... eine SMS auf Spanisch schreiben

1 la visión die Vision, 2 echar la buena ventura a alguien jdm. die Zukunft vorhersagen, 3 el / la adivino/-a der / die Wahrsager/-in

Paso 1 *¿Qué pasará con el medio ambiente?*

Un proyecto escolar

6965-05

Juan Manuel, Farouk y Moritz están en la clase de Ciencias Sociales. Están organizando con su profesor y sus compañeros los proyectos que presentarán para el día mundial del medio ambiente. Ese día será el 5 de junio, como cada año desde 1973. Todo el instituto está preparando lo que harán durante "la semana de acciones para un futuro mejor": una semana en la que tendrán actividades especiales y discutirán los problemas actuales de la sociedad. Los temas serán los problemas de nuestro mundo, el medio ambiente en peligro, el desarrollo demográfico, el paro actual y el futuro en el mundo del trabajo. Todos los chicos tienen muchas ganas de trabajar en un proyecto. Juan Manuel, Farouk y algunos de sus compañeros se interesan mucho por diferentes temas sociales. Pondrán carteles en el edificio escolar para dar información a todos los estudiantes y así ayudarlos en sus proyectos.

E1 Sobre el texto ...

Lee el texto y contesta las siguientes preguntas.

a) ¿Qué pasa el 5 de junio de cada año?
b) ¿En qué asignatura están los chicos?
c) ¿Qué están preparando?
d) ¿De qué temas hablarán?
e) ¿Quiénes y durante cuánto tiempo trabajarán en este proyecto?
f) ¿Qué les interesa especialmente a Juan Manuel y a Farouk?
g) ¿Para qué pondrán carteles en el colegio?
h) ¿Hay algo parecido en tu colegio? ¿Cómo lo hacéis?

E2 ¿Estás preparado/-a para el futuro?

1. Completa la tabla en tu cuaderno, compara y formula una regla. Después, comprueba en la gramática. → G 2.1

hablar	comer	escribir
hablaré	●●●	escribiré
●●●	comerás	escribirás
hablará	comerá	●●●
hablaremos	●●●	escribiremos
●●●	comeréis	escribiréis
hablarán	comerán	●●●

2. ¿Cómo es el futuro en alemán? ¿Y en inglés, francés o latín? Compara.

E3 ¡Siempre los irregulares!

1. Aquí tienes una lista de los verbos irregulares más importantes. Escribe en tu cuaderno para cada uno la forma correcta de la primera persona singular del futuro simple. → G 2.1

decir – haber – hacer – poder – poner – querer – saber – salir

2. Haz una frase con cada verbo. Usa cada persona por lo menos una vez.

¡Ojo!

Los verbos de la misma familia de estos verbos también son irregulares, por ejemplo:
poner → pondré
proponer → propondré

E4 ¿El futuro del mundo?

1. Con tu compañero/-a describe las viñetas. Presentad después vuestros resultados en clase.
2. Piensas que el futuro del mundo será así? Usa el futuro simple y justifica tu opinión en clase.

Forges 2008

E5 ¿Cómo será el mundo en 100 años?

Imagínate el mundo en 100 años. Piensa en los animales, las plantas, la gente, los parques, los edificios, las calles, los pueblos, las ciudades, ... Escribe algunas palabras clave y después habla con tu compañero/-a. Presentad vuestras ideas en clase.

1 culpa tuya deine Schuld

E6 ¿Cómo podemos cuidar el medio ambiente?

1. Aquí tienes algunas ideas para cuidar el medio ambiente. ¿Qué imagen va con cada una de las actividades?

   a) separar la basura
   b) no usar demasiada agua
   c) ir casi siempre en bicicleta
   d) no hacer demasiado ruido
   e) plantar árboles
   f) apagar las luces que no necesitas
   g) no calentar demasiado la casa
   h) no usar demasiada electricidad

2. ¿Cuáles practicáis ya? ¿Cuáles os parecen las más importantes? Discutid en grupos.

3. Usa el diccionario y escribe los antónimos de las siguientes palabras: *apagar – calentar – ir – la luz – el ruido – separar.*

E7 A partir de mañana …

1. Escribe en tu cuaderno qué cosas harás a partir de mañana:

   Modelo: *A partir de mañana no usaré demasiada electricidad.*

2. Compara tus frases con las de tu compañero/-a. Tenéis los mismos planes? Presentad los resultados en clase.

E8 ¿Y en el instituto?

1. Todos los chicos de la clase de Juan Manuel y Farouk proponen ideas para ayudar a cuidar el medio ambiente en el instituto. Haced una lluvia de ideas y proponed acciones para ayudar a mejorar el medio ambiente.

2. ¿Qué acciones realizáis ya en vuestro instituto? ¿Qué acciones podéis / queréis realizar?

Modelo:
El próximo día mundial del medio ambiente apagaremos la luz de todo el instituto durante media hora.

E9 Los jóvenes y el medio ambiente

1. Lee el texto y decide: ¿correcto o falso? Apunta también en qué línea del texto lo dice. Corrige la información falsa.

Cierran el grifo, evitan el uso de aerosoles y hasta separan la basura. La preocupación de los jóvenes por el medio ambiente los ha llevado a tomar este tipo de medidas como algo muy normal. Así lo revela una reciente encuesta virtual realizada del 18 al 23 de agosto por Universia a 462 jóvenes que han terminado la universidad, entre 22 y 35 años.
Según el estudio, el 73 % de los encuestados se describe "bastante" o "demasiado" preocupado por el medio ambiente, frente a un 24 % "medianamente" preocupado y un 3 % poco interesado en el tema. A pesar de que el balance es positivo, solo el 41 % de los jóvenes encuestados declara haber participado en movimientos ambientalistas. ¿La razón? Un 79 % de ellos dice que no ha tenido la oportunidad de contactar con alguno de estos grupos.

"Los jóvenes sí están preocupados por el medio ambiente", www.universia.edu.pe, 29.08.2009

	c	f	línea
a) Se hizo una encuesta a 462 estudiantes.	●	●	●
b) Todos tienen entre 18 y 23 años.	●	●	●
c) El 97 % de ellos se interesa por el tema del medio ambiente.	●	●	●
d) Un 73 % de esos jóvenes se preocupa demasiado por el medio ambiente.	●	●	●
e) El 79 % tiene ganas de cuidar el medio ambiente pero no sabe cómo hacerlo.	●	●	●

2. Escucha una entrevista de Radio Albacete a cuatro jóvenes. Ellos hablan sobre el medio ambiente y lo que hacen para cuidarlo. Haz en tu cuaderno una lista para cada uno: escribe su nombre, su edad, qué hace ya para cuidar el medio ambiente, y qué hará a partir de ahora.

3. Haz un mapa mental con el tema de "el medio ambiente". Usa el vocabulario que has aprendido en este paso. Con este mapa mental prepara una charla de 2 minutos: habla sobre los problemas que existen y sobre cómo podemos cuidar el medio ambiente.

Paso 2 *¿Cuántos seremos y cómo viviremos?*

¿Qué significarán estos gráficos?

6965-06

La clase de Anahí, María Jesús y Nur por supuesto también participará en el proyecto escolar. En casa de Anahí, las chicas están mirando periódicos y buscando información para el proyecto. Lo que les interesa es el desarrollo demográfico en España y en el mundo. Hasta ahora no habían trabajado con estadísticas y no saben muy bien cómo interpretarlas. Por eso, el papá de Anahí las ayuda un poco.

María Jesús: ¿Qué es este gráfico? Hombres, mujeres ...

Padre: Pues, mira, en este gráfico puedes ver que la mayoría de la gente de esta comunidad tiene entre 25 y 44 años. Y la cantidad de las personas mayores, a partir de los 60 años, es casi igual a la de los niños.

Nur: Es verdad. Eso significa que en el futuro habrá mucha gente mayor y muy pocos niños.

Padre: Sí, así es. Es un problema en toda España, y es un desarrollo demográfico que nos preocupa a todos.

Anahí: Papá, la profesora dijo que tenía que contar algo sobre el desarrollo demográfico en Argentina y aquí hay un gráfico.

Padre: A ver ... ¿cómo lo vas a explicar?

Anahí: Pues ...

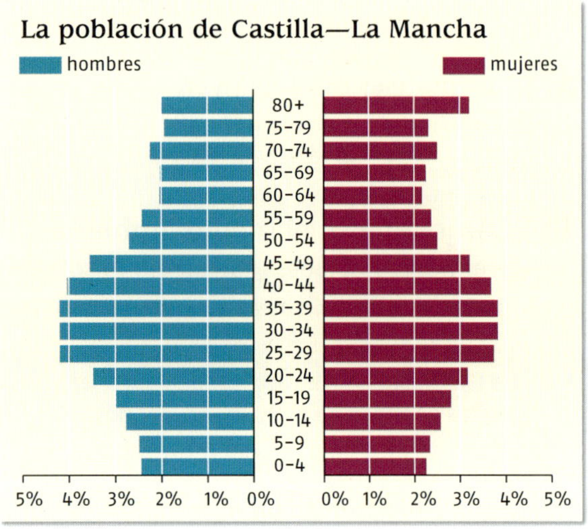

La población de Castilla—La Mancha (INE 2007)

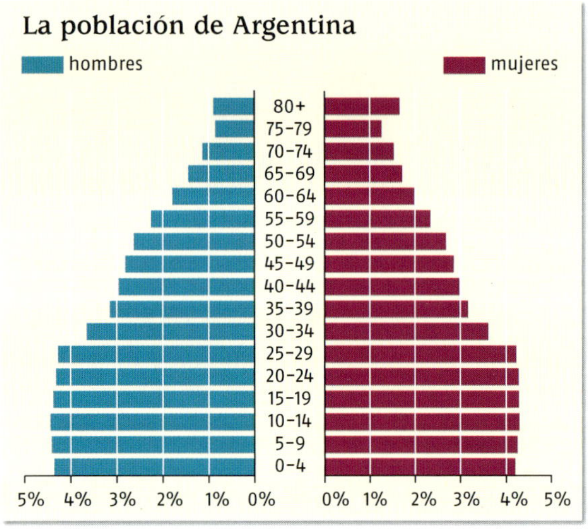

La población de Argentina (U.S. Census Bureau 2007)

E1 Sobre el texto ...

1. ¿Qué dice Anahí? Formula unas frases para explicar el gráfico sobre Argentina.
2. Mira los dos gráficos y escribe unas frases comparándolos. Antes, mira el vocabulario que necesitas para hacer este trabajo.

el número, el dato, crecer, subir ⟷ bajar
la población, los habitantes
un cuarto < un tercio < la mitad < la mayoría
el 40 % (el cuarenta por ciento)
un 20 % (un veinte por ciento) más / menos
dos / tres / cuatro veces más
tan ... como, igual, el / la / lo mismo

3. Busca un gráfico con datos sobre la población de Alemania y explícalo a un/-a chico/-a que habla español. Compara el cuadro de Alemania con el de Argentina.

4. ¿Qué significa esto para el futuro? Formula algunas frases sobre el desarrollo demográfico usando este tiempo.

E2 Todos participarán.

1. Estos son los apuntes del profesor de Juan Manuel, Farouk y Moritz. Está preparando una pequeña charla[1] para los chicos: los quiere preparar para la semana de acciones. Prepara la charla con los apuntes del profe. ¿Cómo empiezas? ¿Y cómo terminas? ¿Qué frases formas? ¿Cómo hablas? Usa el futuro de los verbos *ir*, *ser* y *estar* para formar las frases.
2. Ahora lee la charla del profesor en clase. ¿Cómo habla un profesor?

- semana de acciones para un futuro mejor ⇒ proyecto muy importante
- todos los estudiantes ⇒ incluidos
- Juan Manuel + Farouk + compañeros ⇒ Parque Científico[2] + Tecnológico[3] ⇒ participar en varios trabajos sobre el medio ambiente
- la clase de Nur + Anahí + María Jesús ⇒ en el Ayuntamiento de la ciudad para hablar con unos diputados[4] sobre los problemas actuales: el desarrollo demográfico + la migración
- otras clases ⇒ a diferentes oficinas de los periódicos de la comunidad
- los profesores ⇒ organizando diferentes actividades

↳ un proyecto en el que participarán todos

E3 Tándem: ¿Tienes planes para el futuro?

1. Completad las preguntas con los verbos en futuro y contestad las preguntas de vuestro/-a compañero/-a. Si no estás seguro/-a puedes empezar la frase con "Creo que ...".

A	B
¿Dónde ●●● *(vivir)* en 15 años?	●●●●●●●
●●●●●●●	¿●●● *(ir)* a la universidad?
¿Qué ●●● *(estudiar)*?	●●●●●●●
●●●●●●●	¿Qué otros idiomas ●●● *(hablar)* en unos años?
¿Dónde ●●● *(trabajar)*?	●●●●●●●
●●●●●●●	¿●●● *(tener)* hijos?

2. Pensad más preguntas y seguid.

1 la charla die Rede, 2 científico/-a Wissenschafts-, 3 tecnológico/-a Technologie-, 4 el/la diputado/-a der/die Abgeordnete/-r

E4 Llama la mamá de Nur.

1. Suena el teléfono en casa de Anahí. Las chicas están trabajando, por eso la madre de Anahí, Graciela, va a ver quién llama. Ordena el diálogo y completa los espacios vacíos con las formas del futuro. Utiliza los verbos a la derecha.

decir – haber – hacer – ir – poder – salir – ser – tener (2x) – venir – ver

Graciela

¡De nada! Le ●●● que has llamado. Adiós, Raima.

Sí, pero si no terminan no ●●● ir.

¿Dígame?

Mira, me han dicho que quieren terminar hoy con el trabajo y no ●●● de la habitación hasta terminarlo.

Sí, creo que sí. Ya tienen todos los textos y pienso que esta tarde ●●● los carteles y nada más. El resto ya está.

Las chicas están trabajando para su proyecto. Si quieres, Nur puede quedarse aquí.

Raima

¿No ●●● un problema para ti? No ●●● nadie en casa hasta las ocho.

¿ ●●● tiempo para terminarlo?

Sí, y dile que ●●● a recogerla a las ocho. Adiós, Graciela.

Hola, soy Raima, la mamá de Nur. Llamo porque tengo que salir y Nur no tiene llaves. ●●● que venir y seguir estudiando en casa.

Pues, ya ●●● cómo terminan. Bueno, en unos minutos ●●● mi marido a recogerme. Muchas gracias por cuidar a Nur.

¡Qué suerte! Han trabajado mucho. ¿Sabes que mañana por la tarde quieren ir al cine?

2. En parejas, interpretad el diálogo en clase.

E5 ¿Qué serás en tu próxima vida?

1. Cada uno de vosotros escribe su nombre en un papelito. El profesor los recoge y da a cada uno un papelito. Leed el nombre y escribid un pequeño texto para explicar cómo será el futuro de este/-a compañero/-a. ¿Qué será? ¿Tendrá familia? ¿Qué le pasará?
2. Lee tu texto en clase. Los demás tienen que adivinar sobre quién escribiste el texto.

E6 ¡Qué buena idea!

Las chicas quieren poner una canción de Maná que habla sobre el medio ambiente. Vamos a ver cómo es la actividad que han pensado para hacer con su clase. ¡Hacedla vosotros también!

Maná, "¿Dónde jugarán los niños?". En: *¿Dónde jugarán los niños?.* Warner Music, 1992

1. El nombre de la canción es: "¿Dónde jugarán los niños?". ¿De qué crees que hablará esta canción? Escribe algunas palabras clave. Después habla en clase sobre tus ideas.
2. Escucha la canción. Has escuchado alguna de tus palabras clave? Habla con tus compañeros.
3. Escucha otra vez y haz una lista de todas las palabras de la canción que tienen relación con la naturaleza.
4. Formad dos grupos, el de "los optimistas" y el de "los pesimistas". Cada grupo tiene que hacer una lista de lo que pasará en el futuro.
5. Naturalmente queremos un futuro como el que piensan "los optimistas". ¿Qué podemos hacer para tenerlo? Discutid en clase y preparad un cartel.

Paso 3 *El mundo del trabajo*

Trabajar para mejorar el futuro

65-07

Laura y su madre están preparando la comida y charlan sobre el futuro. En los últimos días Javier ha hablado mucho de este tema con sus amigos porque ellos están haciendo un proyecto en el instituto, por eso se interesa por la opinión de su hermana mayor.

Javier: ¿Sabéis que Juanma, Farouk y las chicas están preparando un proyecto escolar en el que todas las clases participan? Los temas son los problemas actuales: el medio ambiente en peligro, el desarrollo demográfico, el paro y el futuro en el mundo del trabajo. Están organizando una semana de acciones para un futuro mejor.

Laura: ¡Qué buena idea! Yo también quiero trabajar para mejorar el futuro.

Javier: ¡Ah! ¿Sí? ¿Y cómo?

Laura: Creo que aquí es difícil cambiar algunas cosas. Por eso, después de mis estudios iré a una ciudad grande como Madrid, Barcelona o Valencia. Allí tendré más posibilidades de organizar proyectos para ayudar de alguna manera a mejorar el mundo.

Madre: Me encanta tu idealismo, pero no sé si es buena idea irte a otro lugar. Aquí también son necesarias las personas que piensan como tú.

Laura: Bueno, es verdad, pero aquí siempre hablan del paro y de las pocas posibilidades de encontrar trabajo. Ahora mismo en la tele están hablando de eso. Hay tantos parados, sobre todo entre los jóvenes ... Yo no sé si aquí encontraré algo.

Madre: Ya tendrás tiempo para decidir eso. Sé que harás algo bueno y eso es lo importante.

E1 Sobre el texto ...

Lee el texto. ¿Cuál es la opción correcta?

a) Laura, Javier y su madre están ...
A) ... hablando del instituto de Javier.
B) ... en la cocina.
C) ... preparando el proyecto de Javier.

b) En el proyecto ...
A) ... participará la clase de Javier.
B) ... hablarán sobre el futuro.
C) ... hablarán sobre las profesiones del futuro.

e) En Albacete ...
A) ... no hay mucho trabajo.
B) ... la gente no se interesa por el futuro.
C) ... en la tele hablan del paro.

c) Laura cree que ...
A) ... algunas cosas solo se pueden cambiar desde Madrid, Barcelona o Valencia.
B) ... tendrá que ir a una ciudad muy grande para trabajar.
C) ... el mundo ya no se puede mejorar.

d) La madre cree que ...
A) ... no se puede mejorar el mundo desde Albacete.
B) ... no se puede mejorar el mundo.
C) ... Laura también puede mejorar el mundo desde Albacete.

E2 Profesiones

1. Escribe en dos minutos todas las profesiones que recuerdas en español. Después compara con tu compañero/-a y escribe las que él / ella tiene y tú no. Comparad entonces con otra pareja. Al final cada grupo de cuatro estudiantes presenta sus resultados en clase.
2. Escribe en tu cuaderno la forma femenina de cada profesión.
3. Relaciona las fotos de las páginas 38 y 39 con las profesiones de la lista. Si es necesario, puedes utilizar el diccionario.

bombero – cocinero – dentista – enfermera – fotógrafo – mecánica – panadero – pintor

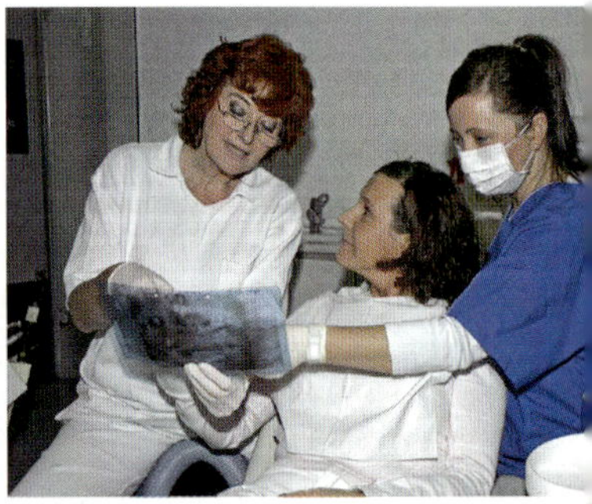

E3 Seré un buen otorrinolaringólogo[1].

Cada estudiante escribe en un papel el nombre de la profesión a la que se dedicará en el futuro. Después mezcláis los papeles y cada uno lee un papel. ¿Adivináis quién lo escribió? ¡Ojo con las formas femeninas!

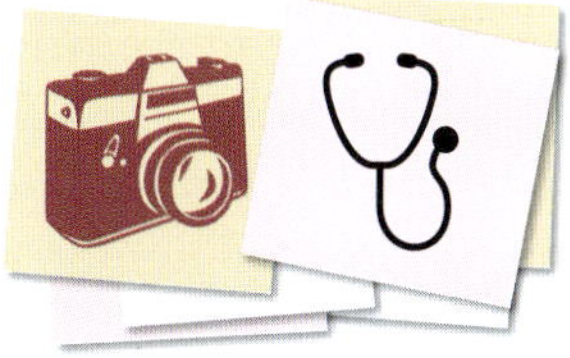

E4 Una estadística

1. Describe esta estadística utilizando el vocabulario de la página 34.
2. ¿Qué queréis ser de mayor? Haced una estadística en la clase de español y comparadla con esta.
3. Busca estadísticas de otros países sobre este tema y preséntalos en clase.
4. Explicad por qué hay profesiones que son muy populares[2] entre los jóvenes.

¿Qué quieres ser de mayor?
Aspiraciones profesionales de niños y niñas (%)

niños		niñas	
Futbolista	17,1	Profesora	22,7
Policía	10,1	Veterinaria	14,6
Ingeniero	7,0	Médica	12,2
Médico	5,6	Actriz	3,7
Piloto	4,1	Peluquera	3,6
Arquitecto	3,7	Cantante	3,6

E5 A adivinar

Formad grupos. Cada grupo elige una profesión. Los demás tienen que adivinarla. Podéis contestar solamente con un "sí" o un "no", y los demás no pueden hacer más de 10 preguntas. Si adivinan vuestra profesión con una pregunta, tenéis 1 punto. Si necesitan 10 preguntas o no la adivinan, tenéis 10 puntos. Usad los apuntes de la derecha.

recibir propina – necesitar estudios especiales – trabajar solo / en equipo – trabajar con mucha gente – tener un trabajo interesante – hacer un trabajo de investigación – tener mucho tiempo libre – trabajar al aire libre – tener un trabajo importante – ganar mucho/poco dinero – trabajar muchas/pocas horas – levantarse muy temprano

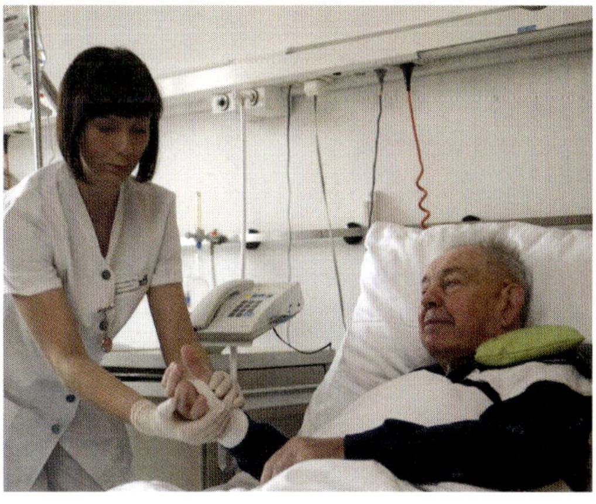

1 el / la otorrinolaringólogo/-a der / die Hals-Nasen-Ohrenarzt/-ärztin,
2 popular beliebt

E6 Ahora con mímica[1]

Formad dos grupos. Cada grupo escribe papeles con nombres de profesiones. Un estudiante del grupo A toma un papel que le da el grupo B. En solo medio minuto tiene que presentar con mímica la profesión. Si los compañeros de su grupo adivinan la profesión, el equipo gana un punto. Después sigue el otro grupo. Ojo: No está permitido hablar.

E7 Un trabajo interesante

Mira las expresiones del ejercicio E5. Úsalas para hablar sobre el trabajo con tu compañero/-a.

Modelo: A: *¿Quién recibe propina?*
B: *El / La camarero/-a recibe propina. ¿Quién...?*

¡Ojo!

Una función muy importante del futuro es la de expresar hipótesis:

A: ¿Dónde estará Juan?
B: Estará en el polideportivo.

Para expresar hipótesis también puedes usar las siguientes expresiones:
Creo que ... - Pienso que ... - Seguro que ... - Seguramente ... - Me imagino que ...

¿Cómo expresas hipótesis en alemán? ¿Y en inglés?

E8 ¿Qué creéis?

La hora de español ha empezado hace quince minutos pero el / la profesor/-a no ha llegado. Solo él / ella sabe por qué. Cada uno tiene que expresar una hipótesis. ¿Quién lo adivina? Vuestro/-a profesor/-a os lo va a decir.

Modelo: *Pienso que estará durmiendo.*

E9 Veinte años no es nada.

1. Mira esta foto. Es de 1990. Elige a uno de los chicos y escribe varias hipótesis en tu cuaderno. Piensa: ¿Dónde y cómo vivirá? ¿Con quién? ¿Estudiará? ¿Qué? ¿Trabajará? ¿Dónde? ¿...? Escribe un pequeño texto.
2. Lee tu texto a tu compañero/-a. ¿Adivina de cuál de los chicos estás hablando?
3. Ahora escribe sobre ti. ¿Cómo imaginas tu futuro? Utiliza muchos adjetivos y adverbios, después corrige tu texto.

→ 5

1 la mímica die Mimik

E 10 ¿Qué dice la tele?

1. Laura, la hermana de Javier, tiene miedo de no encontrar un trabajo. Todos hablan del paro. Ahora mismo en la tele están hablando de eso. Escucha y escribe en tu cuaderno los números que faltan.

"Según la nota de prensa del Ministerio de Trabajo e Inmigración, el paro sube. Se registra un aumento del ●●●.
En Castilla–La Mancha hay un total de ●●● parados. Por lo que respecta a la provincia de Albacete hay un total de ●●● parados, un ●●● más que en el mes anterior. De ellos, ●●● son hombres, mientras que ●●● son mujeres. Por otro lado, y por sectores de actividad, en la provincia ha subido el número de parados en todos los sectores: agricultura, industria, construcción, servicios, ..."

Observatorio del Ayuntamiento de Albacete,
www2.amialbacete.com/observatorio/, 22.11.2010 (adaptado)

2. Vuelve a leer y escuchar el texto y decide: ¿correcto o falso? Corrige la información falsa.

	c	f
a) Antes había más personas que estaban en el paro.	●	●
b) En Castilla–La Mancha hay menos de 200.000 personas en el paro.	●	●
c) En la provincia de Albacete hay más de 50.000 personas en el paro.	●	●
d) Allí, el número de personas en el paro ha subido casi un 5% durante el mes pasado.	●	●
e) Actualmente hay más mujeres que hombres que están en el paro.	●	●

acultativo

E 11 Moritz sigue investigando.

¡Y sí!, todos quieren saber muchas cosas de Alemania. Ahora Moritz tiene que investigar sobre el tema del paro en su país. Ayúdalo a escribir un pequeño texto para presentarlo en clase.

E12 ¿Profesiones de hombres, profesiones de mujeres?

1. En la clase de Farouk y Juan Manuel la profesora hizo una encuesta a los estudiantes para determinar[1] estereotipos[2] y roles[3]. Los estudiantes tenían que decir qué profesiones eran típicas de hombres, de mujeres o de los dos. En grupos, mirad los gráficos utilizando un diccionario. Con el vocabulario de la página 34 escribid algunas frases para explicarlos.

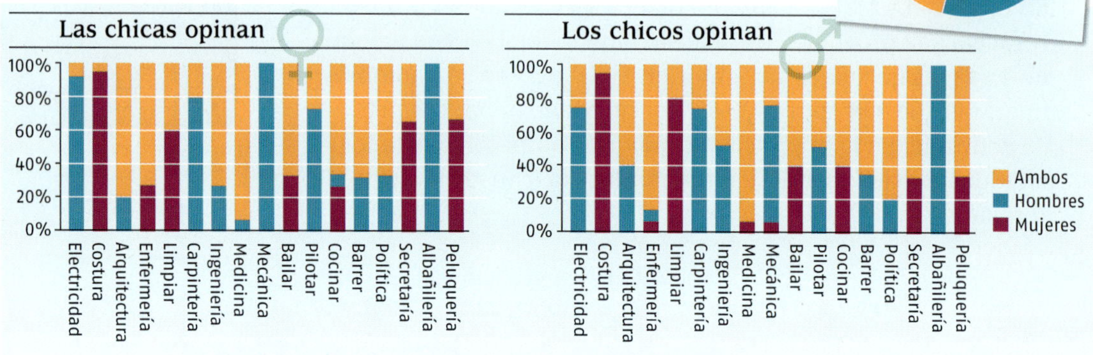

http://nuevospapeles.blogspot.com, "Taller de coeducación en el instituto", 06.05.2010

2. Haced la encuesta en clase y dibujad también un gráfico. Después comparad vuestro gráfico con el de la clase de Farouk y Juan Manuel. ¿Qué diferencias hay?

E13 Una viñeta

1. Mira esta viñeta utilizando el diccionario. Después explícasela a un amigo alemán.
2. Escribe la respuesta del otro señor. Compara tu respuesta con la de tu compañero/-a.
3. Habla con tus compañeros: lo que muestra la viñeta, ¿es así de verdad?

Forges 2010

1 determinar ermitteln, 2 el estereotipo das Klischee, 3 el rol die Rolle

facultativo

Paso 4 *¿Y eso? ¿Qué habrá dicho?*

965-08

¿Qué habrá pasado?

El móvil de Javier: bip bip bip-trilli trilli-bip bip bip

Javier (toma su móvil): ¿Sí?

Juan Manuel: Hola, Javi, ¿qué tal? Acabo de leer tu mensaje.

Javier: No muy bien, estoy solo y os estoy esperando. Quiero jugar al fútbol, pero no hay nadie.

Juan Manuel: Oye, Javi, lo siento, pero en este momento no tengo tiempo. Estoy trabajando para el proyecto escolar, ¿sabes?

Javier: Claro, pero Farouk tampoco está ...

Juan Manuel: ¡Qué raro! Él y su grupo ya han terminado. ¿Dónde se habrá metido?

Javier: Habrá ido a dar un paseo.

Juan Manuel: No creo, seguro que se habrá dormido.

Javier: No, no está en su casa, acabo de hablar con Nur y dice que ha salido hace media hora.

Juan Manuel: Pues, no sé, habrá salido con Pepe o con Carlitos.

Javier: Vale, voy a esperarle un rato más.

E1 Un mensaje de texto

En parejas. ¿Qué dice el mensaje que Javier escribe a Juan Manuel?

E2 Sobre el texto ...

¿Cuáles de estas informaciones están en el texto? Corrige la información que no es correcta.

	c	f
a) Javier está solo y espera.	•	•
b) Nadie sabe dónde está Farouk.	•	•
c) Javier está contento porque no tiene que hacer el proyecto.	•	•
d) Farouk terminó su proyecto antes que Juan Manuel.	•	•
e) Javier piensa que Farouk se habrá dormido.	•	•
f) Nur dice que hace media hora que su hermano está en casa.	•	•
g) Javier se va a casa.	•	•

E3 ¿Dónde se habrá metido Farouk?

1. ¿Cómo expresan los chicos una hipótesis sobre algo que ya ha pasado? Busca ejemplos en el texto.
2. Este nuevo tiempo se llama futuro perfecto. Formula una regla: ¿Cómo formas este tiempo? Comprueba mirando en tu libro de gramática. → G 2.2
3. Expresa más hipótesis sobre lo que habrá hecho Farouk. Compara con tu compañero/-a.

E4 Repaso: Los participios

Como ahora sabes, para formar el futuro perfecto necesitas conocer los participios. ¿Recuerdas los participios? Completa las frases en tu cuaderno.

a) El participio de los verbos *-ar* termina en ●●●
b) El participio de los verbos *-er* termina en ●●●
c) El participio de los verbos *-ir* termina en ●●●
d) Los participios irregulares son ●●●

E5 Tres en raya[1]

La clase forma dos equipos. En la pizarra el / la profesor/-a dibuja un gráfico para jugar al "Tres en raya". Por ejemplo:

abrir	ver	jugar
salir	decir	hacer
comer	volver	ir

Cada equipo elige un signo, por ejemplo "×" y "o". Una persona del equipo **A** tiene que decir una frase usando el futuro perfecto. Para eso elige uno de los verbos del gráfico. Si la frase es correcta, marca "su verbo" con el signo de su equipo. Después, una persona del equipo **B** sigue. Gana el equipo que logra tener tres signos en una línea.

E6 ¿Qué habrá contestado Mafalda?

1. En parejas. Describid lo que veis en cada viñeta y pensad en varias hipótesis para el final. ¿Qué habrá contestado Mafalda?
2. Escribid una historia en pasado. Podéis empezar así: *Una tarde, Mafalda estaba visitando a su amiga Susanita …* Después, corregid vuestro texto. → 5

1 el tres en raya das Tic Tac Toe-Spiel

E7 Un chat

1. Completa en tu cuaderno con la forma correcta del futuro o del futuro perfecto.
2. En parejas, escribid un diálogo como este y presentadlo a la clase.

Juan Manuel: Anahí, ¿estás allí?
Anahí: Sí, ¿qué hay?
Juan Manuel: ¿Has visto a Farouk?
Anahí: No, ¿por qué?
Juan Manuel: Pues, nadie sabe dónde está.
Anahí: ●●● *(estar)* en su casa.
Juan Manuel: No está, ya he llamado.
Anahí: ●●● *(salir)* con Javier.
Juan Manuel: No, Javi está en el parque esperándole.
Anahí: Entonces ●●● *(ir)* al Polideportivo.
Juan Manuel: No creo, quedamos en el parque para ir a jugar al fútbol.
Anahí: Pues, ●●● *(olvidarlo)* y ●●● *(estar)* en casa de algún compañero.
Juan Manuel: ¿Tú crees?
Anahí: ¡Pues yo qué sé[1]!

E8 ¿Y eso? ¿Qué habrá sido ese ruido?

Escucha el CD y escribe en tu cuaderno lo que crees que habrá pasado. Después compara con tu compañero/-a.

E9 Mensajes de texto

1. ¿Entiendes lo que dicen estos mensajes? Escribe el texto completo y compara con tu companero/-a.

2. Escribe en un papel un mensaje de texto en español a un/-a compañero/-a de clase. Él / Ella va a contestarte.
3. Hablando por teléfono con Oliver, Moritz le explica cómo escribes mensajes de texto en español. ¿Qué dice? ¿Cómo es en alemán?

1 ¡yo qué sé! Was weiß denn ich?

Etapa 3

¡Me encanta!

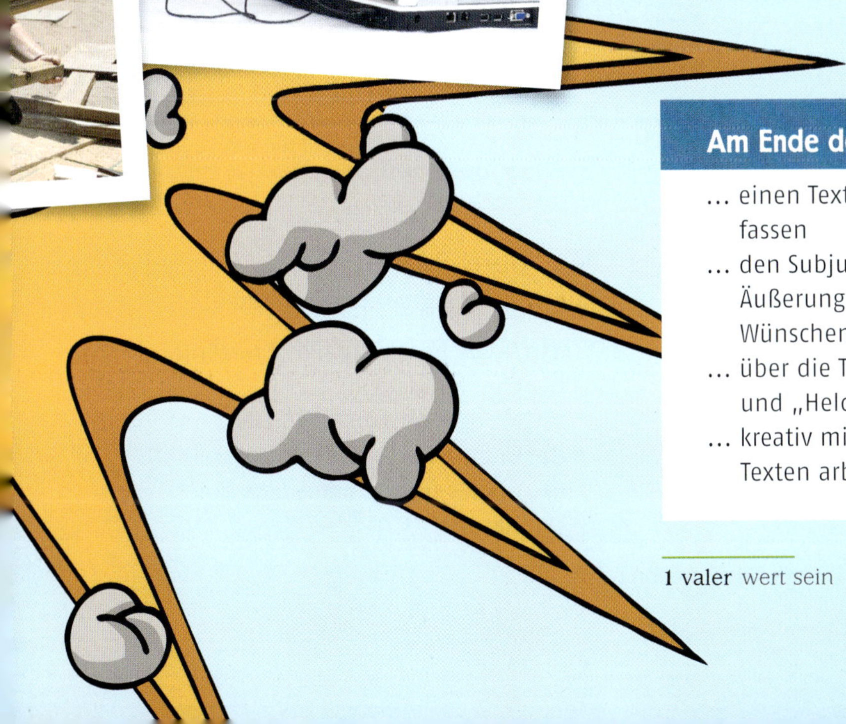

☺☺ E1 Una imagen vale[1] más que mil palabras.

1. Habla con tu compañero/-a sobre lo que ves en las fotos. ¿Qué fotos os interesan más? ¿Por qué?
2. Elegid una foto. Presentadla en la clase explicando por qué os interesa.

E2 ¿Cómo te lo imaginas?

1. Elige a uno de los jóvenes de estas fotos y descríbelo/-a.
2. Elige a una de las personas y escribe lo que estará pensando. Léelo en clase. Tus compañeros tienen que adivinar quién es.
3. ¿Cómo eres tú? ¿Qué te interesa?

Am Ende der Etapa kannst du …

- … einen Text auf Spanisch zusammenfassen
- … den Subjuntivo bilden und für die Äußerung von Ratschlägen, Zweifeln, Wünschen und Gefühlen verwenden
- … über die Themen „Internetnutzung" und „Helden" sprechen
- … kreativ mit kurzen literarischen Texten arbeiten

1 valer wert sein

Paso 1 *El concierto de hip hop solidario*

El fuerte terremoto de Chile causa al menos 300 muertos

El terremoto, de 8,8, afectó a la ciudad de Concepción y deja sin suministro eléctrico a Santiago, la capital.

El sueño de los chilenos terminó a las 3:34 de la madrugada por un terremoto 8,8 grados de intensidad en la escala de Richter, que ha sacudido con violencia la zona central y sur del país y ha provocado al menos 300 muertos, según cifras oficiales. El terremoto también ha destruido muchas carreteras y edificios. Al menos medio millón de casas han sido destruidas por el terremoto. Acompañado por un ruido ronco y profundo, el terremoto duró más de dos minutos y su epicentro estuvo 63 kilómetros al suroeste de Cauquenes, unos 325 kilómetros al sur de Santiago. Ha sido entre 50 y 100 veces más intenso que el terremoto de Haití en enero del 2010.

En la oscuridad hubo escenas de pánico durante el terremoto. En las alturas, a partir del sexto piso en los edificios en Santiago era muy difícil mantenerse en pie. Además del ruido del terremoto se escucharon las alarmas de autos y casas, activadas por el movimiento del suelo, y las personas que gritaban y lloraban.

El gobierno ha decretado zona de catástrofe entre las regiones de Valparaíso y de la Araucanía, incluyendo a Santiago, ha suspendido los actos masivos, conciertos y partidos de fútbol, y las clases en marzo van a empezar más tarde.

Manuel Délano: "El fuerte terremoto de Chile causa al menos 300 muertos".
En: *El País*, 28.02.2010 (texto abreviado y adaptado)

E1 Un terremoto muy fuerte

1. Mira el pequeño gráfico. ¿En qué parte de Chile se encontraba el epicentro[1] del terremoto?
2. Mira las fotos. Describe una de ellas a tu compañero/-a; después él / ella te describirá la otra.

E2 Sobre el texto ...

Contesta las siguientes preguntas:

a) ¿A qué hora empezó el terremoto?
b) ¿Qué intensidad[2] tuvo?
c) ¿Murieron personas en este terremoto?
d) ¿Cuánto tiempo duró el terremoto?
e) ¿Cuáles fueron los ruidos que se escucharon?

1 **el epicentro** das Epizentrum, 2 **la intensidad** die Intensität

E3 Terremotos fuertes en el mundo

1. ¿Conoces otros terremotos fuertes de la historia? Habladlo en clase.
2. ¿Qué crees, cuáles son los problemas más importantes después de un terremoto? Haz una lista. Después compara tu lista con la de tu compañero y presentad los resultados en clase.

T2 65-10

Todos quieren ayudar.

Después del grave terremoto que ha habido en el centro y el sur de Chile, el instituto de Farouk ha querido ser solidario con el pueblo chileno. Por eso, sortea cuatro entradas para un concierto hip hop benéfico[1]. El concierto lo ha organizado el ayuntamiento de Albacete, y será el sábado a las 20:30 en la sala *Live*.
En la revista del instituto, Farouk da información sobre los grupos que van a tocar esa noche y de cómo recibir una entrada gratis.

Una causa justa

Muchos son los países y empresas que están ayudando al pueblo chileno. Es muy importante que la gente **reciba** ayuda. ¡Y nuestro instituto también quiere ayudar! Por eso, a partir de mañana se van a vender en la cafetería los billetes para sortear cuatro entradas gratis para el gran concierto benéfico de hip hop. Dos grupos españoles: *Violadores del verso* y *Delafé y las Flores Azules*, y uno marroquí, *Don Bigg*, van a tocar durante dos horas y media en la sala *Live* de Albacete. ¡Qué pasada! Os recomiendo que **vayáis**, los grupos son muy famosos y además, es necesario que todos **seamos** solidarios.
Es una suerte que **tengamos** la oportunidad de escucharlos en nuestra ciudad.
Todos conocéis al grupo de Zaragoza *Violadores del verso*. ¡Es genial que **vengan** a nuestra ciudad! ¡Es alucinante! Empezaron en 1998 y ya han ganado un premio MTV. Si no conocéis a este grupo os aconsejo que lo **hagáis**. Sus temas son actuales, hablan de las chicas, de los amigos, de la calle, en general, de la vida misma.
El segundo grupo que toca es *Delafé y las Flores Azules*, un grupo catalán, con dos chicos y una chica, Helena Miquel. En los grupos hip hop prefiero que **haya** una mujer (je je). Las letras de sus canciones son optimistas y críticas al mismo tiempo. Es seguro que cantarán sus canciones más famosas como *El monstruo de las Ramblas*, mi canción favorita.
El último cantante se llama *Don Bigg*, es de Marruecos. Sus canciones hablan de temas muy diferentes, pero, sobre todo, hablan de problemas sociales. Canta en dialecto y por eso no creo que **entendáis** las letras, pero el ritmo de las canciones mola mogollón.
Os aconsejo que **lleguéis** antes de las 20:00 para encontrar un buen lugar. Espero que **ganéis** una entrada. ¡Nos vemos en el concierto!

Farouk

1 **benéfico/-a** Benefiz-, wohltätig

E4 Sobre el texto …

1. Lee el texto otra vez y busca información sobre …

   a) lo que ha pasado en Chile.
   b) quién ayuda al pueblo chileno.
   c) cómo ayuda Albacete.
   d) cómo ayuda el instituto.
   e) los grupos que van a tocar.

2. Con esta información, escribe un resumen del texto en tu cuaderno. → 1

3. Lee otra vez el resumen que has escrito. Controla la forma y el tiempo de los verbos en pasado, la diferencia entre *ser* y *estar*, los adjetivos … Si hay un error que repites escríbelo en tu cuaderno para practicar la forma correcta. → 5

E5 ¡Qué pasada!

1. Farouk ha utilizado en el texto expresiones como, por ejemplo, *¡Qué pasada!* ¿Qué otras encuentras en el texto? ¿Qué crees que significan?

2. ¿En qué situaciones usas estas expresiones? Escribe con tu compañero/-a pequeños diálogos con ellas.

E6 Es muy importante que reciban nuestra ayuda.

1. Busca en el texto las formas del presente de subjuntivo de los verbos *entender, ganar, hacer, llegar, recibir, tener* y *venir*. Compara las formas con el presente de indicativo. ¿A partir de qué persona se forma el presente de subjuntivo? Escribe tú mismo la regla.

2. Compara con lo que dice tu gramática. → G 3.1

3. ¿Cuáles son los infinitivos de los siguientes subjuntivos: *vayáis, seamos, haya*?

¡Ojo!

Ellos reciben nuestra ayuda → modo indicativo

Es muy importante que ellos reciban nuestra ayuda → modo subjuntivo

E7 ¿Cuándo se usa el subjuntivo?

1. Mira el texto T2 y escribe en tu cuaderno las expresiones que necesitan el subjuntivo en los siguientes grupos. Algunas expresiones pueden repetirse en más de uno. Después, escribe dos frases para cada grupo.

¿? → *subjuntivo*

¿! → *subjuntivo*

   a) expresiones para dar una opinión: *prefiero que,* …
   b) expresiones para dar un consejo: …
   c) expresiones impersonales (ser + adjetivo / sustantivo + que): …
   d) expresiones de lo que sientes: …
   e) expresiones de lo que quieres: …
   f) expresiones de duda: …

2. Dile a tu compañero/-a tres frases en alemán que necesiten subjuntivo en español. Él / Ella tiene que traducirlas al español y comprobar.

E8 Te recomiendo que practiques el subjuntivo.

Jugad en parejas con un dado. Cada uno de vosotros escribe cinco papeles con diferentes verbos en infinitivo. Mezclad los papeles. Tirad el dado para saber qué pronombre personal tenéis que usar y tomad un papel con un verbo. El que dice una frase con la forma correcta del modo subjuntivo del verbo gana un punto.

⚀ = yo	⚃ = nosotros/-as
⚁ = tú	⚄ = vosotros/-as
⚂ = él/ella	⚅ = ellos/-as

E9 Prefiero que lo leamos juntos.

En parejas. Formad frases con *Prefiero que...* utilizando el subjuntivo, y corregid a vuestro/-a compañero/-a.

Modelo: **A:** *decirlo, él* **B:** *Prefiero que lo diga.*

A	B
ir, tú	●●●●●●●
●●●●●●●	hablar, ellos
hacerlo, Jaime	●●●●●●●
●●●●●●●	salir, ella
jugar, nosotros	●●●●●●●
●●●●●●●	entender, vosotros
tenerlo, ellas	●●●●●●●
●●●●●●●	saberlo, tú
venir, vosotros	●●●●●●●
●●●●●●●	pedirlo, nosotros

E10 Farouk y Anahí hablan por teléfono.

1. Escribe la forma correcta de los verbos en presente de subjuntivo.

Farouk: Anahí, es necesario que ●●● *(llegar, nosotros)* temprano para encontrar un buen lugar.

Anahí: Sí. Es importante que ●●● *(estar, nosotros)* unas horas antes. Quiero que ●●● *(ser, nosotros)* los primeros.

Farouk: Bueno, bueno ... ¿Sabes? Es probable que Javier no ●●● *(ir)*, tiene mucho que estudiar.

Anahí: Pues, no me lo puedo creer, es por una causa justa.

Farouk: Ya, yo tampoco lo entiendo. Ah, ¿se lo has dicho a María Jesús?

Anahí: Sí, claro. Ella espera que Delafé ●●● *(cantar)* sus canciones favoritas.

Farouk: Y yo espero que ●●● *(poder, nosotros)* ver bien a los cantantes.

Anahí: ¡Qué ganas tengo! Pero no creo que nos ●●● *(dar, ellos)* un autógrafo al final del concierto. ¿Qué piensas?

Farouk: No sé, pero te aconsejo que no ●●● *(enfadarse, tú)* si no te lo dan.

¡Ojo!

Los siguientes verbos no forman el presente de subjuntivo según la regla: dar, estar, haber, ir, saber, ser → G 3.1

2. Escucha ahora el CD y comprueba.

3. Completa la lista de E7 con las expresiones que necesitan subjuntivo de este ejercicio.

☺☺ E 11 ¿Qué piensas?

Mira otra vez las fotos de las páginas 46 y 47 y di tus opiniones a tu compañero/-a. Usa las expresiones del ¡Ojo!

Modelo: *Me parece que la chica de la segunda foto está jugando con el móvil. No creo que esté escribiendo un mensaje de texto.*

¡Ojo!

Creo que Me parece que Pienso que	+	indicativo
No creo que No me parece que No pienso que	+	subjuntivo

E 12 Los consejos de Farouk

1. En la revista del instituto, Farouk da algunos consejos a los jóvenes que van a ir al concierto, por ejemplo: "*Os aconsejo que lleguéis temprano*". Imagínate que tú también vas a ir al concierto. Tu mejor amigo/-a no ha ido nunca a ningún concierto. ¿Qué consejos le puedes dar? Aquí tienes algunas ideas.

Te recomiendo que
Te aconsejo que
Es mejor que

●●● *(llegar)* antes
no ●●● *(comprar)* la entrada en la calle
●●● *(saber)* las canciones
●●● *(ir)* con amigos
●●● *(ponerse)* zapatillas
●●● *(llevar)* una botella de agua

2. ¿Conoces otros consejos útiles? Escribe dos frases más.

en un concierto

E 13 Ahora es importante que sigas practicando.

Usa las siguientes expresiones para formar frases.

Modelo: *Es necesario que la gente se interese por otras personas.*

(No) Es necesario que	los jóvenes	●●● *(saber)* lo que pasa en otros países.
Es importante que	la gente	●●● *(dar)* ayuda a la gente que lo necesita.
(No) Es malo que	los profesores	●●● *(tener)* poco tiempo y no ●●● *(hacer)* nada.
Es genial que	los padres	●●● *(interesarse)* por otras personas.
Es un problema que	todos	(no) ●●● *(poder)* ir al concierto.
Es una suerte que	nadie	(no) ●●● *(dejar)* a sus hijos ir al concierto.

E 14 ¿Cuál es tu opinión?

1. Aquí tienes más expresiones que van con el subjuntivo. Escríbelas en los grupos del ejercicio E7 (página 50).

a) Puede ser que ...	c) Es posible que ...	e) No está claro que ...
b) Es mentira que ...	d) No es verdad que ...	f) Es raro que ...

2. Piensa y escribe en tu cuaderno algunas expresiones nuevas como en el modelo.

   Modelo: *Es + adjetivo / sustantivo + que ...*

3. Usa las expresiones que has aprendido hasta ahora para comentar las siguientes noticias con tu compañero/-a como en el modelo.

   Modelo: *No creo que te saquen el móvil por eso.*

a) **A una chica le sacan el móvil por hacer fotos en un concierto.**

b) **EL CONCIERTO EMPEZARÁ DOS HORAS MÁS TARDE.**

c) El cantante Don Bigg no puede hablar, está enfermo.

d) **Uno de los grupos no tiene ganas de tocar.**

e) *El estudiante Javier Fernández Gil gana dos entradas para el concierto.*

E 15 ¡Atención chicos y chicas!

1. Imagina que tú también quieres ir al concierto benéfico. ¿Qué información necesitas para ir? Escribe en tu cuaderno los datos que necesitas.

   Modelo: *Necesito saber a qué hora empieza.*

2. Escucha ahora el siguiente programa de radio y lo que dicen sobre el concierto. Escribe en tu cuaderno todos los datos que da el locutor. Compara con tu compañero/-a.

facultativo

E 16 ¿Son los jóvenes solidarios?

1. El instituto de Farouk va a ayudar a las víctimas del terremoto sorteando entradas para el concierto. ¿Qué otras ideas tienes para ayudar a las víctimas?

2. ¿Tiene vuestro instituto proyectos solidarios? Piensa con otros tres compañeros cómo sacar dinero para ayudar. Comentadlo en clase.

3. Un juego de roles: Unos estudiantes quieren organizar un concierto benéfico en vuestro instituto, pero no todos están de acuerdo. Formad 5 grupos: uno representa a los estudiantes que quieren el concierto, otro, al director del instituto, el tercero, a los estudiantes que están en contra y el cuarto, a los profesores. El último grupo escucha y escribe un artículo sobre la discusión y el resultado. En el debate habla solo una persona por grupo.

Paso 2 *Y a ti, ¿qué te gusta hacer?*

El blog de MaJu

6965-11

MaJu: ¡Hola, todos y todas! Hoy tengo un mal día. Mis padres se han enfadado conmigo porque tuve una nota muy baja en Inglés. Dicen que estudio muy poco porque estoy mucho tiempo con mis amigos o con el coro del instituto. Bueno, a mis padres les gusta que cante … Pero no les gusta nada que esté tanto tiempo aquí, en Internet. Quieren que estudie más para el instituto. A partir de hoy no me dejan que esté más de una hora por día con el ordenador. ¡Uf!

Comentarios:

LauraFer: Tienen razón. Es lógico que tus padres estén preocupados por ti. ¡Un 1 en Inglés! ¡Chicaaaaaaa!!!

Anahí_2010: Puede ser que tengamos que estudiar juntas. ¡Yo tuve un 4! ¿Quieres que nos encontremos hoy por la tarde en el parque?

MaJu: Vale, a las siete. Pero antes tengo que estudiar …

Javi007: ¿Quieres que te explique un poquito? Soy el genio[1] del inglés.

LauraFer: Si tú eres el genio del inglés yo soy la reina de España.

Javi007: La reina de España es más guapa que tú.

Nur_1: Es interesante que los hermanitos discutan por Internet …

Javi007: No discutimos, es normal que nos hablemos así …

MaJu: ¡Chicooos!!!, tengo solo quince (¡15!) minutos más. ¿Qué hago?

Javi007: En serio, ¿quieres que vaya? ¿A las cuatro?

Anahí_2010: Voy también. Es genial que nos ayudes, Javi.

Javi007: Sí, soy un ángel[2].

LauraFer: Presumido.

Nur_1: Mi mamá pregunta si es posible que vaya yo también, no tuve una nota mala, pero ella prefiere que practique un poco más.

MaJu: Claro, a las cuatro, aquí.

1 el/la genio das Genie, 2 el ángel der Engel

E1 Sobre el texto ...

Contesta las siguientes preguntas.

a) ¿Por qué María Jesús tiene un mal día?
b) ¿Qué no les gusta a sus padres?
c) ¿Qué cambiará a partir de hoy?
d) ¿Sus amigos piensan que los padres de María Jesús tienen razón?
e) ¿Quién va a ayudarla con el inglés?
f) ¿Quién necesita también que la ayuden con esta asignatura?
g) ¿Necesita Nur que Javi le explique algo? ¿Por qué?

E2 Opiniones

1. Los amigos de María Jesús la han ayudado con sus comentarios. ¿Qué te parecen? Habla con tu compañero/-a.

A	B
Pregúntale a tu compañero/-a qué le parece el comentario de Laura.	Dile tu opinión y por qué.
Contesta.	Pregúntale lo que piensa él / ella.
Pregúntale lo que piensa sobre la actitud de los padres.	Contesta y compara con la actitud de tus padres.
Di qué te parece la idea de tu compañero/-a.	Proponle qué puede hacer María Jesús.

2. Completa tu lista del ejercicio E7 del Paso 1 (página 50) con las expresiones nuevas y las que están en el texto de la página 54.

¡Ojo!

Otras nuevas expresiones que van con el subjuntivo:

Me parece raro que ...
Me parece bien / mal que ... + subjuntivo
No es normal que ...
Es curioso que ...

E3 María Jesús te pide que le digas lo que piensas.

1. Escribe en tu cuaderno un comentario para el blog de María Jesús. Usa algunas de las expresiones con subjuntivo que ya conoces.
2. Compara tu comentario con el de tu compañero/-a. ¿Habéis tenido ideas diferentes? Si es así, intentad convencer al otro de que tenéis razón.

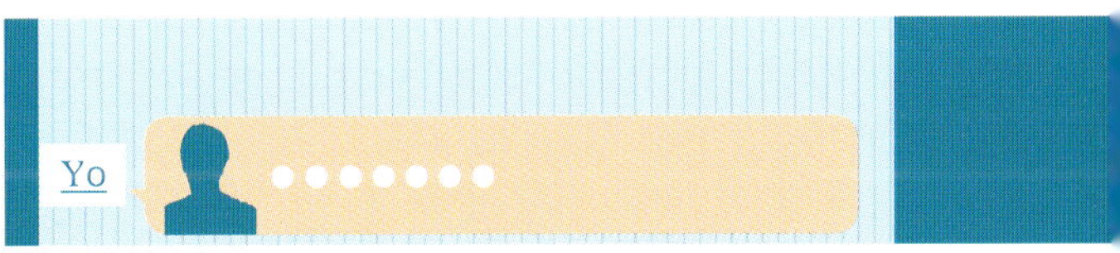

E4 Tu opinión es importante.

1. Antes, María Jesús escribía siempre en su diario. Ahora escribe casi todos los días en su blog. ¿Te parece muy diferente? ¿Cuáles son las ventajas y las desventajas de un diario y de un blog? Escribe un texto utilizando las expresiones de la derecha. → 1
2. Formad grupos de trabajo para controlar la gramática y el vocabulario de los textos de otros compañeros. → 5

Me parece genial / raro / ... que ...
(No) creo que ...
(No) pienso que ...

Test: ¿Pasas mucho tiempo en Internet?

T2 6965-12

Después de estudiar Inglés con Javier todos van al parque. Anahí lleva una revista donde está este test. Todos lo hacen.

1. ¿Para qué usas Internet?
a) Para buscar información para el instituto.
b) Para bajar música.
c) Para chatear.

2. ¿Cuántas horas pasas al día en Internet durante la semana?
a) Menos de una hora.
b) Más de una hora.
c) Más de dos horas.

3. ¿Cuántas horas pasas en Internet el fin de semana?
a) Menos de una hora.
b) Más de una hora.
c) Más de dos horas.

4. ¿Usas Internet para leer ...
a) ... libros?
b) ... periódicos y revistas?
c) ... a) y b)?

5. ¿Usas Internet para comprar cosas?
a) Nunca.
b) A veces.
c) Muchas veces.

6. ¿Ves la tele por Internet?
a) Nunca.
b) A veces.
c) Muchas veces.

7. ¿Te conectas a Internet por la noche?
a) Nunca.
b) A veces.
c) Siempre.

E5 ¿Y tú?

1. Haz el test y mira tu resultado (página 58). ¿Qué piensas? ¿Crees que el test tiene razón?
2. Haced tres grupos con los que contestaron sobre todo a), sobre todo b) y sobre todo c). Discutid si el test tiene razón. ¿Cómo veis vuestra actitud con los medios?

E6 Hola, tengo un problema.

1. Ahora vas a escuchar un programa de radio donde los jóvenes cuentan sus problemas. Escucha y después marca la respuesta correcta.

a) Luis cree que es adicto al móvil ...
   A) porque manda 30 mensajes al día.
   B) porque está muy nervioso esperando los mensajes.
   C) porque no apaga nunca el móvil.

b) Los padres de Luis están enfadados con él ...
   A) por la factura de 200 euros.
   B) por comer y dormirse con el móvil.
   C) por no trabajar bien en clase.

c) Elena tiene un problema con ...
   A) el acné[1].
   B) el chocolate.
   C) las cremas[2].

d) Elena solo sale de casa ...
   A) a hacer la compra.
   B) por la noche.
   C) para ir al instituto.

2. Trabajad en grupos de cuatro. ¿Qué les podéis aconsejar a los chicos que hablaron en la radio?

3. Luis y Elena han dejado su dirección de e-mail. Usa las expresiones que has aprendido hasta ahora y escribe un e-mail con tus consejos a uno de estos jóvenes.

E7 ¿Qué cuenta Moritz?

1. Moritz también escuchó ese programa de radio. Después, escribe un e-mail a su amigo alemán Oliver y le cuenta lo que escuchó en el programa. Ayúdalo y escribe en alemán un resumen de lo que escuchaste en tu cuaderno.

2. Los compañeros de Moritz preguntan cómo es el tema del Internet y los jóvenes en Alemania. ¿Qué puede decirles? Ayúdalo a contarlo en español.

E8 ¿Qué será?

Dos parejas trabajan juntas. Cada una hace una lista de diez palabras del libro. Una pareja tiene que mostrarle una de sus palabras a un solo estudiante de la otra pareja. Este tendrá que explicarle la palabra o darle un sinónimo a su compañero, quien tendrá un minuto para descubrir qué palabra es. Gana la pareja que adivina más palabras.

1 el acné die Akne, 2 la crema die Creme

E9 Cosas de nuestro mundo

1. Lee estos comentarios de diferentes personas sobre el tema del Internet.

a) Creo que pocos viven sin Internet en casa.
b) Es posible que algunos piensen que conectarse a Internet no es útil.
c) Pienso que muchos no saben que también puede ser peligroso estar conectado todo el día.
d) No creo que sea lo más interesante que puedes hacer.
e) Estoy seguro de que la gente cuenta mentiras por Internet.
f) Es malo que dejes de ver a tus amigos y solo chatees con ellos.
g) Es importante que los chicos y chicas hagan otras cosas y no siempre se conecten a Internet.
h) Es seguro que en otros lugares del mundo pocas personas tienen ordenador en su casa.
i) Es horrible que la gente no tenga nada mejor que hacer.
j) Me parece que es un problema de los países ricos.
k) Puede ser que en treinta años los chicos piensen que Internet es muy aburrido.

2. Ordena las expresiones que van con indicativo y las que van con subjuntivo.
3. ¿Con qué frases estás de acuerdo? ¿Puedes escribir algún comentario más?

E10 Gustos y manías[1]

1. Escribe en un papel algunas cosas que te gustan y algunas que te molestan que hagan otras personas.

   Modelo: *Me gusta que la gente diga "gracias" cuando les abro la puerta en una tienda. Me molesta que la gente haga ruido en el cine.*

2. Mezclad todos los papeles. Cada estudiante toma uno y corrige los errores si los tiene. Después leed los papeles en voz alta. ¿De quién son estos gustos y estas manías? ¿Os conocéis bien? → 5

Resultado del test:

sobre todo a)
No eres adicto a Internet. Lo usas para diferentes cosas pero tampoco demasiado. No tienes que preocuparte.

sobre todo b)
Todavía no necesitas preocuparte. Usas mucho Internet y siempre con un objetivo. Pero, atención, si lo usas más serás adicto.

sobre todo c)
Eres adicto a Internet. Estás siempre conectado. Todo lo haces por Internet. También hablas con tus amigos por Internet, pero no quedas con ellos. Tienes que cambiar esta actitud.

---

1 la manía die Marotte, der Tick

Chateando con Sofía

T3 65–13

Después de escribir en su blog, María Jesús chatea con su prima Sofía.

María Jesús: Sofi, mis papás se han enfadado conmigo por la nota que tuve en Inglés, aunque saben que tengo buenas notas en las otras asignaturas.

Sofía: Prima, aunque te moleste te lo tengo que decir: ¡tienen razón! Chus, no puede ser … ¿no estudiaste para el examen?

María Jesús: No, cuando estudio tengo mejores notas, ja ja.

Sofía: Cuando lo sepa la abuela también se va a enfadar, mejor si no estás en casa …

María Jesús: La abuela ya lo sabe. Pero esta tarde vendrán mis amigos para estudiar Inglés y mientras estudiamos vamos a tomar el té, seguro que va a ser divertido.

Sofía: Mientras no sea demasiado divertido … ja ja

E 11 Cuando, cuando, cuando …

1. Mira las siguientes frases y comenta con tu compañero/-a lo que veis.

a) Cuando lleguen mis hermanos comeremos juntos.
b) Cuando llegan mis hermanos comemos juntos.
c) Aunque haga frío saldremos a caminar.
d) Aunque hace frío salimos a caminar.
e) Mientras estemos juntos estamos contentos.
f) Mientras estamos juntos hablamos de muchas cosas.

2. Escribid una regla. Comparadla con la gramática. → G 3.2.1.2 b

3. ¿Cómo podéis traducir cada una de esas conjunciones al alemán? ¿Y a otros idiomas que conocéis?

E 12 Tándem

Trabajad en parejas. Continuad vosotros con el diálogo escribiendo frases con *si* y con *cuando*. Antes, mirad la gramática. → G 3.3

A		B
Si ●●● *(querer, tú)* venir a mi casa, te espero a las cuatro.	→	Cuando ●●● *(ir, yo)* a tu casa, llevaré bocadillos.
Cuando ●●● *(traer, tú)* los bocadillos, piensa en lo que nos gusta a cada uno.	→	Si ●●● *(pensar, yo)* en lo que le gusta a cada uno, va a ser muy complicado.
Si eso ●●● *(ser)* muy complicado, no compres nada.	→	Cuando ●●● *(comprar, yo)* los bocadillos, pensaré en los que había en tu fiesta.

Paso 3 *Mis héroes*

¿Quién no tiene un héroe?

6965-14

Nuestra sociedad tiene muchos héroes desde la Antigüedad[1]. La mayoría de las personas necesitamos un modelo al que podamos seguir. Sobre todo los jóvenes. Normalmente, los héroes tienen poderes especiales y encuentran una solución para todo. Sin embargo, no solo existen los héroes irreales, como Superman, el hombre araña[2] o Hulk, sino también los héroes de carne y hueso. Esas personas que tienen cualidades especiales, como por ejemplo, ayudar sin esperar nada a cambio. Los padres quieren que sus hijos sean buenas personas en la vida y por eso siempre les dicen: "Queremos que seas buena persona, que no te rías de los demás, que ayudes a tus amigos ...", características típicas de los héroes buenos.

A Javier le encanta este tema. Personalmente, le gusta mucho Superman porque siempre tiene una solución para todo, tiene buen corazón[3] y nunca se deja convencer por nadie. Además tiene grandes poderes, es muy fuerte y puede volar.

A Javier le interesa saber cuáles son los héroes favoritos de sus amigos y por eso decide hacer algunas entrevistas.

E1 Sobre el texto ...

¿Correcto o falso? Corrige la información falsa.

	c	f
a) Los héroes son típicos de la sociedad moderna.	●	●
b) Los jóvenes son los que más necesitan tener un héroe.	●	●
c) Las personas normales también pueden ser héroes.	●	●
d) Los héroes de la vida real dan mucho y no les importa recibir algo a cambio.	●	●
e) Los padres quieren que sus hijos sean héroes.	●	●
f) Javier quiere ser como Superman.	●	●

E2 Héroes y heroínas

1. ¿Qué es para ti un héroe? Escribe algunas palabras clave y coméntalas con tu compañero/-a. Si es necesario, usa el diccionario.

Para mí un héroe es ...

1 la Antigüedad die Antike, 2 el hombre araña Spider-Man, 3 tener buen corazón ein gutes Herz haben

2. Escucha las entrevistas que hace Javier a sus amigos y completa la tabla en tu cuaderno. También vuelve a mirar el texto de la página 60 para encontrar información sobre el héroe favorito de Javier.

	Héroe favorito	Características del héroe
Javier	Superman	●●●
Anahí	●●●	●●●
Farouk	●●●	●●●
María Jesús	●●●	●●●

3. ¿Son necesarios los héroes en la sociedad de hoy? Escribe un texto explicando tu opinión. → 1

E3 ¡Que sea fácil!

1. ¿En qué modo están los verbos de las frases? ¿Qué expresan todas estas frases?

a) ¡Que sea fácil!
b) ¡Que lleguéis bien!
c) ¡Que pases un hermoso día!
d) ¡Que comas cosas ricas!
e) ¡Que encuentres a todos bien!
f) ¡Que vaya mucha gente!
g) ¡Que termines pronto!

2. ¿En qué situaciones puedes recibir estas frases como respuesta? Trabaja con tu compañero/-a y escribid pequeños diálogos.

Modelo: A: *Mañana tengo un examen de Español.*
B: *¡Que sea fácil!*

E4 ¿Qué me dices?

Observa las siguientes imágenes y relaciona. ¿Qué dices a cada una de las personas?

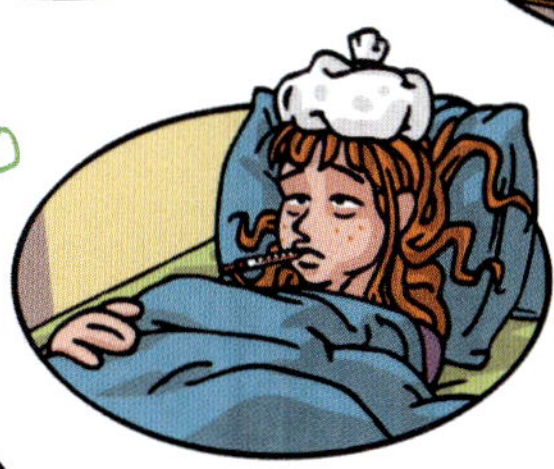

a) ¡Que descanses!
b) ¡Que tengas suerte!
c) ¡Que aproveche!
d) ¡Que te mejores!
e) ¡Que tengas buen viaje!
f) ¡Que te lo pases bien!

E5 ¿Qué le dicen a Nur sus padres?

Nur va a ir al cine con Anahí y María Jesús. Sus padres siempre se preocupan por ella y, por eso, le dicen algunas cosas. Haz frases con sus consejos y órdenes usando *(no) queremos que + subjuntivo*, como en el ejemplo.

Modelo: No debes ponerte cerca de la pantalla[1].
→ *No queremos que te pongas cerca de la pantalla.*

a) Tienes que quedarte con tus amigas.
b) No debes comer muchas palomitas.
c) No debes beber coca-cola.
d) Llámanos si hay algún problema.
e) No debes llegar tarde a casa.

E6 Mucho teatro

Formad cuatro grupos. Cada grupo tiene que escribir cinco frases con *Quiero/Queremos que + subjuntivo* o *Espero/Esperamos que + subjuntivo*. Después tenéis que interpretarlas para la clase (¡sin leerlas!).

Grupo 1: Los padres se lo dicen a los hijos.

Grupo 2: El/La hermano/-a mayor se lo dice a los menores.

Grupo 3: El novio se lo dice a la novia (o la novia al novio).

Grupo 4: El/La profesor/-a se lo dice a los estudiantes.

E7 ¡Ojalá!

1. Javier y Farouk van a ir juntos al cine. Quieren que las chicas también vayan. Sigue con el diálogo. Haz frases usando *ojalá que + subjuntivo* y las ideas que te damos.

Javier: Oye Farouk, ¿les has dicho a las chicas que vamos a ir al cine?
Farouk: Sí, claro. Ojalá que vengan.
Javier: Sí, en serio. Ojalá que María Jesús traiga a su prima Sofía ... es muy simpática.
Farouk: Eso, eso. Ojalá que se siente a tu lado en el cine. También dice que van a venir otras amigas.

2. ¿Cómo traduces *ojalá* a otros idiomas?

¡Ojo!

Ojalá (que) + subjuntivo

→ G 3.2.2

Ojalá que ...

poder invitar a Sofía con palomitas – ser simpáticas – gustarles la película – no venir también su primo – no llegar tarde – haber entradas

---

1 **la pantalla** die Leinwand, der Bildschirm

E8 ¡Qué buenos!

En parejas, trabajad como en el modelo.

Quiero ir al cine.

Ojalá vayas al cine. Quiero ver a tu prima.

Ojalá veas a mi prima.

A	B
Quiero comprar entradas para un concierto. →	Ojalá ●●●●●●●
Ojalá ●●●●●●● ←	Quiero sentarme al lado de … en la clase.
Quiero recibir un autógrafo de Shakira. →	Ojalá ●●●●●●●
Ojalá ●●●●●●● ←	Quiero descansar bastante el fin de semana.
Quiero vender mi bicicleta. →	Ojalá ●●●●●●●
Ojalá ●●●●●●● ←	Quiero recibir un ordenador nuevo.
Quiero cantar en el coro del cole. →	Ojalá ●●●●●●●
Ojalá ●●●●●●● ←	Quiero ser un genio[1] del español.

E9 ¿Quién soy?

Imagina que eres un superhéroe. Describe cómo eres y después preséntate en clase sin decir el nombre. La clase tiene que adivinar quién eres.

Modelo:
Tengo unos treinta años más o menos. Trabajo como fotógrafo en un periódico. Llevo gafas[2]. Hay una chica que me gusta mucho. No soy de la Tierra. Tengo muchísima fuerza. Además sé volar.

E10 Superman se queja[3].

1. Superman se queja porque ahora existen tantos superhéroes y ya no hay lugar para él. Escribe todo lo que le molesta.
   Aquí tienes algunas ideas:

   todos pueden volar – Robocop es más fuerte que él – Harry Potter es un niño ¡y tiene tantos poderes! – …

2. ¿Qué (no) crees que hace Superman en su tiempo libre (que ahora es mucho)?

E11 Kapax, un héroe de carne y hueso

Lee las siguientes frases, después escucha el CD. ¿Cuáles son correctas? Corrige las frases falsas.

	c	f
a) Kapax es colombiano.	●	●
b) En 1976 nadó cinco horas.	●	●
c) Necesitó dos meses para llegar hasta el Atlántico.	●	●
d) Ha nadado más de 500 kilómetros.	●	●
e) Su película se llama *Kapax del Amazonas*.	●	●
f) Ahora cuida el Amazonas.	●	●

1 el/la genio das Genie, 2 las gafas die Brille, 3 quejarse sich beschweren

E 12 Los héroes de ahora

1. ¿Qué características tiene que tener un héroe, y cuáles no son necesarias? Haz frases como el modelo.

Modelo: *(No) me parece necesario que un héroe sea de carne y hueso.*

a) Tiene que ser de carne y hueso.
b) Tiene que ser muy fuerte.
c) Tiene que tener mucho dinero.
d) Tiene que ser muy bueno.
e) Tiene que ser guapo y joven.
f) Tiene que querer ayudar a otros.
g) Tiene que poder volar.
h) Tiene que parecer muy normal.

2. Presenta tu opinión en clase y discútela.

E 13 ¿Y tú qué dices?

Elige a una persona famosa o no, pero que para ti es un héroe y escribe un texto sobre él/ella. Trae una foto y preséntalo/-la en clase.

E 14 Gente

Hay gente que con solo decir una palabra
enciende la ilusión y los rosales;
que con solo sonreír entre los ojos
nos invita a viajar por otras zonas,
nos hace recorrer toda la magia.

Hay gente que con solo dar la mano
rompe la soledad, pone la mesa,
sirve el puchero, coloca las guirnaldas;
que con solo empuñar una guitarra
hace una sinfonía de entrecasa.

Hay gente que con solo abrir la boca
llega hasta los límites del alma,
alimenta una flor, inventa sueños,
hace cantar el vino en las tinajas
y se queda después como si nada.

Y uno se va de novio con la vida,
desterrando una muerte solitaria,
pues sabe que a la vuelta de la esquina
hay gente que es así, tan necesaria.

Hamlet Lima Quintana: "Gente". En: *La breve palabra*, Buenos Aires: Ediciones del Valle, 1998

1. ¿Qué otro título puedes darle a este poema?
2. Explica con tus palabras en una o dos frases lo que quiere decir el autor. Después, compara tus ideas con las de tu compañero/-a. Empieza así: *Hay gente que …*
3. Usa el estilo indirecto para contar lo que escribió el autor. Empieza así: *El autor escribió que había gente que con solo decir una palabra encendía la ilusión …*
4. ¿Y tú? ¿Qué quieres que la gente haga o diga? Escribe cinco frases y compáralas con tu compañero/-a.

   Modelo: *Quiero que la gente se divierta más y se enfade menos.*

5. Investiga en Internet sobre la vida del autor y escribe una biografía.

Protagonistas del cambio

No todos podemos ser héroes. Pero hay muchas pequeñas cosas que podemos hacer todos los días para mejorar nuestra vida y la de los demás. En la clase de Anahí, Nur y María Jesús están hablando de la discriminación. Toda la clase va a una conferencia[1] sobre este tema y esto es una parte de lo que escuchan:

Discriminar es diferenciar, separar. Hay más de un motivo para discriminar: cuando no compartimos la misma religión o el mismo color de piel o se padece alguna discapacidad. Les vamos a pedir que cierren los ojos y piensen en algún discapacitado que conozcan... ¿El mundo en el que vive es el mismo que el de todos? Si pensamos en un mundo separado, de "ellos" y de "nosotros", estamos aquí sin que sea posible ningún cambio. Si, por otra parte, lo sentimos como en "nosotros", estaremos dando el primer paso hacia la comprensión y la integración.

El mundo es el mismo para todos. Todos estamos juntos formando la sociedad y todos nos parecemos y, a la vez, somos distintos. El "todo" de la sociedad es más que la suma de las partes.

Por eso, en vez de "discapacitados", preferimos hablar de personas con necesidades especiales. Discapacitado es aquel que no posee ninguna capacidad, y no es así. Si tienen alguna discapacidad también tienen capacidades, algunas que tal vez nosotros no tengamos, quizás dibujen mejor o jueguen mejor a la pelota.

Para que las necesidades especiales no se discriminen, es necesario que toda la sociedad las acepte. Todos podemos ayudar y ser protagonistas en el cambio.

Fragmento de una conferencia de la profesora María Mirta Coppié, www.oni.escuelas.edu.ar, 01.07.2012

E 15 Sobre el texto ...

1. Contesta las siguientes preguntas.

a) ¿De qué problema habla la profesora?
b) ¿Por qué la gente discrimina?
c) ¿Quiénes son para la autora "ellos" y "nosotros"?
d) ¿Por qué no le gusta la palabra "discapacitado/-a[2]"?
e) ¿Qué otras palabras prefiere usar?
f) ¿Qué debemos hacer como parte de la sociedad para que no haya discriminación de las personas con necesidades especiales?
g) ¿Cómo es en tu país?

2. Tu amigo/-a alemán/-ana quiere saber de qué tema estáis hablando en tus clases de Español. Cuéntale qué dice el texto.

1 la conferencia die Konferenz, 2 discapacitado/-a behindert

E 16 Así pensamos.

Después de hablar sobre la discriminación, la profesora les pide a los estudiantes que escriban algunas frases sobre el tema. Los chicos preparan un póster.

La discriminación es una de las cosas más negativas que existen.

Los jóvenes queremos vivir tranquilos sin que nos discriminen por el color de pelo que llevamos.

Tenemos que respetar a los demás a fin de que los demás nos respeten a nosotros.

Es importante amar al otro sin asfixiarlo[1] para que pueda crecer.

¿Puede alguien decir "Yo nunca discriminé a nadie"? Tenemos que cambiar muchas cosas para que esta frase sea una verdad.

E 17 Ahora tú

1. Haz una lista de todas las frases con subjuntivo en el texto de la página 65. ¿Por qué usas en cada frase este modo?
2. En parejas. Escribid una frase más para el póster. Usad una de las conjunciones que necesitan subjuntivo en español.

E 18 ¿Para qué?

Escribe el verbo en la forma correcta. La profesora habla con sus estudiantes para que …

a) ●●● *(pensar)* sobre el problema de la discriminación.
b) ●●● *(aceptar[2])* a los que son diferentes.
c) ●●● *(ser)* protagonistas de un cambio.
d) ●●● *(ayudar)* a personas con necesidades especiales.
e) ●●● *(respetar)* a todas las personas.

¡Ojo!

El subjuntivo se debe usar después de conjunciones como **sin que**, **para que**, **antes / después de que**, **en caso de que**, **a fin de que** cuando el verbo de la frase principal y el de la subordinada tienen diferentes sujetos: → **G** 3.2.1.2 a
Este año **tengo** que estudiar más para que mis notas **sean** mejores.
Cuando el verbo de la frase principal y el de la subordinada tienen el mismo sujeto, usas el infinitivo en la frase subordinada:
Este año (yo) **tengo** que estudiar más para **tener** (yo) mejores notas.

1 asfixiar erdrücken, ersticken, 2 aceptar akzeptieren

E 19 ¿Qué te parece?
Completa las frases.

a) Llamo a mis amigos para que ●●●
b) Compra las entradas sin que ●●●
c) Iremos al parque antes de que ●●●
d) Venid a estudiar a mi casa en caso de que ●●●
e) Te daré la revista sin que ●●●
f) Te llamaré mañana después de que ●●●
g) Te doy mi libro a fin de que ●●●

Paso 4 *Olvido el mundo leyendo*

Un relato inquietante

Moritz: Anahí, ¿qué te pasa? Estoy hablando contigo, ¿no me has escuchado?
Anahí: Perdona, es que estoy leyendo y este autor es maravilloso, este relato que estoy leyendo es muuuuy inquietante.
Moritz: A ver, ¿quién es el autor? Déjame leerlo, por favor.

Nunca le perdoné a mi hermano gemelo que me abandonara durante siete minutos en la barriga de mamá, y me dejara allí, solo, aterrorizado en la oscuridad, flotando como un astronauta en aquel líquido viscoso, y oyendo al otro lado cómo a él se lo comían a besos. Fueron los siete minutos más largos de mi vida, y los que a la postre, determinarían que mi hermano fuera el primogénito y el favorito de mamá.
Desde entonces salía antes que Pablo de todos los sitios: de la habitación, de casa, del colegio, de misa, del cine – aunque ello me costara el final de la película. Un día me distraje y mi hermano salió antes que yo a la calle, y mientras me miraba con aquella sonrisa adorable, un coche se lo llevó por delante. Recuerdo que mi madre, al oír el golpe, salió de la casa y pasó ante mí corriendo y gritando mi nombre, con los brazos extendidos hacia el cadáver de mi hermano. Yo nunca la saqué del error.

Rafael Novoa Blanco, "Mi hermano", 2002

E1 Sobre el texto ...

1. ¿Correcto o falso? Corrige la información falsa.

	c	f
a) El narrador tenía un hermano gemelo.	●	●
b) De los dos, el narrador era el mayor.	●	●
c) La madre quería más al hermano del narrador porque era el más pequeño.	●	●
d) El narrador iba con su hermano a todos los lugares.	●	●
e) El narrador salía antes de todos los lugares para ganarle a su hermano en algo.	●	●
f) Cuando su hermano murió su madre creyó que el que había muerto era el narrador.	●	●
g) Al final, el narrador le dijo la verdad a su madre.	●	●

2. Ahora busca en el diccionario bilingüe diez de las palabras del texto que no conoces.

E2 Para entender mejor el texto

En grupos, contestad las siguientes preguntas.

a) ¿Cuáles fueron los siete minutos más largos de la vida del narrador?
b) ¿Por qué?
c) ¿Por qué el hermano gemelo del narrador era el favorito de la madre?
d) ¿Qué hacía el autor siempre que salía con su hermano?
e) ¿Por qué lo hacía?
f) ¿Qué pasó un día en que su hermano salió primero de un lugar?
g) ¿Qué creyó su madre?
h) ¿Le dijo el autor alguna vez la verdad? ¿Por qué?
i) ¿Os gustó este relato? ¿Por qué?

E3 Lo que más le gusta a Anahí

1. ¿Qué es lo que más le gusta a Anahí de este relato? Haz frases usando las expresiones que te damos.

Modelo: *Lo que más le gusta a Anahí del relato es que tenga un protagonista ...*

tiene un protagonista ... – trata de ... – el final es muy inesperado – te da mucho que pensar – es un poco misterioso y muy inquietante – es corto pero muy intenso – cuenta la historia de una vida en solo seis frases – el argumento es ... – el comienzo parece ... – comienza con ...

2. ¿Y tú? ¿Qué es lo que más te gusta a ti del relato? ¿Qué es lo que te parece extraño / simpático / impresionante / …? En parejas, haced por lo menos cinco frases y usad el subjuntivo.

Cuando un libro o una película te han gustado mucho, seguramente dices "Es ist sehr **spannend**." En español no existe una traducción exacta para esa palabra. Puedes decir: "Es **apasionante / fascinante / interesante**. Ese libro / Esa película **te atrapa**."

E4 ¿Qué cuenta Moritz?

También Moritz está muy impresionado con el relato. Esa misma noche, cuando habla por teléfono con su amigo Oliver, en Alemania, le cuenta de qué trata. Cuéntaselo tú también a un/-a amigo/-a alemán/-ana.

E5 Tu relato favorito

¿Tienes un relato favorito? Elige un relato (o una novela, o un poema) que te impresionó mucho y escríbele una carta a Anahí para recomendárselo.

E6 Un poema

1. ¿Qué crees, cómo termina este famoso poema de Gustavo Adolfo Bécquer? Escribe un final.
2. Lee los finales que han escrito tus compañeros y elige el que más te guste. Explica en clase por qué te gusta.
3. Ahora tu profesor/-a te va a dar la versión completa del poema. ¿Qué quería decir Gustavo Adolfo Bécquer? ¿Puedes explicar el poema?

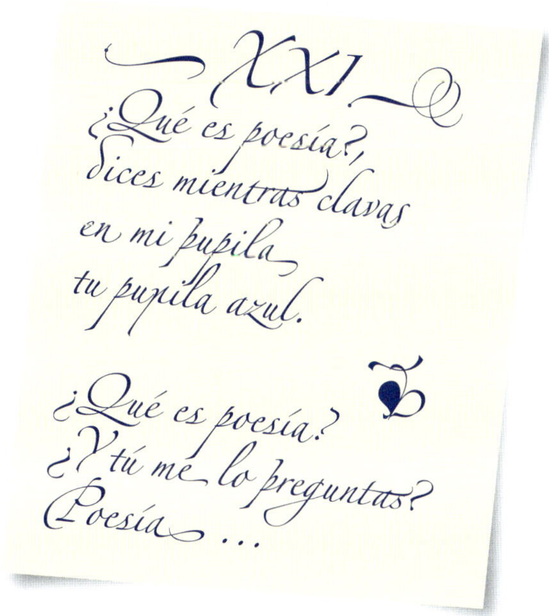

Gustavo Adolfo Bécquer: *Rimas*

Los *haikus*

6965-17

El *haiku* (俳句) es una forma de poesía tradicional japonesa. Es un poema corto, formado por tres versos, de cinco, siete y cinco sílabas respectivamente. En general con un haiku el poeta intenta expresar un sentimiento corto, pero muy serio e importante, que siente al contemplar la naturaleza.
En España y Latinoamérica hay varios autores que escriben o han escrito *haikus*. Sobre todo el autor mexicano Octavio Paz es muy famoso por sus *haikus*. Aquí encuentras algunos ejemplos.

Se abren las nubes.
En un charco el primer
rayo de sol.
Susana Benet Fayos (España)

Hecho de aire
entre pinos y rocas
brota el poema.
Octavio Paz (México)

El mar azul:
la mitad de la ciudad
de Barcelona.
César Sánchez (España)

Por la mañana
a café recién hecho
saben tus labios.
Isabel Alamar Torró (España)

Se despidieron
y en el adiós ya estaba
la bienvenida.
Mario Benedetti (Uruguay)

La flor violeta
nace y el universo
muere mil veces.
Cristina González Alba (España)

facultativo

E7 Un *haiku* que me gusta

Lee los *haikus* y elige dos o tres que te gustan. Escribe cada uno en una hoja e intenta expresar con dibujos los sentimientos del *haiku*. Usa también la escritura y los colores para expresarlos. Después podéis exponer los *haikus* en el salón de clase.

E8 Mi *haiku*

Escribe tú también un *haiku*. ¿Quizás el profe os deja salir del salón para mirar la naturaleza? No te olvides de contar las sílabas.

¡Ojo!

Cuando hay **dos vocales seguidas**, aunque estén en dos palabras diferentes, forman **una sola sílaba**.
Por ejemplo:
Sea - bren - las - nu - bes
La - flor - vio - le - ta
na - ce - yel - u - ni - ver - so

Los microrrelatos

Los microrrelatos son historias muy cortas, con un máximo de 35 palabras. Tienes que usar tu fantasía para que te gusten, pero son historias completas.

Trasplante (17 palabras)
Mi corazón te espera, es lo único que queda de mí, estoy dentro de otra. Búscame.

Beatriz Martínez Manzanares (España)

Veritas odium parit (19 palabras)
—Traedme el caballo más veloz[1] –pidió el hombre honrado–. Acabo de decirle la verdad al rey.

Marco Denevi (Argentina)

Fantasma tradicional (15 palabras)
En mitad de la noche, la sábana[2] se despertó y salió a trabajar.

Eugenio Mandrini (Argentina)

Reencuentro (14 palabras)
No eras tú la que yo quería volver a encontrar, sino tu recuerdo.

David Lagmanovich (Argentina)

Enamorado (11 palabras)
Le propuso matrimonio[3]. // Ella no aceptó. // Y fueron muy felices.

anónimo (México)

E9 Usando la fantasía

Elige uno de estos dos ejercicios:

a) Imagínate que estos microrrelatos están al final de una historia más larga. ¿Qué pasó antes? Elige un microrrelato, usa tu fantasía y escribe la historia que pasó antes.
b) Escribe tú un microrrelato. No puedes usar más de 35 palabras. Usa el título para dar más información sobre la historia y para así ayudar a interpretar tu relato.

1 **veloz** schnell, 2 **la sábana** das Bettlaken, 3 **proponer matrimonio** einen Heiratsantrag machen

E1 Comprensión lectora

Los jóvenes emigran por falta de trabajo

La situación actual del mercado laboral español sitúa en más de un 45 % a los jóvenes sin trabajo. Debido a esto casi el 70 % de los jóvenes españoles están dispuestos a emigrar para conseguir un empleo y son conscientes de que tendrán que utilizar una lengua distinta a la materna.

Pese a que esta es una generación muy preparada, debido a que hay un porcentaje alto de estudios (estudios superiores – el 39 % de los españoles entre 25 y 35 años tiene un título universitario o de FP de grado superior), su panorama laboral no les es muy favorable. El mismo, no parece que vaya a sufrir muchos cambios de manera inmediata ya que según las previsiones de la OCDE, se tardará unos 15 años en reducir la tasa de paro a los niveles anteriores al 2008.

Pero lejos de quedarse "parados" una gran mayoría prefieren ser proactivos. Un 68 % quiere marcharse al extranjero, bien por un tiempo determinado (36 %) o sin perspectivas de regreso (32 %), el caso es buscar oportunidades en la busca de una salida laboral. Datos que se han extraído del Eurobarómetro sobre la movilidad juvenil publicada este mes, a partir del resultado de entrevistas telefónicas realizadas entre el 26 de enero y el 4 de febrero pasado a 57.000 jóvenes de entre 15 y 35 años, de los 27 países de la UE, además de Croacia, Islandia, Noruega y Turquía.

De este estudio, se desprende que España se encuentra entre los seis países europeos con un mayor porcentaje de población joven que expresa su deseo de iniciar una nueva etapa en otro país, bien sea para ampliar los estudios o para encontrar trabajo. Solo son superados por los jóvenes de Islandia, Suecia, Bulgaria, Rumanía y Finlandia. En el lado opuesto, es decir, entre los europeos que menos deseo tienen de emigrar se encuentran los turcos (solo el 28 % quiere ir al extranjero), italianos (38 %) y holandeses (44 %).

Las causas que explican a la hora de tomar esta decisión son las conocidas: el desempleo juvenil de sus países de origen, la falta de perspectivas vitales y la necesidad de ampliar conocimientos, incluidos los idiomas; y la posibilidad de poder independizarse antes de lo que lo harían en su país de origen.

Respecto a cuál es el perfil más extendido de los que se plantean un futuro más allá de sus fronteras nacionales, son varones (56 %), menores de 19 años (63 %) y entre 30 y 35 años (42 %), que viven en áreas urbanas (62 %) y con estudios superiores (55 %).

Es cierta esta tendencia, el mercado laboral no es fácilmente accesible para los jóvenes. Sea dentro o fuera de nuestras fronteras se espera que pronto se solucione esta dura situación.

"Los jóvenes emigran por falta de trabajo", http://blog.oficinaempleo.com, 10.10.2012

Lee el texto y decide cuál es la solución correcta.

a) De momento, en España ...
  A) ... más de la mitad de los jóvenes no tiene trabajo.
  B) ... menos de un tercio de los jóvenes no tiene trabajo.
  C) ... casi la mitad de los jóvenes no tiene trabajo.

b) En 2008 ...
  A) ... había más jóvenes sin trabajo que hoy.
  B) ... había menos jóvenes sin trabajo que hoy.
  C) ... había más o menos tantos jóvenes sin trabajo como hoy.

c) De los jóvenes sin trabajo ...
  A) ... casi 7 de 10 quieren irse al extranjero para encontrar trabajo.
  B) ... un 36 % quiere ir al extranjero y no piensa volver a su país.
  C) ... un 32 % ya ha trabajado en el extranjero.

d) Al extranjero piensan ir más jóvenes...
  A) ... de España que de Islandia.
  B) ... de España que de Italia.
  C) ... de Turquía que de España.

e) Los jóvenes que quieren ir al extranjero ...
  A) ... aprenden antes otro idioma.
  B) ... tienen miedo de vivir sin su familia.
  C) ... quieren empezar otra vida.

E2 Producción oral

1. Describe y explica el gráfico.
2. ¿Para qué usas tú Internet? Explica y compara con el gráfico.

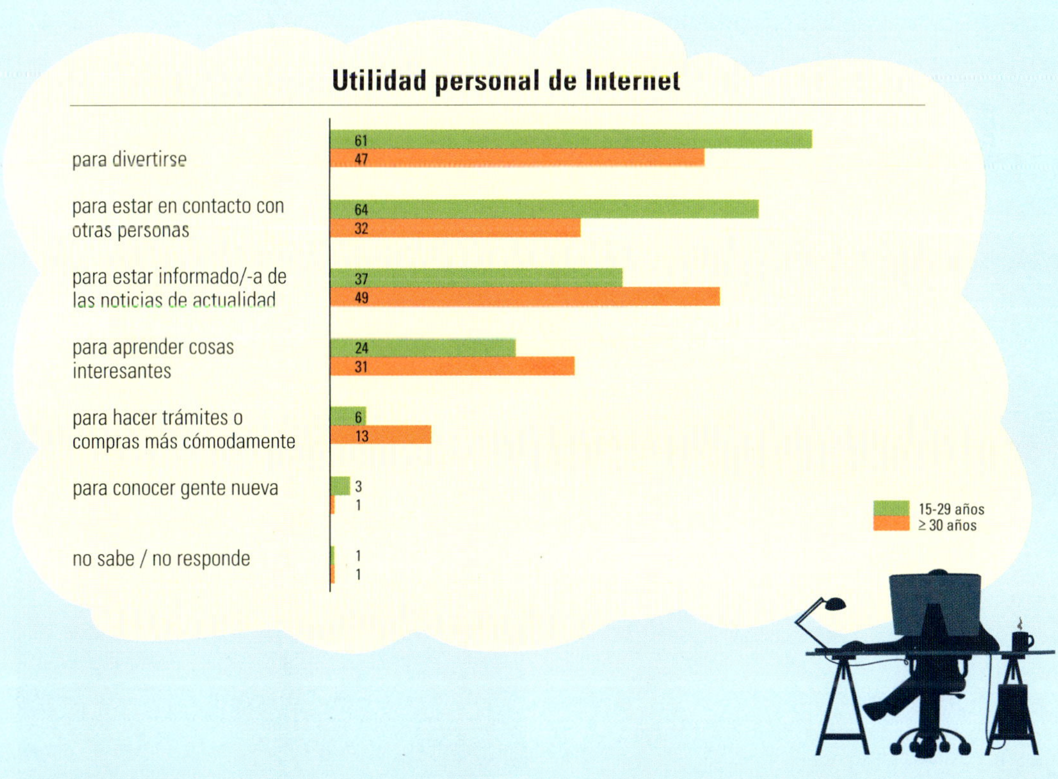

E3 Producción escrita

Lee el texto del blog "Los jóvenes emigran por falta de trabajo". Escribe un comentario en el que expresas tu opinión sobre la situación de muchos jóvenes (no olvides usar el subjuntivo), explicas cómo es la situación en Alemania y describes una o varias[1] ideas que tienes para que mejore la situación de los jóvenes en el mercado de trabajo.

E4 Comprensión auditiva

6965-50

Escucha el texto sobre las ciudades de Bariloche y Córdoba en Argentina y decide si las frases son correctas o falsas. Corrige las afirmaciones falsas.

	c	f
a) El nombre completo[2] de la ciudad es San Carlos de Bariloche.	●	●
b) Hay poco turismo en Bariloche.	●	●
c) Bariloche está en la Patagonia.	●	●
d) Hay un lago cerca de Bariloche.	●	●
e) Solamente hay hoteles muy sencillos[3].	●	●
f) Los turistas van a Bariloche solamente en invierno para esquiar.	●	●
g) Córdoba está en la costa.	●	●
h) La mayoría de los turistas llega en avión.	●	●
i) Córdoba les gusta a la gente deportiva[4].	●	●
j) Los turistas lo pueden pasar bien también por la noche.	●	●
k) En Córdoba solamente hay turismo en verano.	●	●

Córdoba

Bariloche

1 varios/-as mehrere, 2 completo/-a vollständig, 3 sencillo/-a einfach, 4 deportivo/-a sportlich

E5 Gramática

1. Completa el texto con las formas correctas del indicativo o subjuntivo.

A Laura, la hermana de Javier, le ●●● *(interesar)* mucho el medio ambiente. Le ●●● *(parecer)* muy mal que tanta gente no ●●● *(preocuparse)* por nuestro planeta. Laura piensa que ●●● *(ser)* muy fácil hacer algo para que los problemas no ●●● *(volverse)* peores. Ella, por ejemplo, ●●● *(separar)* la basura en casa, no ●●● *(usar)* ni demasiada agua ni demasiada electricidad. El próximo mes ●●● *(querer)* participar en un proyecto donde ●●● *(plantar)* árboles. No cree que los españoles ●●● *(poder)* seguir viviendo como ahora y espera que todo el mundo ●●● *(empezar)* a pensar un poco más como ella.

2. Decide cuál es la solución correcta.

a) Quiero preguntar si es posible ...
A) ... que voy yo también.
B) ... que vaya yo también.
C) ... que fui yo también.

b) No creo que mucha gente ...
A) ... viven sin Internet en casa.
B) ... vivan sin Internet en casa.
C) ... viva sin Internet en casa.

c) —¿Sabes dónde está Juan? —No lo sé, ...
A) ... está en el centro.
B) ... va a estar en el centro.
C) ... estará en el centro.

d) ¿Qué tal, Gonzalo? —Muy bien. Ayer ...
A) ... decidí hacer un viaje.
B) ... he decidido hacer un viaje.
C) ... había decidido hacer un viaje.

e) Cuando Gonzalo salió de viaje ya ...
A) ... buscó información sobre la ruta.
B) ... buscaba información sobre la ruta.
C) ... había buscado información sobre la ruta.

f) Gonzaló me contó que ...
A) ... el viaje le gusta mucho.
B) ... el viaje le ha gustado mucho.
C) ... el viaje la había gustado mucho.

g) En 10 años quiero ser ...
A) ... actora, cantante o futbolista.
B) ... actriz, cantante o futbolista.
C) ... actor, cantante o futbolisto.

Etapa 4

El viaje de fin de curso

☺☺ **E1** ¿Qué ves?

Describe las fotos con tu compañero/-a. Después explicad qué es un "viaje de fin de curso".

E2 ¿Cómo es en Alemania?

1. ¿Cómo es un viaje de fin de curso en Alemania? Prepara una pequeña charla de 1 minuto (quién, adónde, cuándo...).
2. Crees que hay diferencias con un viaje de fin de curso en España?

Viajes de Fin de Curso

PRECIOS POR TEMPORADA:

ALBERGUES R.E.AJ.

DIAS	3	4	5
Septiembre a Abril	184 €	223 €	263 €
Mayo y Junio	199 €	238 €	278 €

ALBERGUE MEJIA LEQUERICA

DIAS	3	4	5
Septiembre a Abril	204 €	253 €	303 €
Mayo y Junio	219 €	268 €	318 €

AÑADIR ACTIVIDADES:
Cablesquí + canoa: + 27 €
Parque de Aventura: + 16 €
Visita a Faunia: + 14 €
Visita al estadio Santiago Bernabéu: + 14 €
Visita a Micrópolix: + 17 €
Iniciación al esquí: + 30 €
Otras actividades: Consultar

ELIMINAR ACTIVIDADES:
Eliminar excursión a la Warner: - 20 €

SUPLEMENTO 1 MONITOR POR CADA 10 PARTICIPANTES:
Para viaje de 5 días: + 24 €
Para viaje de 4 días: + 18 €
Para viaje de 3 días: + 14 €

TRANSPORTE:
Disponemos de transporte desde toda España. Consultar precios.

TE AYUDAMOS A CONSEGUIR DINERO PARA TU VIAJE

REGALO DE PAPELETAS

Te regalamos 10 papeletas por alumno que reserve el viaje. Las papeletas se enviarán por correo certificado al centro una vez hecha la reserva del viaje. El valor de cada papeleta es de 2 €. Cada alumno puede así **financiarse hasta 20 €** del viaje.

Al poseedor del número que coincida con el premio del sorteo de la ONCE indicado en la papeleta, se le obsequiará con uno de estos dos premios: Televisión, Ordenador portátil o viaje a Tenerife para dos personas, a elegir por el ganador.

Y si creéis que podéis vender más, os ofrecemos todas las papeletas que necesitéis a 0,50 € la papeleta. (mínimo 10 papeletas por alumno), obteniendo un beneficio de 1,50 € por papeleta extra vendida.

NATU AVENTURA
www.natuaventura.com • info@natuavent

Am Ende der Etapa kannst du ...

- ... kurze Präsentationen über Madrid und Barcelona halten
- ... über Architekturstile und Gemälde sprechen
- ... kurze Texte auf Katalanisch verstehen
- ... jemanden bitten, etwas nicht zu tun – oder es ihm verbieten
- ... wiedergeben, was jemand anderes möchte oder verlangt

E3 Tus fotos

¿Tienes fotos de viajes de fin de curso de tu colegio o de la primaria[1]? Tráelas a clase, descríbelas y cuenta qué pasó en este viaje de fin de curso.

1 la primaria die Grundschule

Paso 1 *Preparando el viaje de fin de curso*

Una reunión por el viaje de fin de curso

6965-19

En el colegio de Javier todos los alumnos del 4° grado de ESO hacen un viaje de fin de curso. Por eso hay una reunión con todos los padres de los alumnos de la clase de Javier y su profesor de tecnología, Manuel Torquemada, quien les va a acompañar en el viaje. Beatriz y Álvaro Fernández Gil también van a la reunión.

Manuel: Buenas tardes y bienvenidos a nuestra reunión por el viaje de fin de curso.

Padres: Buenas tardes.

Manuel: Me gusta mucho que tantos padres participen de esta reunión. Ya sabéis que cada año en 4° de ESO hacemos nuestro viaje de fin de curso, y este año les toca a vuestros hijos. Pero este año os quiero proponer algo especial. Espero que estéis de acuerdo.

Beatriz: Cuéntanos, Manuel. No nos hagas esperar tanto.

Manuel: No estés impaciente, Beatriz. Ya os cuento. Normalmente el colegio contrata alguna agencia especializada[1] en viajes de fin de curso para que organicen todo el viaje. Pero este año quiero que los alumnos organicen todo. Será un proyecto y al final cada alumno tendrá una nota.

Álvaro: ¿Y no crees que va a ser demasiado difícil para los chicos? No tienen ninguna experiencia.

Manuel: No, no creo que sea demasiado difícil para ellos. He preparado todo el proyecto para que los alumnos sepan exactamente qué es lo que tienen que hacer.

Beatriz: Yo tampoco creo que nuestros chicos no sepan hacerlo. Pero dime, Manuel, ¿la nota será solamente para tecnología? ¿Qué pasa con las otras asignaturas?

Manuel: No te preocupes. Ahora explico el proyecto.

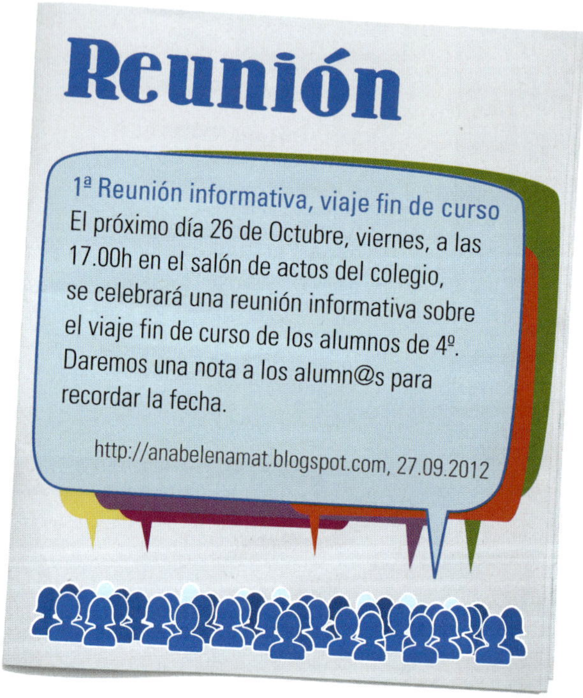

1 especializado/-a en spezialisiert auf

E1 El proyecto en detalle[1]

Escucha lo que explica el Sr. Torquemada a los padres y contesta las preguntas.

a) ¿Cuántos grupos habrá?
b) ¿Para qué ciudades van a buscar información los alumnos?
c) ¿Sobre qué temas tienen que buscar información los grupos?
d) ¿Qué tienen que hacer con la información?
e) ¿Quién va a decidir adónde hacer el viaje de fin de curso?
f) ¿Cuándo lo van a decidir?
g) ¿En qué asignaturas van a recibir una nota los alumnos?

En la reunión

Después de las explicaciones del profesor sobre el proyecto, los padres de Javier tienen algunas preguntas.

Álvaro: Por favor, explícanos, ¿cómo se van a dar las notas?

Manuel: Pues, se van a dar así: en Lengua Castellana e Inglés por el folleto, en Educación Plástica y Visual por el diseño[2] del folleto y en Matemáticas por calcular lo que cuesta el viaje para cada alumno.

Beatriz: Y dime, Manuel, en qué fechas los alumnos van a viajar?

Manuel: Vamos a viajar justo antes[3] de las vacaciones: del 4 al 8 de junio.

Álvaro: No me digas, Manuel. ¿Solamente 5 días? ¿Por qué no se quedan dos días más? Preferimos que nuestros hijos hagan un viaje de una semana.

Manuel: Pues, a ver cuánto cuesta el viaje. Si es posible nos vamos a quedar dos días más. Espero que os guste el proyecto. En un mes nos vamos a ver otra vez para decidir a qué ciudad vamos a viajar. Ojalá que tengáis una buena noche.

E2 ¡No me digas!

1. Busca todas las formas del subjuntivo en los dos textos y completa la tabla en tu cuaderno. Hay algunas formas que no podrás poner en la tabla. ¿Sabes explicar estas formas?

el subjuntivo después de expresiones para dar una opinión	el subjuntivo después de expresiones de lo que quieres	el subjuntivo después de conjunciones	el subjuntivo en las expresiones de duda
●●●	●●●	●●●	●●●

→

1 **en detalle** im Detail, 2 **el diseño** die Gestaltung, 3 **justo antes** direkt vor

2. Completa la tabla con las formas del imperativo positivo y negativo de la segunda persona singular *(tú)*. Algunas de las formas ya están en los textos.

a) verbos regulares

infinitivo	imperativo positivo	imperativo negativo
preocuparse	●●●	●●●
estar	●●●	●●●
contar	●●●	●●●
explicar	●●●	●●●

b) verbos irregulares

infinitivo	imperativo positivo	imperativo negativo
decir	●●●	●●●
ser	●●●	●●●
hacer	●●●	●●●
saber	●●●	●●●
tener	●●●	●●●

3. Habla con tu compañero/-a: ¿Cómo formas el imperativo negativo? Comprueba mirando el libro de gramática. → G 4.2

4. Completa en tu cuaderno la siguiente regla: *En el imperativo negativo usas las mismas formas del* ●●●.

5. Haz frases con los imperativos positivos y negativos de los siguientes verbos en singular.

mirar – comer – abrir – escribir – hacer – poner

E3 Las notas en España

Mira la información sobre las notas en España. ¿Cuáles son las notas españolas que tienes tú en las diferentes asignaturas? Escribe un pequeño informe.

En general hay 10 notas, de 0 hasta 10.
Tienen valor contrario[1] a las notas alemanas:

0–4	= suspenso	~ ungenügend, mangelhaft: durchgefallen
5	= aprobado	~ ausreichend
6–7	= bien	~ befriedigend
8	= notable	~ gut
9	= sobresaliente	~ sehr gut
10	= matrícula de honor	~ ausgezeichnet

1 el valor contrario der entgegengesetzte Wert

E4 Después de la reunión

Cuando los padres de Javier llegan a casa después de la reunión, Javier quiere saber qué dijo su profe. En parejas escribid el diálogo entre Javier y sus padres y leedlo en voz alta en clase.

Modelo:
Acabamos de hablar con tu profe, Javi. Dice que este año vais a hacer un proyecto para preparar el viaje de fin de curso y que …

…

E5 No te acuestes tarde …

1. Durante la cena, Javier y sus padres hablan del viaje de fin de curso. Completa el diálogo con las formas del imperativo negativo.

Padre: Javier, no ●●● *(olvidar)* que os dan una nota por el proyecto.
Javier: No, papá.
Madre: No ●●● *(comer)* tanto pan, Javi.
Javier: Vale, mamá.
Madre: Y no ●●● *(tener)* miedo de la presentación. La vas a hacer muy bien.
Javier: Sí, mamá.
Padre: No ●●● *(pasar)* demasiado tiempo delante del ordenador después de la cena. Ya es muy tarde.
Javier: No, papá.
Madre: Sí, Javi, no ●●● *(acostarse)* tarde. Mañana tienes clase.
Javier: Vale, mamá, no ●●● *(preocuparse)*. ¡Ya no soy un niño!

2. ¿Qué otras cosas le dice que no haga la madre a Javi? Haz frases.

E6 ¡Cuántos mensajes!

1. Los padres de Javier y Laura, su hermana, han salido a hacer unas compras. Completa en tu cuaderno las notas que le han dejado con el imperativo de los verbos *entrar, jugar, poner, salir* y *volver*.

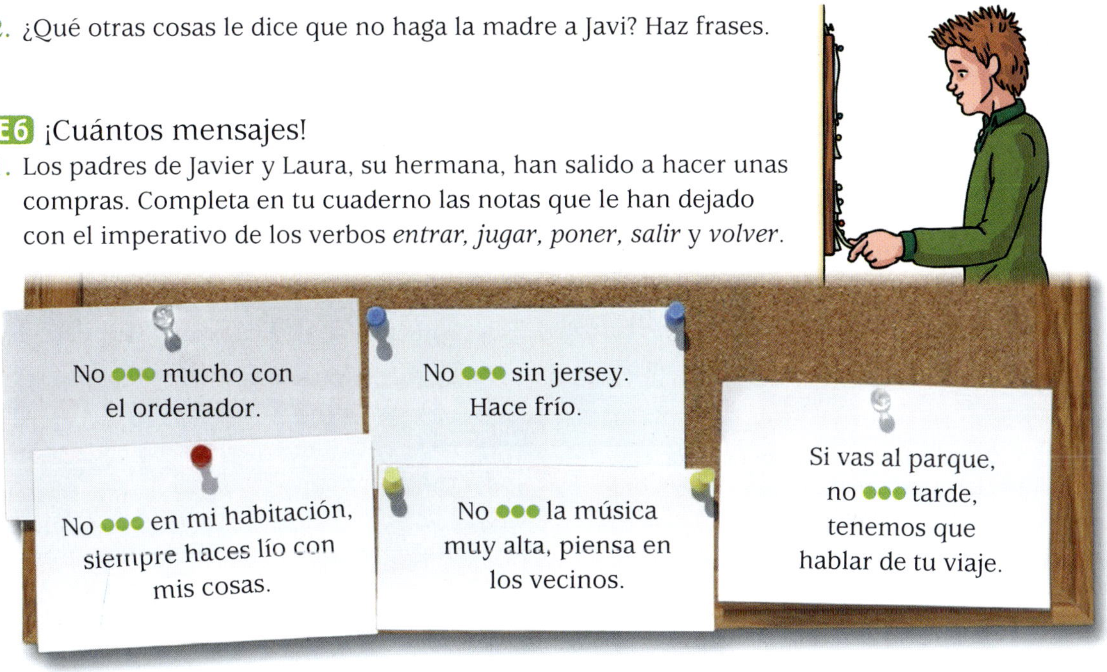

2. ¿Qué piensas? ¿Quién ha escrito cada nota?

E7 Preparando el proyecto

Javier y su grupo están preparando el proyecto. Javier quiere sacar una buena nota, pero sus compañeros no tienen muchas ganas de trabajar. ¿Qué les dice Javier para llamarles la atención?

a) Nicolás está charlando todo el tiempo. **Javier:** Nico, no ●●●.
b) Ángeles está buscando información en Internet sobre un concierto – y no sobre Barcelona. **Javier:** Ángeles, no ●●●.
c) Pilar dibuja animalitos en su cuaderno. **Javier:** Pilar, no ●●●.
d) Carmen está mirando por la ventana. **Javier:** Carmen, no ●●●.
e) Ana saca una foto de su mochila para mostrársela a Pilar. **Javier:** Ana, no ●●●.

Paso 2 ¿Vamos a Madrid?

10 cosas que hacer en Madrid

6965-21

a) El Prado es el museo más grande de Madrid. Tiene más de 8.600 cuadros. No puedes ver todo en un solo día, tienes que elegir una de las secciones[1] que te interesan. ¿Te gustan los cuadros de Goya? ¿O te interesan más las *Meninas* que pintó Velázquez?

b) El rey de España no vive en este Palacio Real, pero celebra aquí todas las ceremonias[2] oficiales. Es el segundo palacio más grande de Europa con 135.000 m^2 y 3.418 habitaciones.

c) El Templo de Debod es un templo[3] del antiguo Egipto. Egipto lo regaló a España en 1968. Tiene unos 2.200 años. Fue muy difícil llevarlo desde Egipto a Madrid. Mucha gente lo visita al atardecer[4] porque es muy bonito.

d) Madrid está en el centro de España. Hay un punto en la plaza "Puerta del Sol" en el centro de Madrid que se llama Kilómetro Cero. En este punto ves que los números de todas las carreteras empiezan allí.

e) En el norte de Madrid se encuentra el estadio de fútbol de uno de los mejores equipos de Europa: el Estadio Santiago Bernabéu del club de fútbol Real Madrid. 85.454 personas pueden ver un partido de fútbol – y 100.000 un concierto.

f) En la Plaza de España puedes ver un monumento para el escritor más famoso de España: Miguel de Cervantes. También ves a sus dos protagonistas conocidos en todo el mundo: Don Quijote y Sancho Panza.

1 **la sección** die Sektion, die Abteilung, 2 **la ceremonia** die Zeremonie, 3 **el templo** der Tempel, 4 **el atardecer** die Abenddämmerung

g) El Museo Reina Sofía se llama como la reina de España. Es un museo importante para el arte moderno. En este museo puedes ver, por ejemplo, *Guernica* de Pablo Picasso.

h) El Rastro es un mercado al aire libre que hay en el centro histórico de Madrid todos los domingos y días festivos[1]. Empieza a las 9:00 de la mañana y termina a las 3:00 de la tarde. En este mercado puedes comprar todo lo que quieras: ropa, CD, cuadros, libros, animales…

i) En los jardines del Retiro puedes pasarlo bien sin pagar dinero. Es un parque enorme de 1,18 km^2 en el centro de Madrid. En el Retiro siempre hay cantantes y acróbatas[2], y además hay un pequeño lago donde puedes ir en barco.

1 el día festivo der Feiertag, **2 el / la acróbata** der / die Akrobat/-in

Etapa 4

1. Relaciona los textos con las fotos.
2. El título del texto habla de "10 cosas que hacer en Madrid", pero aquí ves solamente 9 fotos con sus textos. Busca en Internet una décima cosa que un turista puede hacer en Madrid y escribe un pequeño texto en español.

E1 ¿Qué te interesa a ti?

1. Pablo, Maite, Pilar y Jesús, unos chicos de la clase de Javier, han encontrado esta información sobre Madrid. Ahora están preparando su presentación para la segunda reunión con los padres y están discutiendo: no están de acuerdo qué actividades quieren elegir para los 5 días en Madrid. Completa el texto con los verbos en paréntesis. ¡Ojo: tienes que elegir si hay que poner el imperativo negativo o positivo!

Pablo: No podemos visitar estas 10 atracciones en 5 días. Por eso es necesario que nos decidamos por menos atracciones. A ver, ¿qué os parecen 5 actividades en 5 días?

Maite: ●●● *(decirme)* que no quieres hacer más de una actividad por día. ●●● *(explicarme)*, ¿hasta qué hora piensas dormir? ¡●●● *(olvidarlo)*! Yo quiero ver toda Madrid en estos 5 días.

Pablo: Pues, la verdad… Un viaje es para pasarlo bien, ¿no? ●●● *(decirme)*, Maite, ¿de verdad crees que por la mañana puedes ir a ver unos 5.000 cuadros antiguos en el Prado y por la tarde otros 1.000 cuadros modernos en el Reina Sofía?

Maite: ●●● *(exagerar)*, Pablo.

Jesús: ●●● *(tranquilizarse)*, Pablo. ¿Por qué no lo hacemos de otra manera? Maite, ●●● *(elegir)* las actividades que te parecen imprescindibles[1].
Y Pablo, ●●● *(hacer)* tú lo mismo.
Y Pilar, tú también. Cada uno tiene cinco minutos.

Después de cinco minutos:

Jesús: Empieza tú, Pilar. Eres la única que no ha dicho nada.

Pilar: Vale. ●●● *(escuchar)*, Jesús. Ya sé que el estadio del Real Madrid es imprescindible para ti. Por eso yo también lo he puesto en mi lista. Además quiero ver el Museo Reina Sofía porque el edificio parece muy guay. También me parece importante que visitemos el Prado y la Plaza de España. Y, Pablo, ●●● *(creer)* que me voy de Madrid sin haber visto el Retiro.

Pablo: ¿Has terminado? Yo…

Pilar: ●●● *(esperar)*, Pablo. ●●● *(estar)* impaciente. No he terminado. ●●● *(mirar)*, la foto del lago en el Retiro – yo quiero ir en barco contigo en este lago. Ahora sí he terminado.

Pablo: Ah, bueno. Pues, yo…

2. Con tu compañero/-a, termina el diálogo. ¿Cómo se ponen de acuerdo los chicos?

---

1 imprescindible unverzichtbar

E2 El Jardín de las Delicias

Los chicos están de acuerdo: si el viaje es a Madrid, quieren ver el Museo del Prado. Es uno de los museos más famosos del mundo, y en él se puede ver uno de los cuadros más famosos del mundo. Cuando los chicos lo ven en Internet, les parece muy raro.

1. Mira bien este cuadro de El Bosco y descríbelo con tu compañero/-a.
2. En el cuadro hay muchos símbolos. ¿Sabes "interpretar" las tres partes de este cuadro? ¿Qué representa cada una?

El Bosco: *El Jardín de las Delicias (1480-1490)*

3. Los chicos no saben muy bien qué pensar del cuadro y preguntan a su profe de Educación Plástica y Visual, Amparo Segurado. Lee el diálogo.

Pablo: Jesús, pregúntale tú a la Señora Segurado por el cuadro. El año pasado sacaste un sobresaliente en Educación Plástica y Visual y yo solo un aprobado.

Jesús: Señora Segurado, por favor explíquenos algo sobre este cuadro. La verdad es que nos parece muy raro.

Sra. Segurado: Bueno, chicos, este es un cuadro muy famoso – y muy complicado de entender. ¿Decidme, qué queréis saber?

Jesús: Cuente primero por qué el cuadro tiene tres partes, por favor.

Sra. Segurado: Pues, lo que se ve en la parte izquierda, es el paraíso. Lo de la parte derecha, es el infierno. Y la parte más grande en el centro se puede interpretar de muchas maneras.

Jesús: Y diga, Sra. Segurado, si a la izquierda veo el paraíso – las personas son Adán y Eva, ¿verdad? ¿Y quién es la tercera persona? No, espere, ya sé quién es: es Dios, ¿no? →

Sra. Segurado: Sí, muy bien, Jesús. Y, chicos, mirad bien la parte del infierno: todo es muy oscuro y feo, hay muchas armas, la gente sufre mucho.

Jesús: Hable un poco de cómo se interpreta la parte en el centro, por favor.

Sra. Segurado: Esto ya es lo más complicado. Mucha gente cree que es nuestro mundo y que hay mucha gente loca y mala que no vive como Dios quiere – y que luego va al infierno. Mira aquí arriba: en esta persona se mezcla una mujer con un pez. Y mira las frutas grandes: las personas no piensan en Dios, piensan solo en pasarlo bien.

Jesús: Gracias, Señora Segurado. Todavía no sé si me gusta el cuadro. Pero no se deprima, quiero verlo.

E3 Más imperativos

1. Ya conoces las formas de los imperativos positivos y negativos para la segunda persona singular (*tú*). En el diálogo con la Sra. Segurado encuentras también las formas del imperativo con *usted*. Búscalas y recuerda lo que ya sabes sobre los imperativos. Después completa la tabla en tu cuaderno.

¡!

infinitivo	imperativo positivo tú / usted	imperativo negativo tú / usted
preguntar	●●● / ●●●	●●● / ●●●
explicar	●●● / ●●●	●●● / ●●●
contar	●●● / ●●●	●●● / ●●●
esperar	●●● / ●●●	●●● / ●●●
mirar	●●● / ●●●	●●● / ●●●

infinitivo	imperativo positivo tú / usted	imperativo negativo tú / usted
hablar	●●● / ●●●	●●● / ●●●
abrir	●●● / ●●●	●●● / ●●●
deprimirse	●●● / ●●●	●●● / ●●●
decir	●●● / ●●●	●●● / ●●●

2. ¿Cómo formas los imperativos positivos y negativos con *usted*? Formula una regla. Después compara con la gramática. → G 4.2, 4.1

3. Haz frases con los imperativos positivos y negativos de los verbos a la derecha con *tú* y *usted*.

hacer – ir – leer – venir – enfadarse – salir

E4 En pareja

Trabajad como en el modelo. ¡No olvidéis usar pronombres!

A	B
¡Pregunta a la profesora!	No le preguntes.
●●●●●●●	¡Mira bien el cuadro!
¡Escucha a Jesús!	●●●●●●●
●●●●●●●	¡Lee la guía del Museo del Prado!
¡Haz un paseo por el Rastro!	●●●●●●●
●●●●●●●	¡Levántate temprano!

Paso 3 *¿Vamos a Barcelona?*

Gaudí: el padre del modernismo

65-22

En la clase de Educación Plástica y Visual, los alumnos le preguntan a su profe, Amparo Segurado, por Antoni Gaudí y el modernismo.

Javier: No sé si entiendo bien qué es el modernismo. Pero creo que todo lo actual es moderno, la ropa, los ordenadores …

Sra. Segurado: No, el modernismo no es ninguna moda. El modernismo es una forma del arte moderno.

Ana: Ah, entonces no es todo lo que nos interesa a los jóvenes.

Sra. Segurado: A ver, chicos, voy a explicarlo mejor y con un ejemplo. En el siglo XIX, cerca de Barcelona nació Antoni Gaudí. De pequeño siempre estaba enfermo, así que no podía salir a jugar con los otros niños, y se quedaba solo. No penséis que se aburría, él miraba la naturaleza, los animales, las flores. De joven empezó a estudiar Arquitectura en Barcelona. Aquí es donde también construyó muchos edificios que tienen todos un estilo típico. los elementos que él había visto en la naturaleza, formas redondas, flores y hojas, están también en sus trabajos. Con esto creó un nuevo estilo en la arquitectura que hoy llamamos 'modernismo'.

columnas en el Parque Güell

Javier: Sí, sí, a Gaudí lo conozco, mis padres tienen un libro sobre él.

Sra. Segurado: Creó también un parque, el Parque Güell, donde hay bancos con pequeños azulejos y columnas que parecen árboles. Y no olvidéis la Sagrada Familia – su obra más importante. Empezó a construir esa catedral en el año 1882 y todavía no está terminada. Y también la fachada de esta catedral tiene muchos elementos interesantes, por ejemplo animales o plantas.

Javier: Y si vamos a Barcelona, ¿podemos ir a verla?

Sra. Segurado: Sí, por supuesto.

Javier: Pues, yo creo que quiero ir a Barcelona.

E1 Sobre el texto …

1. Lee el texto y contesta estas preguntas.

   a) ¿Quién fue Antoni Gaudí?
   b) ¿Qué hacía de pequeño? ¿Por qué?
   c) ¿Qué es el modernismo?
   d) ¿Qué características tiene?

2. Ahora busca en Internet otros ejemplos del estilo modernista en Barcelona. ¿Cómo se llaman, y dónde están?

E2 Estilos diferentes

1. En parejas, comparad el modernismo con el Museo Guggenheim en Bilbao. Pensad en las formas, los colores, etc.

2. ¿Te gusta el modernismo? Describe una de las dos fotos de arriba, luego escribe un e-mail a un amigo español y explícale qué te gusta y qué no te gusta de este estilo.

E3 Otro estilo

1. No todos los chicos que buscan información sobre Barcelona escuchan bien lo que les explican los profesores. Trabajad en grupos de tres como en el modelo. Cambiad los roles después de cada frase.

Modelo: A: ¡Escucha!
B: *¿Qué dice el profesor?*
C: *El profesor dice que escuches.*

a) Trabaja con tu compañero.
b) Prepara un folleto.
c) Mira cuánto cuestan las entradas.
d) No juegues con el ordenador.
e) No hagas tanto ruido.
f) No olvides la fecha de la presentación.
g) Escribe el folleto también en inglés.
h) Lee toda la información que te he dado.

2. ¿Qué más dicen los profesores? Pensad en tres frases más en imperativo y seguid como en 1.

3. ¿Cómo son las frases del ¡Ojo! en alemán? ¿Y en inglés? Compara.

¡Ojo!

A: ¡Mira este edificio!

B:
¿Qué **dice** A? → ¿Qué **ha dicho** A?

C:
Dice (Me pide) → Ha dicho (Me ha pedido)
↓
que **mire** ese edificio.

el Parque Güell en Barcelona

la Casa Milà en Barcelona

el Museo Guggenheim de Bilbao

E4 Turistas en Barcelona

1. En grupos. Mirad la tabla y con el vocabulario que ya conocéis escribid algunas frases para explicarla. Leedlas a la clase.
2. Pensad en cómo dibujar un diagrama con los datos de la tabla.

del Estado español	1.943.175	de Europa (sin España)	3.394.678	de otros países	1.321.223
de Cataluña	521.600	del Reino Unido	675.040	de EE. UU.	468.395
de la Comunidad de Madrid	436.923	de Italia	547.609	del resto de América	312.461
de la Comunidad Valenciana	159.378	de Francia	454.381	de Japón	135.506
de Andalucía	171.254	de Alemania	345.596	de otros	404.860
de otras Comunidades	654.020	de otros países europeos	1.372.052		
				total	6.659.076

turistas que visitaron Barcelona en el año 2008, cf. Angels Bueno, turisbarcelona.blogspot.com, 10.08.2009

E5 Las Ramblas

El profesor de Javier trae un CD con información sobre las Ramblas de Barcelona. Escucha tú también el CD y relaciona las fotos con las diferentes partes de Las Ramblas. ¿Cuáles son las dos Ramblas de las que no encuentras ninguna foto?

información

Barcelona

Es la capital de Cataluña y la segunda ciudad de España por la cantidad de habitantes. Es elegante y activa, por eso para mucha gente es la ciudad española más importante. La característica de Barcelona, según la opinión de la gente del lugar, es ser intensamente catalana pero al mismo tiempo cosmopolita.

1 Las Ramblas

Las Ramblas son el paseo favorito de la ciudad. Al principio eran el lecho seco de un río y ahora son cinco avenidas unidas que van desde la Plaça de Catalunya hasta el monumento de Colón y el puerto (2 km). Es un paseo lleno de gente con cafeterías y bares al aire libre, quioscos, pintores y artistas callejeros.

2 Casa Milà o La Pedrera

Es un edificio construido por Gaudí en el estilo modernista. Es una de sus obras más típicas. En 1984 la UNESCO declaró la Casa Milà Patrimonio de la Humanidad[1].

3 Fundación Joan Miró

Joan Miró (1893–1983) es uno de los hijos favoritos de Barcelona. La Fundación es un centro de arte muy activo que también recibe obras de otros artistas.

4 Museo Picasso

Esta colección muestra los primeros años de trabajo de Pablo Picasso (1881-1973). En el museo también está lo mejor de su Época Azul con sus figuras tristes y solas.

5 Sagrada Familia

Es la obra maestra que no pudo terminar Gaudí y la atracción turística número uno de Barcelona. Hasta su muerte en 1926, Gaudí trabajó en ese proyecto intensamente. Decidía muchos aspectos mientras construía, y no dibujaba los planos antes.

6 Tibidabo

Con un parque de atracciones, una iglesia y vistas de la ciudad, esta montaña de 512 m, situada detrás de Barcelona, es un lugar muy bonito para niños y adultos.

7 Parque Güell

Es un gran jardín con elementos arquitectónicos, y actualmente es del Ayuntamiento de la ciudad. Hay columnas que parecen árboles, y muchos bancos y muros llevan azulejos que parecen mosaicos de colores. En 1984 la UNESCO declaró el Parque Güell Patrimonio de la Humanidad.

8 Casa Batlló

Como todos los edificios de Gaudí, la Casa Batlló es algo muy diferente y le encanta a la gente por sus originales formas y los muchos detalles de la fachada.

9 L'Aquàrium

L'Aquàrium de Barcelona es uno de los acuarios más grandes de Europa. Lleva 4,5 millones de litros de agua, y en él viven 8.000 animales de 300 especies diferentes.

10 Montjuïc

Montjuïc es una pequeña montaña situada al lado del puerto. En la montaña hay un antiguo fuerte militar y también están las instalaciones olímpicas, como el palacio de deportes y las piscinas. Además se puede visitar la Fundación Joan Miró.

11 Barrio Gótico

Nadie debe visitar Barcelona sin pasear por su corazón de edificios construidos de piedra: iglesias, palacios, la catedral y los restos romanos que fueron la primera Barcelona. Los domingos, mucha gente se encuentra delante de la catedral para bailar juntos la sardana.

Adam Hopkins, Gabrielle Macphedran: *Descubre España*. Publicaciones AA, 1993

1 el Patrimonio de la Humanidad das Weltkulturerbe

información

gente bailando la sardana en la plaza delante de la catedral

E6 ¿Qué puedes hacer en Barcelona?

1. Mira el plano del Metro de Barcelona y relaciona las frases siguientes con las diferentes estaciones (números 1 – 11).

   a) Aquí puedes ver una iglesia que no está terminada. → No 5
   b) En este lugar ves muchos animales diferentes. → ●●●
   c) Aquí puedes visitar muchos edificios muy antiguos. → ●●●
   d) En este lugar puedes ver obras de arte de diferentes artistas. → ●●●
   e) Aquí puedes caminar entre árboles reales y no reales. → ●●●
   f) En esta montaña especialmente los niños lo pasan muy bien. → ●●●
   g) En estas cinco calles caminas entre muchísima gente. → ●●●

2. Estáis en un albergue juvenil en la estación de metro Paseo de Gracia (*Passeig de Gràcia*). En parejas, preguntaos por el camino más fácil a los distintos puntos interesantes.

3. En grupos de 4, elegid una de las 11 atracciones turísticas que veis en las páginas 90 y 91 y buscad más información. Después, cada grupo debe presentar la información en clase. Podéis preparar pósters, traer fotos o hacer un mapa mental.

El Barrio Gótico – en catalán

T2 6965-23

Javier y su grupo siguen buscando información sobre Barcelona. Un día, Ángeles, una compañera del grupo de Javi, trae un libro sobre Barcelona que está escrito en catalán. Le pregunta a Javi si no tiene una abuela catalana. Javi dice que sí y le pregunta por qué. Ángeles quiere saber si entiende un poco del libro que ella ha traído.

La plaça tenia arbres i una font disenyada, en 1853, per Francesc Daniel Molina; pero, a mitjans dels anys trenta del nostre segle aquesta va ser reurbanitzada adquirint l'aspecte de conjunt monumental que poseeix.

En l'actualitat, entrant en la plaça, l'edifici que ens trobem al fons, correspon al Palau Reial Major i en la part posterior la Casa Clariana Padellàs, convertida en Museu d'Història de la Ciutat.

E7 ¿Y tú? ¿Qué entiendes ya?

¿Cómo dices estas palabras en castellano?

en catalán:	en castellano:
la plaça	●●●
arbres	●●●
dels anys trenta	●●●
nostre segle	●●●
entrant en la plaça	●●●
l'edifici	●●●
el palau reial major	●●●
el Museu d'Història	●●●

El idioma catalán

5-24

El catalán es un idioma diferente del castellano, la gente lo habla en Cataluña, las Islas Baleares y la Comunidad Valenciana, también en Andorra y en algunas regiones del sur de Francia. Según la Constitución española del 6 de diciembre de 1978 el catalán es lengua oficial junto con el castellano. Durante la dictadura de Franco, la gente solo podía hablar castellano en toda España. Los otros idiomas, el gallego, el vasco y el catalán estaban prohibidos. No podías hablarlos en público ni enseñarlos en los colegios. Tampoco había periódicos ni libros publicados en estos idiomas. Después de la muerte del dictador Franco (en 1975), la Constitución reconoce el derecho de todos los españoles a hablar su propio idioma. Por eso hay algunas comunidades autónomas bilingües, es decir, que tienen dos lenguas oficiales: el castellano como lengua de todos los españoles y la lengua propia de la comunidad.

E8 Sobre el texto …

Di si las frases son correctas o falsas. Si son falsas explica por qué.

	c	f
a) La gente habla catalán en tres regiones españolas.	●	●
b) En Cataluña hablan solo el catalán.	●	●
c) La lengua oficial de España es el castellano.	●	●
d) Durante la dictadura de Franco nadie debía hablar catalán.	●	●
e) Sin embargo, en esos años había periódicos en catalán.	●	●

E9 ¿Dónde hablamos qué lengua?

→

Mira el mapa y completa en tu cuaderno la información sobre los cinco chicos y chicas. ¿En qué parte de la Península Ibérica vive cada uno, y qué lengua o lenguas habla? ¿Sabes cuáles de los cinco son chicos y cuáles son chicas? Si no, investiga en Internet.

a) Neus vive en ●●● y habla ●●●.
b) Iñaki vive en ●●● y habla ●●●.
c) Carmen vive en ●●● y habla ●●●.
d) Romualdo vive en ●●● y habla ●●●.
e) Solo Joao no vive en España, vive en ●●● y habla ●●●, ¡por supuesto!

E 10 La decisión – ¿y el dinero?

Ahora tenéis mucha información sobre las dos ciudades más grandes de España, Madrid y Barcelona. ¿Y la información que os falta? Pues, la podéis buscar en Internet. Ahora tenéis que hacer el trabajo de Javier y sus compañeros: preparar dos presentaciones, una sobre Madrid y otra sobre Barcelona, con un plan para 5 días y la información de lo que va a costar (más o menos).

E 11 A discutir

Después de haber visto las dos presentaciones, los padres de Javier y sus compañeros de clase van a discutir sobre la decisión. ¿A qué ciudad deben viajar los chicos? En clase formad dos grupos, uno a favor de[1] Barcelona y otro a favor de Madrid. Tres chicos de cada grupo salen a discutir. Si un compañero de tu grupo ya no sabe más qué decir puedes sustituirle[2] y seguir discutiendo.

E 12 Necesitamos dinero.

1. No importa a qué ciudad los chicos van – van a necesitar dinero. Lee lo que escriben en este foro sobre este tema.

Javi: ¿Ideas para ganar dinero para viaje fin de curso?

Necesitamos ideas para ganar dinero para nuestro viaje de fin de curso. ¿Qué podemos hacer?

MariAle:

¿Por qué no hacemos en casa pasteles[3] o galletas[4] y los vendemos en los recreos en el colegio? Somos 24, y si cada uno trae 50 galletas y las vendemos por 50 céntimos cada una…

Nico:

Ahora es noviembre, ¿y si ya vendemos dulces[5] de navidad en los recreos?

Ana:

En el colegio de mi hermano venden camisetas super graciosas para ganar dinero para su viaje de fin de curso.

Javi:

Ya he hecho una lista con todo lo que proponéis aquí. Mañana en el colegio hablamos, vale?

2. Haz tú la lista para Javi con todo lo que proponen sus compañeros.
3. ¿Tienes más ideas? ¿Qué es lo que hacéis en tu colegio para ganar dinero para excursiones o viajes? Cuenta en clase.

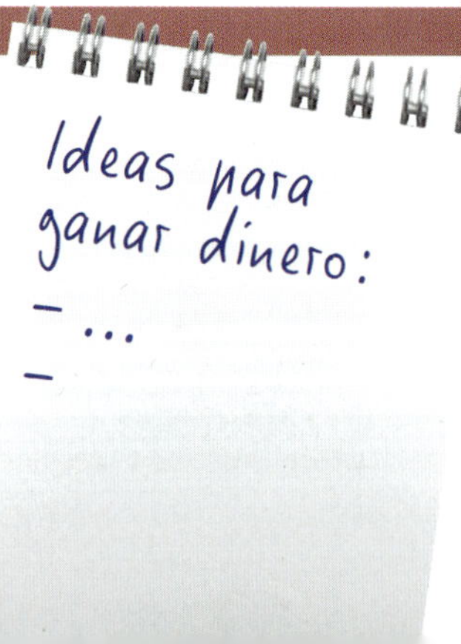

1 a favor (de) hier: für, 2 sustituir ersetzen, 3 el pastel der Kuchen, 4 la galleta der Keks, 5 el dulce die Süßigkeit

Paso 4 *¡Por fin en Barcelona!*

Un paseo por las Ramblas

Por fin los chicos están en Barcelona. Después de visitar el puerto, los chicos y sus dos profesores empiezan a caminar por las famosas Ramblas de Barcelona.

Sr. Torquemada: Bueno, chicos, ahora estamos en la Rambla del Mar. Aquí tenéis el famoso monumento a Cristóbal Colón. En el interior del monumento hay un ascensor con el que podremos subir hasta la corona y desde allí ver todo el puerto, la montaña Montjuïc y el Barrio Gótico. Javier y Nicolás, no habléis cuando os estoy explicando, por favor.

Javier: Perdone, señor Torquemada. ¿Vamos a subir en el ascensor?

Sra. Segurado: El señor Torquemada acaba de decir que sí, Javier …

Más tarde.

Sr. Torquemada: ¿Os ha gustado?

Chicos: ¡Genial! ¡Una pasada!

Sra. Segurado: ¡Pilar, Ana! No vayáis tan rápido. Tenemos que contaros algo de la próxima Rambla.

Ana: Esperen, por favor, no cuenten nada todavía. Tenemos que ir al servicio, un momentito …

Javier: No tardéis tanto, queremos ver más cosas.

Nicolás: No os maquilléis ahora, si estáis muy guapas.

Sra. Segurado: No gritéis tanto, chicos.

Diez minutos después.

Sr. Torquemada: Ana, Pilar, ¿dónde estaban los servicios? Estamos esperándoos desde hace diez minutos.

Pilar: No se enfaden, por favor, es que había mucha gente.

Sr. Torquemada: Vale, seguimos. Ahora vamos a pasar por la Rambla de Santa Mónica y seguiremos hasta la Rambla de los Capuchinos. Allí está el famosísimo Teatro del Liceo, que es una reproducción[1] exacta del antiguo teatro que desapareció en el incendio de 1994. Ah, y no olvidéis tomar fotos del Café de la Ópera, uno de los cafés más antiguos de Barcelona, es del año 1929.

Sra. Segurado: Después entraremos en la Rambla de San José con el famoso mercado de la Boquería, una importante atracción turística.

Sr. Torquemada: En este mercado podéis encontrar frutas, verduras, pescados …

Javier: No hablen más de comida, por favor, tengo mucha hambre.

Pilar: Yo también y necesito una pausa.

Sr. Torquemada: No os preocupéis, allí vamos a comer algo y descansar un poco.

las Ramblas con un mosaico[2] de Joan Miró

---

1 la reproducción die Reproduktion, 2 el mosaico das Mosaik

E1 Sobre el texto …

¿Qué dice el texto? Elige la respuesta correcta.

a) Los chicos y los profesores quieren subir en el ascensor del monumento
  A) porque están cansados.
  B) porque las vistas son maravillosas.
  C) porque quieren ver a Colón.

b) La profesora se enfada un poco porque
  A) los chicos no escuchan.
  B) los chicos no hablan.
  C) los chicos llegan tarde.

c) Javier
  A) no quiere subir en ascensor.
  B) no sabe dónde está el ascensor.
  C) no sabe lo que ha dicho el profesor.

d) Ana y Pilar
  A) no quieren caminar más.
  B) van a maquillarse.
  C) tienen que ir al servicio.

e) Los profesores
  A) tienen que ir al servicio.
  B) preguntan dónde está el servicio.
  C) quieren ir a la próxima Rambla.

f) El profesor cuenta que
  A) el Café de la Ópera es muy antiguo.
  B) el Café de la Ópera desapareció en un incendio.
  C) hay fotos muy bonitas del Café de la Ópera.

g) Los chicos
  A) están cansados y tienen hambre.
  B) están cansados y no quieren ver el mercado.
  C) quieren comer pescado en la Boquería.

E2 ¡No os preocupéis!

1. ¿Qué dicen los profesores a los chicos que no tienen que hacer? ¿Y los chicos a los profesores? Haz una lista.
2. ¿Cómo se forma el imperativo negativo con *vosotros* y con *ustedes*? Formula una regla. Después compara con la gramática. → G 4.2

E3 ¿Sí o no?

1. Trabajad como en el modelo. ¡No olvidéis usar pronombres!

A	B
¡Visitad las Ramblas!	No las visitéis.
•••••••	¡Usad el ascensor!
¡Comed unos mariscos!	•••••••
•••••••	¡Leed la guía turística!
¡Escribid una postal!	•••••••
•••••••	¡Haced una pausa!
¡Poned el pasaporte en la mochila!	•••••••
•••••••	¡Decid la verdad!

2. Cambiad los roles y haced el mismo ejercicio con la forma *ustedes*.

E4 En el albergue

1. Después de caminar por las Ramblas, los chicos y los profes están muy cansados. Deciden ir al albergue para descansar, ducharse y prepararse para salir un rato por la noche. Completa el texto con las formas correctas del imperativo positivo o negativo.

Sr. Torquemada: Bueno, chicos, ahora tenéis tiempo hasta las siete para prepararos. A las siete en punto ●●● *(esperar)* aquí, delante de la puerta. Por favor, no ●●● *(llegar)* tarde. Todos estamos un poco cansados y queremos ir a comer algo y ver la ciudad de noche.

Sra. Segurado: No ●●● *(olvidar)* llevar un jersey o una chaqueta, por la noche siempre está un poco fresco.

Ángeles: ¿Qué podemos hacer ahora?

Sra. Segurado: ●●● *(leer)* algo sobre Barcelona, ●●● *(dormir)* un poco, ●●● *(charlar)* con otros chicos o chicas, pero no ●●● *(salir)* del albergue. Es mejor que el primer día estemos todos juntos, ¿vale?

Chicos: Vaaaale.

Sr. Torquemada: Ah, aquí está el reglamento del albergue, ●●● *(leerlo)*.

2. En grupos. ¿Qué pensáis que pone en el reglamento del albergue? Escribid cinco reglas para los jóvenes y cinco para los adultos. Después comparadlo con los otros grupos.

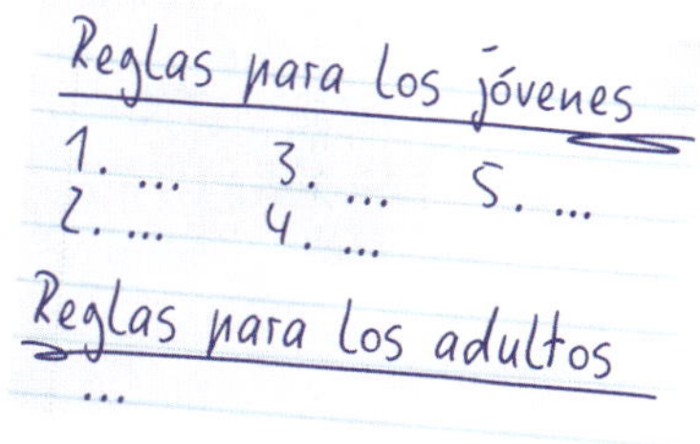

E5 Javier y sus compañeros

Javier y sus compañeros de habitación organizan el tiempo que tienen libre hasta las siete. Completa las frases que dicen con un verbo en imperativo negativo.

a) Hoy por la noche, venid conmigo. No ●●● *(ir)* con las chicas.
b) Poneos las camisetas. No ●●● camisas.
c) No ●●● ahora, duchaos más tarde.
d) No ●●● ahora las cosas de la mochila, sacadlas más tarde.
e) No ●●● vuestras cosas ahora, ordenadlas mañana.
f) No ●●● vuestra ropa en mi cama, ponedla en el armario.

facultativo

E6 ¡Qué bonito es leer!

1. Pilar, una compañera de Javier, ya se ha duchado. Ahora está en el jardín del albergue descansando y leyendo un libro de una autora catalana, Carmen Laforet. Lee tú también esta página.

[…] Esta mañana fría, en que tenemos más prisa que nunca, la niña y yo pasamos de largo delante de la fila tentadora de autos parados. Por primera vez en la vida vamos al colegio …

Al colegio, le digo, no se puede ir en taxi. Hay que correr un poco por las calles, hay que tomar el metro, hay que caminar luego, en un sitio determinado, a un autobús … Es que yo he escogido un colegio muy lejano para mi niña, ésa es la verdad; un colegio que me gusta mucho, pero que está muy lejos …

Sin embargo, yo no estoy impaciente hoy, ni cansada, y la niña lo sabe. Es ella ahora la que inicia una caricia tímida con su manita dentro de la mía; y por primera vez me doy cuenta de que su mano de cuatro años es igual a mi mano grande: tan decidida, tan poco suave, tan nerviosa como la mía. Sé por este contacto de su mano que le late el corazón al saber que empieza su vida de trabajo en la tierra, y sé que el colegio que le he buscado le gustará, porque me gusta a mí, y que, aunque está tan lejos, le parecerá bien ir a buscarlo cada día, conmigo, por las calles de la ciudad ... Que Dios pueda explicar el porqué de esta sensación de orgullo que nos llena y nos iguala durante todo el camino ...

Con los mismos ojos ella y yo miramos el jardín del colegio, lleno de hojas de otoño y de niños y niñas con abrigos de colores distintos, con mejillas que el aire mañanero vuelve rojas, esperando la llamada a clase.

Me parece mal quedarme allí; me da vergüenza acompañar a la niña hasta última hora, como si ella no supiera ya valerse por sí misma en este mundo nuevo, al que yo la he traído … Y tampoco la beso, porque sé que ella en este momento no quiere.

Le digo que se vaya con los niños más pequeños, aquellos que se agrupan en un rincón, y nos damos la mano, como dos amigas. Sola, desde la puerta, la veo marchar, sin volver la cabeza ni por un momento. Se me ocurren cosas para ella, un montón de cosas que tengo que decirle, ahora que ya es mayor, que ya va al colegio, ahora que ya no la tengo en casa, a mi disposición a todas horas ... Se me ocurre pensar que cada día lo que aprenda en esta casa blanca, lo que la vaya separando de mí –trabajo, amigos, ilusiones nuevas–, la irá acercando de tal modo a mi alma, que al fin no sabré donde termina mi espíritu ni donde empieza el suyo…

Y todo esto quizás sea falso ... Todo esto que pienso y que me hace sonreír, tan tontamente, con las manos en los bolsillos de mi abrigo, con los ojos en las nubes.

Pero yo quisiera que alguien me explicase por qué cuando me voy alejando por la acera, manchada de sol y niebla, y siento la campana del colegio, llamando a clase, por qué, digo, esa expectación anhelante, esa alegría, porque me imagino el aula y la ventana, y un pupitre mío pequeño, desde donde veo el jardín, y hasta veo clara, emocionadamente, dibujada en la pizarra con tiza amarilla una A grande, que es la primera letra que yo voy a aprender …

Carmen Laforet: "Al Colegio".
En: *La niña y otros relatos.*
Magisterio Español, 1970

facultativo

2. ¿Puedes relacionar las palabras de la izquierda, que están en el texto, con las de la derecha?

a) escoger	A) caminar
b) sitio	B) elegir
c) decidido	C) lugar
d) sensación	D) seguro
e) marchar	E) sentimiento

facultativo

3. Habla con tu compañero/-a.

   a) ¿Por qué al colegio no se va en taxi?
   b) ¿Cómo sabe la madre que a la niña le gustará ir al colegio?
   c) ¿Cómo es el colegio? ¿Qué ven allí?
   d) ¿Por qué la niña no quiere que la madre la bese?
   e) ¿Cómo se sienten madre e hija?

facultativo

4. Investiga los datos de Carmen Laforet y cuéntalos en clase.

E7 En el jardín del albergue

1. Javier y sus compañeros salen un rato al jardín del albergue y allí se encuentran con otros chicos y chicas. Hay chicas y chicos alemanes, ingleses y españoles. Todos quieren charlar, pero no siempre se entienden bien. Ayúdales.

Javier: Hola, me llamo Javier, ¿y vosotros?
Tú: ●●●
Simone: Hallo, ich bin Simone, wie geht's?
Tú: ●●●
Paul: Hi, I'm Paul. Where are you from?
Tú: ●●●
Javier: Soy de España, de Albacete.
Tú: ●●●
Simone: Ich bin Deutsche, aus Köln.
Tú: ●●●
Paul: I'm from Liverpool.
Tú: ●●●
Javier: ¡Genial! Como los Beatles …
Tú: ●●●
Paul: Do you like them?
Tú: ●●●
Javier: Me encantan. Bueno, a mis padres les encantan y siempre escuchan sus canciones, y ahora me gustan a mí también.
Tú: ●●●
Paul: Great! What are you doing here?
Tú: ●●●
Javier: Estoy con el cole. Vamos a ir al Camp Nou y al Parque Güell …
Tú: ●●●
Simone: Wir werden Camp Nou auch besuchen. Ich hoffe, dass wir ein Fussballspiel sehen können.
Tú: ●●●
Javier: Nosotros también, pero no creo que sea posible. ¿Adónde vais hoy por la noche?
Tú: ●●●
Simone: Wir werden in die Ramblas spazieren gehen. Kommt ihr auch?
Tú: ●●●
Javier: Ya hemos estado hoy por la mañana en las Ramblas. Llegamos hace una hora.

2. ¿Cómo sigue el diálogo? Trabaja con tu compañero/-a.

3. ¿En qué frases te pareció difícil hacer la mediación? ¿Dónde has podido traducir casi "palabra por palabra", y dónde has tenido que traducir más libremente?

facultativo

Etapa 5

Quiero que presentéis … Galicia

E1 Galicia en imágenes
Describe esta región según las fotos que ves.

E2 ¿Qué quieres conocer?
Escribe diez preguntas sobre lo que quieres conocer de los lugares que muestran las fotos. ¿Cuántas de estas preguntas podrás responder al final de la etapa?

Am Ende der Etapa kannst du …

… kurze Texte auf Galicisch verstehen
… je nachdem, in welcher Gruppe du gearbeitet hast, entweder eine Wanderung planen, eine Werbebroschüre anfertigen, ein Poster gestalten, eine Fernsehsendung planen und aufführen oder ein Märchen schreiben
… über die galicische Kultur sprechen

facultativo
Etapa 5

Ni paella ni flamenco – Galicia es diferente.

6965-26

Cierra los ojos e imagínate que estás en una ciudad bastante fría y húmeda. Está lloviendo. Alguien toca la gaita. Hay olor a marisco. ¿Sabes dónde estás? Aunque no lo creas – estás en España. Estás en Galicia. ¿Te apetece conocer esta región tan diferente de España? En esta etapa vas a aprender algo sobre su lengua, sus fiestas, sus paisajes y su magia. *¡Benvido*[1] *a Galicia!*
Galicia es una comunidad autónoma con 2.783.100 habitantes al noroeste[2] de la 'España Verde'. Allí no se encuentran las cosas 'típicamente españolas' que buscan muchos turistas: no hay ni flamenco ni paella. No hace mucho calor en verano – y llueve mucho. El instrumento típico es la gaita y mucha gente no habla castellano sino *galego*.

La gente que ha estado en Galicia normalmente dice que Galicia es una región mágica. Y no lo dicen solo por el Camino de Santiago. Hace 4000 años allí vivían los celtas, un pueblo que creía mucho en la magia. Como en Stonehenge, al sur de Inglaterra, en Galicia quedan muchos dólmenes[3] celtas. Hay personas que piensan que siguen siendo lugares mágicos. Además Galicia tiene sus propias brujas que se llaman *meigas*.
En esta etapa vais a trabajar en equipos para hacer vuestros proyectos. Solo si cada uno hace su trabajo, será posible llevar el proyecto a un buen resultado. Tenéis libertad para organizaros y para decidir todo, pero cada equipo será responsable del resultado final.
Para empezar vais a conocer la lengua de Galicia, el *galego*.

¿Falas galego?

6965-27

El *galego* (en castellano: gallego) es una de las cuatro lenguas oficiales de España. Es parecido al castellano, pero también al portugués. Más de un 99,9 % de los gallegos lo entiende y lo habla, pero solo un 60 % lo lee o lo escribe. Se usa más entre las personas mayores que entre los jóvenes y más en el campo que en la ciudad. Los nombres de las ciudades, de los pueblos o también de las fiestas y romerías que vais a conocer en esta etapa, los vais a entender mejor si conocéis unas pocas reglas de la lengua gallega.

Los artículos determinados / indeterminados

	singular	plural
masculino	o / un	os / uns
femenino	a / unha	as / unhas

1 *benvido* *gal.* bienvenido, 2 el noroeste der Nordwesten, 3 el dolmen das Hünengrab

Cómo pronunciar el gallego

1. la *-x-*: En el *galego* existe la letra *x* que se pronuncia parecida a la *sch* alemana.
   la *-nh-*: La combinación *nh* se pronuncia más o menos como la *ñ* castellana.
2. Lee en voz alta: San Xoan, A Corunha, Rias Baixas, xente, algunha, Xacobeo, enxebre, ningunha. ¿Qué significan en español? Investiga.

Dos palabras típicas

enxebre: Esta palabra se usa para todo lo que es propio de un país o una región y que no está mezclado con nada extranjero.

morriña: El castellano no tiene ninguna traducción para el "Heimweh" alemán. El *galego* sí la tiene: la *morriña*.

Los diptongos

El *galego* tiene 16 diptongos – muchos más que el español o el alemán. Son estos: ai – au – ei – eu – iu – oi – ou – ui (decrecientes) y ia – ie – io – iu – ua – ue – ui – uo (crecientes). ¿Cuáles conocéis ya del español o de otras lenguas?

Los nombres

También hay nombres gallegos, por ejemplo Alisa, Noive, Izara, Henar, Estela, Sira, Amia, Nereida, Luga, Loina, Caelia para chicas y Brez, Pelayo, Aarón, Yurde, Ibio, Mael, Llaris para chicos.
Elige un nombre gallego para ti. ¿Cuál te gusta?

Al final un poema gallego

Pero nada cambia
todo fica
no mesmo lugar
atemporal, inamovible

son as mesmas paisaxes,
os mesmos silencios
as mesmas ondas

xa non hai parellas
enlazadas pola rúa
nin estraños rituais
nin frustracións perversas,
nin poetas

porque nada cambia
agás os ollos
con que se ve
o tempo

Pero nada cambia
todo sigue
en el mismo lugar
atemporal, inamovible

son los mismos paisajes,
los mismos silencios
las mismas olas

ya no hay parejas
enlazadas por la calle
ni extraños rituales
ni frustraciones perversas,
ni poetas

porque nada cambia
excepto los ojos
con que se ve
el tiempo

las Rías Gallegas

⟶

Modesto Fraga, "Pero nada cambia".
En: *Caderno Rodiniano*, 2002

1. Elige las soluciones correctas. Compara con tu compañero/-a.

a) El narrador dice que
   A) el tiempo pasa muy lentamente.
   B) el amor se termina.
   C) las cosas no cambian, sino los que las miran.

b) ¿Cómo se siente el autor en el momento en el que escribe el poema?
   A) Viejo.
   B) Un poco triste.
   C) Aburrido.

2. Escribe un nuevo título para el poema. Compara con tus compañeros. ¿Cuáles son los mejores títulos?

Grupo 1 *El Camino de Santiago – les Chemins de Compostelle – der Jakobsweg*

T 6965-28

Lo que tenéis que saber:

En el año 814, un eremita[1] descubrió en Galicia la tumba del apóstol Santiago el Mayor. Sobre esta tumba se construyó una catedral y se fundó la ciudad de Santiago de Compostela. Hoy esta ciudad es un lugar muy importante para todos los cristianos. Como a Roma y a Jerusalén, peregrinos de todo el mundo caminaban y caminan a Santiago de Compostela. Hay muchas razones para hacerlo: la religión, la aventura, las ganas de conocer otras culturas y otras formas de vida, o simplemente las ganas de caminar.

Hoy se puede empezar el Camino de Santiago en todos los países de Europa. Quizás habéis visto la *vieira*[2], el símbolo del Camino de Santiago, en alguna parte de vuestra ciudad. Después de un viaje a pie, a veces de cientos de kilómetros, los peregrinos llegan a su destino: Santiago de Compostela. En la Catedral de Santiago participan de la Misa del Peregrino. Durante esta misa se usa el *botafumeiro*, uno de los símbolos más conocidos e impresionantes de la Catedral de Santiago. Es uno de los incensarios[3] más grandes del mundo. En la Edad Media se usaba para desinfectar[4] y perfumar[5] la catedral llena de peregrinos que habían llegado después de semanas sin lavarse. Al final de la misa, ocho frailes[6] tiran de una cuerda de 66 metros y hacen volar el *botafumeiro* por toda la catedral. En el *youtube* puedes ver este espectáculo impresionante.

el *botafumeiro* en la Catedral de Santiago

1 el eremita der Einsiedler, 2 *la vieira* *gal.* die Jakobsmuschel, 3 el incensario der Weihrauchkessel, 4 desinfectar desinfizieren, 5 perfumar parfümieren, 6 el fraile der Mönch

E Lo que tenéis que hacer:

1. Buscad en Internet información sobre el camino más famoso de todos, el camino francés.
   a) ¿Cuántas etapas hay desde St. Jean Pied de Port a Santiago de Compostela? ¿Cuántos kilómetros son?
   b) ¿Cuántos kilómetros tienen las etapas más largas y cuántos las más cortas?
   c) ¿Dónde y cómo duermen los peregrinos? ¿Cuánto cuesta para un peregrino dormir una noche?

2. Preguntad a alguien que ya ha hecho un viaje de unos días o semanas a pie qué hay que llevar en la mochila y cómo hay que prepararla. Enseñad a vuestra clase cómo se prepara una mochila. Traed una mochila con todas las cosas que se necesitan para una peregrinación de cuatro semanas y explicad
   a) cómo hay que ponerlas en la mochila.
   b) para qué se usa cada cosa.
   c) cuántas etapas se pueden recorrer en cuatro semanas.
   d) dónde se puede dormir.
   e) cuánto cuesta –más o menos– una peregrinación de cuatro semanas.

3. Marcad en el mapa que prepara el grupo 3 las etapas del camino francés en Galicia.

4. ¿Qué creéis, cómo se siente un peregrino después de llegar a Santiago de Compostela? ¿Está contento o solamente cansado? Escribid el texto que un peregrino escribe en su diario después de la Misa del Peregrino. Después, corregid vuestro texto.
   → 5

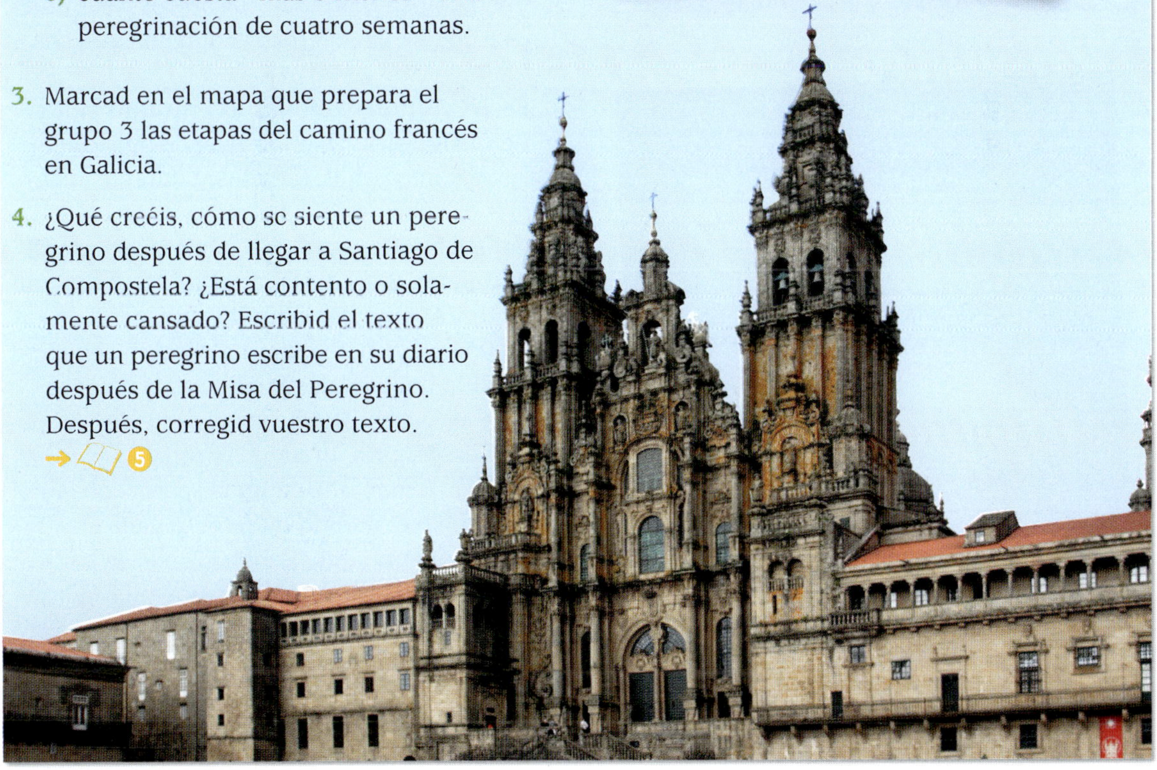

Grupo 2 *Fiestas, ferias y romerías*

Lo que tenéis que saber:

6965-29

En Galicia hay muchas fiestas, ferias y romerías durante todo el año. Ahora vais a conocer seis de las más famosas.

***A Noite de San Xoán* (La Noche de San Juan):** *As Fogeiras de San Xoán* (Las Hogueras de San Juan) se encienden en la noche del 23 al 24 de junio. Se celebra el solsticio[1] de verano – aunque de verdad la noche más corta es la del 21 de junio. En Galicia se dice que en esta noche mágica cada uno puede conectarse con el mundo del *Alén* (del más allá). Es el momento para espantar[2] a los malos espíritus. Las hogueras se encienden el día 24, es decir después de las 24 horas. Para tener buena suerte hay que saltar nueve veces sobre una de las hogueras. Si durante esa noche pones tinta en un papel y lo doblas en cuatro partes, a la mañana siguiente podrás ver tu futuro en el dibujo que dejó la tinta. La comida típica son las patatas asadas, los *cachelos*, y las sardinas[3] asadas.

un chico saltando sobre una de las hogueras de San Juan

A rapa das bestas de Sabucedo: Esta fiesta única en toda Europa se celebra en Sabucedo, un pueblo pequeño en la comunidad de A Estrada el primer fin de semana de julio. Cada año van miles de personas de toda Galicia y España e incluso del extranjero a este espectáculo que es una fiesta alegre con música y bailes y también un culto[4] al caballo. Cerca de Sabucedo, en las montañas, viven más de 600 caballos salvajes. Durante todo el año se puede subir a las montañas para mirarlos. Durante los días de fiesta todos suben a la montaña para hacer bajar a los caballos a lo largo de muchos kilómetros. Todos ayudan, los habitantes y los turistas, para encerrar a los caballos. Allí los *aloitadores*[5] rapan[6] los caballos y los marcan con microchips[7]. Solo usan sus brazos y sus cuerpos; no usan ni cuerdas ni ninguna otra cosa.

Festival internacional del mundo celta de Ortigueira: Es un festival de música de las regiones celtas. Se celebra durante cuatro días el segundo fin de semana de julio en Ortigueira. Hay varios escenarios en la zona del puerto. En el más grande tocan grupos tan famosos como por ejemplo los Chieftains. En una playa hay una zona donde se puede pasar la noche y ducharse. ¿Sabes quiénes eran los celtas? Habitaban el oeste de Europa: Irlanda, Escocia, Bretaña, Cornualles y Galicia. Tenían una cultura especial: creían mucho en el mundo mágico. La gaita era el instrumento que usaban los poetas para acompañar sus relatos. Por eso, todavía hoy se toca la gaita en Galicia.

---

1 el solsticio die Sonnenwende, **2 espantar** verscheuchen, **3 la sardina** die Sardine, **4 el culto** der Kult, **5** ***el aloitador*** *gal.* der Kämpfer, **6 rapar** scheren, **7 el microchip** der Mikrochip

Fiestas del Apóstol Santiago: Santiago el Mayor era uno de los 12 apóstoles de Jesús. Después de su muerte lo enterraron[1] en Galicia. Su tumba se olvidó hasta el año 814: este año el eremita Pelayo descubrió la tumba porque de repente, la luz de unas estrellas se la mostró. De este hecho viene el nombre de Santiago de Compostela: el campo de las estrellas, en latín *Campus Stellae*. En el lugar de la tumba construyeron una catedral que hoy es el destino de peregrinos de todo el mundo: el destino de todos los Caminos de Santiago. El 25 de julio se celebra el Día del Apóstol en toda España y sobre todo en Galicia porque Santiago es el patrón[2] de Galicia. La fiesta más grande se celebra en Santiago de Compostela con teatro, comida, conciertos, artistas, fuegos artificiales. Esa noche no duerme nadie en Santiago, ni los habitantes ni los turistas.

Romería Vikinga[3]: El primer domingo de agosto se celebra la Romería Vikinga en Catoira. Se recuerda cómo el pueblo de Catoira en Galicia luchó contra los piratas[4] que buscaban el tesoro[5] de la Iglesia. Cada año la romería tiene más o menos el mismo programa: por la mañana hay bailes. Después comen mejillones con mucho vino de la región. Más tarde llegan los vikingos en un barco llamado 'drakkar' y atacan el pueblo, pero los habitantes luchan con ellos y ganan. Por la noche, hay una fiesta grande con comida, música y baile hasta la mañana.

El magosto: Entre el 1 y el 11 de noviembre en toda Galicia se celebran las fiestas del magosto. En grandes hogueras se preparan las castañas[6] que después se comen. Para tener buena suerte hay que saltar las hogueras. También se cuentan relatos, se cantan canciones y se juegan juegos.

E Lo que tenéis que hacer:

1. Leed con atención la información sobre estas seis fiestas. Con esta información tenéis que preparar un folleto para una agencia de viajes. Para hacer este folleto tenéis que:
   a) explicar cómo se celebran las fiestas
   b) presentar fotos o dibujos de los espectáculos
   c) escribir especialmente para las personas a las que pueden gustar estas fiestas – es decir: ¿qué fiesta le puede gustar a una persona romántica[7], a una persona deportista, a una persona a la que le encanta la música, ...?
2. Además del folleto vais a preparar un puesto para una feria de turismo de España. A ver si podéis dar ganas a la gente de conocer las fiestas de Galicia. Para esto hay que hacer carteles y hablar sobre los espectáculos.
3. También tenéis que buscar los pueblos y ciudades en los que se celebran las fiestas y marcarlos en el mapa de Galicia que prepara el grupo 3.

1 enterrar beerdigen, 2 el patrón der Schutzheilige, 3 el/la vikingo/-a der/die Wikinger/-in, 4 el pirata der Pirat, 5 el tesoro der Schatz, 6 la castaña die Kastanie, 7 romántico/-a romantisch

Grupo 3 *Galicia, ¿el fin del mundo?*

E Lo que tenéis que hacer:

1. Tenéis que dibujar un mapa de Galicia muy grande que después se puede poner en la pared de vuestra clase. El mapa tiene que mostrar la siguiente información:

   a) el lugar y el número de habitantes de las ciudades más grandes: Vigo, Pontevedra, Lugo, Santiago de Compostela, La Coruña, Ourense, Ferrol
   b) uno o dos de los monumentos más importantes de estas ciudades
   c) ¿qué son las Rías Gallegas?
   d) ¿qué es y dónde está la *Costa da Morte* (La Costa de la Muerte)?

   Seguro que el mapa es mucho más bonito si usáis dibujos o fotos y no solo palabras y números.
   Vuestros compañeros de los otros grupos van a completar este mapa con más información.

2. Preparad un viaje virtual por Galicia recorriendo las ciudades grandes, la *Costa da Morte* y las Rías Gallegas. Intentad crear un ambiente especial para cada lugar que visitáis (usando música, por ejemplo). Lo importante es que el viaje sea muy interesante para vuestros compañeros.

vista sobre Vigo

Grupo 4 *Ser joven en Galicia*

Lo que tenéis que saber:

Vigo es la ciudad más grande de Galicia con 297.332 habitantes: hay un aeropuerto bastante importante, un puerto muy grande, una universidad con unos 20.000 estudiantes y mucha industria. Además tiene el único jardín zoológico de Galicia. Si vives en Vigo no solo tienes todas las posibilidades que ofrece una ciudad grande, sino que además vives cerca del mar. Es decir que hay playas, puedes hacer windsurf o simplemente sentarte al sol.

Samos es un pueblo mucho más pequeño. Está en la provincia de Lugo, en el camino francés que lleva a Santiago. Muchos de los peregrinos duermen en este pueblo porque les gusta el ambiente: las casas son muy antiguas y bonitas, y hay un monasterio maravilloso y bastante famoso y un río muy limpio. El pueblo tiene 1.700 habitantes. La mayoría trabaja en la agricultura. Cada año llegan más peregrinos, por eso muchos de sus habitantes trabajan también en los hostales. Samos está bastante lejos de todo: Lugo está a 43 kilómetros. Hay un autobús a Sarria, una ciudad un poco más grande, que pasa dos veces al día. En Sarria se puede tomar otro autobús a Lugo. Además hay una biblioteca pequeña que abre por las tardes y un pequeño colegio público. Lo más bonito es la naturaleza alrededor de Samos: se pueden hacer muchas actividades al aire libre. En *google maps* puedes ver fotos del pueblo.

E Lo que tenéis que hacer:

1. Tenéis que preparar dos entrevistas para un programa de la tele sobre jóvenes en España: una con un/-a chico/-a de 16 años de Vigo, otra con un/-a chico/-a de 16 años de Samos.

1 Pensad primero en lo siguiente:

a) ¿Cómo se llama el programa?
b) ¿Quién es y cómo es el / la locutor/-a?
c) ¿Por qué se han elegido a los jóvenes a los que se hace la entrevista?
d) ¿Es un programa para la tarde o para la noche?
e) ¿Hay pausas con música o con otros invitados?

2 Luego tenéis que pensar en los jóvenes entrevistados:

a) ¿Cómo se llaman? Si queréis, elegid nombres gallegos.
b) ¿Qué les gusta de su pueblo / su ciudad? ¿Qué no les gusta?
c) ¿Con qué sueñan?
d) ¿Qué planes tienen para su futuro?
e) ¿Qué hacen en su tiempo libre?

3 Ahora preparad el programa. Podéis grabarlo en video o representarlo en clase.

2. Marcad Samos con un pequeño dibujo en el mapa que prepara el grupo 3.

Grupo 5 *La Galicia mágica*

Lo que tenéis que saber:

6965-31

Como ya sabéis, se dice que Galicia está llena de magia. Algunos elementos mágicos son la *Santa Compaña* y las *meigas*.

La *Santa Compaña*

A partir de la medianoche, se puede ver la *Santa Compaña*. Es una procesión de almas que llevan un largo vestido blanco con capucha[1] que cubre sus caras. Cada una lleva una vela encendida que deja en el aire un fuerte olor a cera[2]. Caminan cantando, rezando y tocando una pequeña campana. Visitan las casas en las que pronto va a morir una persona.

Cuando vienen, todos los animales del bosque se callan y no se escucha ningún ruido. Algunos animales huyen asustados. Solo los perros aúllan.

No todas las personas pueden ver a la *Santa Compaña*, solo algunas. Otras solo la pueden sentir o escuchar. Para protegerse de la *Santa Compaña* hay que tirarse en el suelo y no mirarla, o correr lejos muy rápidamente.

dibujo de la *Santa Compaña*

Las *meigas*

Una *meiga* es una bruja gallega: tiene poderes mágicos. Las brujas normalmente son malas, pero una *meiga* puede ser muy buena: ayuda a los enfermos y puede adivinar el futuro. Vuelan en sus escobas por los bosques gallegos. En Galicia se dice: *"Eu non creo nas meigas, pero habelas, hainas"* ("Yo no creo en las brujas, pero que las hay, las hay").

E Lo que tenéis que hacer:

Vais a escribir un cuento de hadas que tiene como escenario un lugar en Galicia. No olvidéis los elementos mágicos típicos de los cuentos (a la derecha).

Para presentar el cuento no basta con solo leerlo. Los espectadores tienen que imaginárselo todo muy bien, por eso es necesario representar los momentos más importantes del cuento: tiene que haber una *meiga* y una *Santa Compaña* "de verdad". Si queréis, también podéis usar música gallega para crear un ambiente especial.

a) Hay personajes mágicos (la *Santa Compaña*, una o varias *meigas*, etc.).
b) Hay números mágicos (el tres, el siete o el doce) y lugares mágicos, como los bosques.
c) Hay personas con poderes mágicos.
d) El protagonista, el 'héroe', tiene que pasar uno o varios exámenes y salvar a alguien.
e) Los personajes siempre son o muy malos o muy buenos.

1 **la capucha** die Kapuze, 2 **la cera** das Wachs

En clase

E1 Mi pasado y mi futuro

Las *meigas* en Galicia (sí, las hay), saben leer el futuro de la mano de una persona. ¿Quieres intentarlo tú también?

Dibuja tu mano derecha con las líneas del corazón[1], de la cabeza y de la vida en una hoja de papel. Cuidado: dibuja las líneas exactamente como son en tu mano. Luego apunta cinco hechos o experiencias muy importantes que ya han pasado en tu vida. Escribe además tres características de tu lado emocional[2] en la línea del corazón y tres características de tu lado racional[3] en la línea de la cabeza.
Intercambia ahora tu hoja con la de un/-a compañero/-a. Con la información de su hoja, ¿sabes leer el futuro de su mano?

E2 Hacer la maleta

Os gustaría viajar juntos a Galicia? Bueno, pero antes necesitáis muchos buenos deseos para que el viaje sea maravilloso. Dibujad cada uno una maleta grande con vuestro nombre en un papel y colocadlo en la clase. Luego podéis pasar por la clase y escribir un deseo o un consejo para cada compañero/-a. ¡Ojo con el subjuntivo!
Al final cada uno puede coger su maleta y empezar el viaje con muchos buenos deseos – o, como se dice en galego, con *mogollón* de deseos.

1 el corazón das Herz, 2 emocional emotional, 3 racional rational

Etapa 6

Latinoamérica

E1 Latinoamérica – ¿qué es para ti?

1. Mira las diferentes imágenes del continente latinoamericano y explica lo que ves.
2. ¿Cuáles de estas imágenes te parecen más importantes para describir cómo ves Latinoamérica? ¿Te parece que falta algún aspecto? Habla con tu compañero/-a.

E2 ¿Quién es Latinoamérica?

Haz una lista en tu cuaderno de la gente famosa de Latinoamérica que conoces: políticos, científicos, pintores, escritores, actores, cantantes, deportistas, ... Después comparad en clase. ¿Quién tiene la lista más larga? Apuntad todos los nombres en la pizarra.

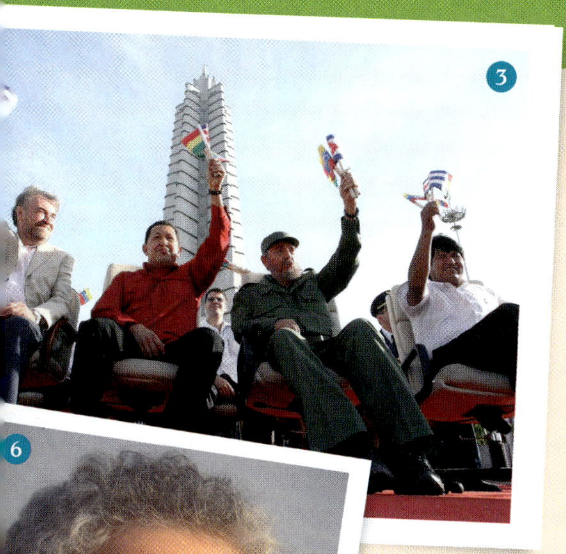

E3 Los países de Latinoamérica

1. ¿Dónde se encuentran los países latinoamericanos? En parejas. Uno/-a mira el mapa de la última página del libro y describe la situación geográfica[1] de algún país de Latinoamérica. Su compañero/-a tiene que decir qué país es y cuál es su capital.

Modelo:

A: *Este país está en Centroamérica, entre … y … Limita con …*

B: *Es … y su capital es …*

2. Latinoamérica / América Latina o Hispanoamérica. Define estas palabras. ¿Qué diferencia hay?

3. ¿Cuáles son los otros países del continente americano? Explica por qué no pertenecen al conjunto de Latinoamérica.

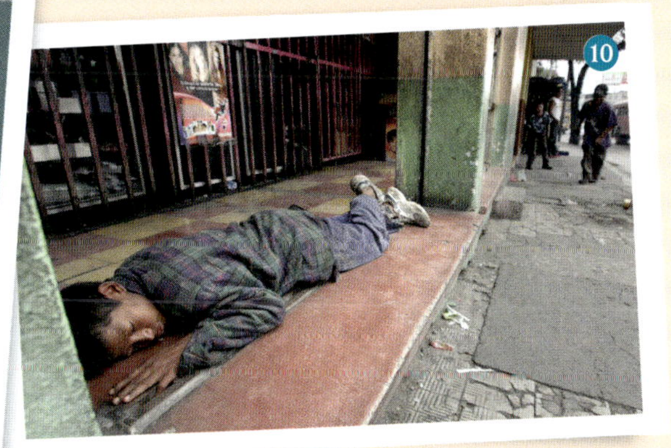

Am Ende der Etapa kannst du …

… das spanische Äquivalent für „man" bilden und benutzen
… sagen, was du gerne tun würdest
… wiedergeben, was jemand dich gefragt oder von dir verlangt hat
… Plakate und Statistiken beschreiben

1 geográfico/-a geografisch

Etapa 6

Paso 1 *América Latina hoy*

E1 ¿Qué es América Latina?

1. En grupos de 3 o 4 personas, escribid cinco preguntas para vuestros compañeros de clase sobre América Latina.

Modelo:
a) *¿Has viajado alguna vez a un país latinoamericano?*
b) *¿Conoces alguna canción latinoamericana?*
c) *¿Conoces alguna comida típica de Latinoamérica?*

2. Presentad las preguntas en clase, elegid las diez más interesantes y haced esta encuesta en la clase. Apuntad las respuestas para hacer un gráfico.

3. Haced un resumen con los resultados.

Modelo:
Casi ninguno de nosotros ha viajado a Latinoamérica. Pero todos hemos escuchado alguna canción latinoamericana, por ejemplo ... Pocos conocemos comidas típicas de Latinoamérica. Lo que conocemos es ...

Una entrevista

6965-32

Daniel Montaño Pineda nació en Ciudad de México, creció en Cancún y ahora está viviendo con su familia por un tiempo en Alemania. Lee la entrevista y compara las respuestas con tu propia idea de Latinoamérica.

Entrevistadora: ¿Qué es Latinoamérica para ti?

Daniel: Latinoamérica es el conjunto de países en el continente americano en donde se hablan lenguas de origen latino. Por lo regular[1] el estereotipo[2] de los latinoamericanos es la mezcla de las tribus[3] indígenas que habitaban[4] el continente americano con los europeos que llegaron a conquistarlos y los esclavos que los acompañaban. A eso se debe que[5] en Latinoamérica se puede encontrar gente con rasgos[6] blancos, negros o indígenas.

E: ¿Qué es típico para tu continente?

D: La religión puede ser uno de los aspectos más típicos que existen, ya que el 80 % de los latinoamericanos son católicos. Otra cosa típica puede ser la alimentación basada[7] en muchos países en el arroz y el frijol[8].

E: ¿Qué significa vivir en este continente?

D: A veces es sinónimo[9] de pobreza. Por otro lado somos muy nacionalistas[10] y damos todo por nuestros países.

E: ¿Te sientes latinoamericano? ¿O eres más mexicano?

D: Definitivamente[11] me siento más mexicano que latinoamericano, eso significa que me siento muy orgulloso de ser mexicano y no tanto de ser latinoamericano.

E: ¿Entiendes a los colombianos, a los venezolanos o a los peruanos? ¿Hay diferencias en sus lenguas?

1 **por lo regular** für gewöhnlich
2 **el estereotipo** der Stereotyp
3 **la tribu** der Stamm
4 **habitar** bewohnen
5 **deberse a algo que** der Grund sein, dass
6 **el rasgo** das Merkmal
7 **basado/-a en** auf der Grundlage von
8 **el frijol** die Bohne
9 **el sinónimo** das Synonym
10 **nacionalista** nationalistisch
11 **definitivo/-a** definitiv

D: En realidad no hay diferencia en la lengua, ya que hablamos español o castellano, pero sí hay diferencia en la mentalidad[12].
E: Describe la cultura latinoamericana. ¿Cómo es la gente? ¿Qué le gusta hacer? ¿Cómo es en comparación con los europeos o alemanes?
D: La cultura en Latinoamérica es muy parecida, con excepción de[13] Argentina y Brasil. Brasil por hablar otro idioma y Argentina por ser el país más europeo de Latinoamérica. En comparación con los europeos... bueno, somos bastante diferentes. Por ejemplo los alemanes planean todo, el latino planea también todo, pero hace todo completamente diferente a lo planeado.
E: ¿Cómo era tu vida en tu país?
D: Recuerdo una niñez muy feliz y sobre todo de libertad, podíamos jugar en cualquier lugar, a cualquier hora, sin miedo a nada. La familia era muy grande, la casa de mis padres siempre estaba llena de gente y teníamos costumbres muy lindas[14], por otro lado ya que las familias eran tan grandes, teníamos carencias[15] económicas. Comida y escuela nunca faltaban, pero juguetes, viajes o ropas de marca eran muy difíciles de tener.
E: ¿Qué significa "familia" para ti?
D: ¡Todo! Crecí con mis padres y seis hermanos, mis padres estuvieron casados 49 años, hasta que mi padre falleció[16]. La familia es lo más importante en mi vida, hoy soy un hombre casado, tengo 38 años y mi familia ha crecido mucho, ahora no solo tengo una familia mexicana sino también una alemana.
E: ¿Qué problemas ves actualmente en el continente latinoamericano?
D: Varios, la economía, la seguridad, la educación. Hasta el año 2002, México en particular[17] gozaba de[18] un estatus[19] económico y social bastante aceptable[20], hoy vive una de las peores crisis[21] económicas y de seguridad. Así, en general, se encuentran muchos países latinos.
E: ¿Qué aspectos históricos (desde el descubrimiento del continente por los españoles hasta hoy) influyeron en el desarrollo[22] de los países?
D: El idioma, la religión, la arquitectura y la alimentación han sido los mayores cambios originados[23] por la conquista de los españoles. Es muy difícil decir si la cultura se desarrolló más o no. Antes de la llegada de los españoles en México ya teníamos un sistema económico, existía el estilo arquitectónico[24] nativo[25], se conocía mucho de las matemáticas y los indígenas tenían su propia religión...
E: Muchas gracias por esta entrevista tan interesante.
D: De nada, ha sido un placer[26].

entrevista a Daniel Montaño Pineda, de Cancún (México), 2012

12 la mentalidad die Mentalität
13 con excepción de ausgenommen
14 lindo/-a schön
15 la carencia der Mangel
16 fallecer sterben
17 en particular konkret
18 gozar de genießen
19 el estatus der Status
20 aceptable annehmbar
21 la crisis die Krise
22 el desarrollo die Entwicklung
23 originar verursachen
24 arquitectónico/-a architektonisch
25 nativo/-a ursprünglich
26 el placer das Vergnügen

Daniel Montaño Pineda

E2 Sobre el texto …

Termina las frases según el texto.

a) Latinoamérica es un conjunto ●●●
b) Allí vive una mezcla de ●●●
c) El 80 % de la gente ●●●
d) La alimentación típica ●●●
e) Vivir en Latinoamérica significa ●●●
f) La diferencia entre los países hispanoamericanos no es ●●● sino ●●●
g) Las culturas de los diferentes países ●●●
h) Daniel recuerda su niñez ●●●
i) Los problemas del continente ●●●
j) La conquista de los europeos llevó ●●●

¡Ojo!

Se habla alemán. → Man spricht Deutsch.
Se hablan diferentes lenguas. → Man spricht verschiedene Sprachen.

Die unpersönliche Form bildet man mit se + Verb in der 3. Person Singular oder Plural. → G 6.1.1
Bei reflexiven Verben (z.B. levantarse) wird die unpersönliche Form mit uno / una + se + Verb in der 3. Person Singular gebildet. → G 6.1.3
Uno se levanta temprano cada día.
→ Man steht jeden Tag früh auf.

E3 El español de Hispanoamérica

En la entrevista, Daniel dice que entre los países de Hispanoamérica no hay diferencia en la lengua, ya que todos hablan español o castellano. Habla con tu compañero/-a y opinad si tiene razón Daniel.

E4 Me preguntó cómo me llamaba.

1. Mira las frases y encuentra la regla. Después compara con tu gramática. → G 6.2

estilo directo		estilo indirecto
Entrevistadora: ¿Cómo te llamas?	→	Me preguntó cómo me llamaba.
Entrevistadora: ¿Cuántos años tienes?	→	Me preguntó cuántos años tenía.
Entrevistadora: ¿Dónde vives?	→	Me preguntó dónde vivía.
Entrevistadora: ¿Eres mexicano?	→	Me preguntó si era mexicano.
Entrevistadora: ¿Te gusta Alemania?	→	Me preguntó si me gustaba Alemania.
Entrevistadora: ¿Ya has estado en otros países de Europa?	→	Me preguntó si ya había estado en otros países de Europa.

2. Un día después, Daniel le cuenta por teléfono a un amigo lo que le preguntó la entrevistadora. Vuelve a leer el texto y haz frases.

Modelo: *Me preguntó qué era Latinoamérica para mí.*

E5 Deja volar tu fantasía.

1. ¿Qué crees que un/-a latinoamericano/-a puede querer preguntarle a un/-a alemán/-ana? Formula diez preguntas.

2. Al día siguiente, cuéntale a tu compañero/-a lo que el / la latinoamericano/-a quiso saber.

E6 Gael García Bernal, un mexicano famoso

1. Los siguientes textos son partes de una entrevista. Escribe en el estilo directo las preguntas (a – d) que hizo la entrevistadora y busca la respuesta de Gael García Bernal (A – D) para cada una.

a) La entrevistadora quiso saber cuánto había habido de experiencia personal en esa película.
b) La entrevistadora le preguntó si podía ser más claro.
c) La entrevistadora quiso saber qué significaba para él ser latino.
d) La entrevistadora le dijo que casi al final de la película, Ernesto nadaba en un río con muchísimas pirañas[1]. Le preguntó si en la película lo había hecho él o lo había hecho un doble[2].

A) Respuesta: Creo que el hecho de haber nacido en América Latina nos da la libertad y el derecho de buscar nuestra identidad común, de realizar una introspección que es una experiencia única en la vida. Siempre podemos iniciar un viaje para saber de dónde venimos y quiénes queremos ser. (Sonrisa). Supongo que hay muchos gringos que mueren sin saber nada de sí mismos ni del país que hay al otro lado del Río Grande.

B) Respuesta: Pues, clarito. El Che me 'invitó' a un viaje en el que me pude perder de mí mismo y encontrar mi verdadero yo. Y me ayudó a contextualizarme como latino: comprobé que no existen fronteras. Mexicanos, chilenos, peruanos, argentinos... todos somos uno. Ahora mismito, yo como él, considero que todos pertenecemos a una misma raza mestiza y las fronteras me parecen ficticias e ilusorias.

C) Respuesta: El loco que vive en mí se tiró al río verdadero, con su agua sucia verdadera y plagado de pirañas verdaderas. (Risas). No, ahora en serio. La toma correspondía a los últimos días de rodaje y yo estaba también al final de mi viaje personal. ¿Cómo podía permitir a un extra realizar la toma en la que se muestra el nacimiento de la conciencia del Che? Nos llevó tres días y no niego que pasé algo de miedito. Cuando crucé el río por última vez y Walter dio el rodaje por finalizado... todos se tiraron al agua para unirse a mí. Y nadamos en silencio, abrazándonos. Creo que ha sido hasta ahora una de las experiencias más fuertes de mi vida.

D) Respuesta: Para mí no ha sido una película más. Aunque he crecido en una familia y un país fuertemente politizados, jamás había hablado con indios quechuas o mineros, o con gentes de pueblos enteros desplazados por la pobreza... Esta película ha supuesto para mí un viaje fílmico, geográfico y psicológico. He leído la obra del Che y estudiado su vida. Al final, el Che me 'invitó' a conocerme a mí mismo, a reflexionar sobre mí y mi circunstancia como ciudadano latinoamericano.

Beatrice Sartori – Biostars Internacional

1 la piraña der Piranja, 2 el doble das Double

→

2. Analiza a qué se dedica Gael García Bernal.
3. Mira la foto de García Bernal e imagina cómo es: ¿cuántos años tiene? ¿Cómo es su carácter? ¿Qué le gusta hacer en su tiempo libre? Describe también su físico.
4. Ahora investiga en Internet sobre la personalidad y los gustos de García Bernal. Compara lo que encuentres con lo que tú has imaginado.
5. Investiga de qué película están hablando García Bernal y la entrevistadora. ¿La has visto? Describe en pocas frases de qué trata. → 4
6. (facultativo) En grupos. Cada grupo debe buscar en Internet un diálogo de la película e interpretarlo en la clase.

E7 Para debatir

1. Comparad las respuestas de Daniel con las de Gael García Bernal sobre Latinoamérica y ser latinoamericano. ¿En qué aspectos son parecidas? ¿En qué aspectos son diferentes?
2. Discutid qué es para vosotros ser europeos.
3. Explicad si os sentís alemanes, europeos o …

E8 Se habla español.

Imagínate que quieres poner un anuncio[1] en el periódico para las siguientes situaciones. Usa la forma impersonal como en el modelo:

Modelo: Te vas a vivir a México y quieres vender tu casa.
→ *Se vende una casa con … dormitorios cerca de …*

a) Tu perra ha tenido siete perritos y quieres regalarlos.
b) Tienes un restaurante en México y tú, claro, sabes hablar alemán.
c) Has perdido a tu perro.
d) Tienes una casa muy grande y quieres alquilar una habitación con baño.
e) Tienes algunos problemas con las matemáticas y necesitas un profesor.

E9 ¿Cómo se dice?

Escribe estas frases en español. Ojo con los verbos reflexivos. → G 6.1.1, 6.1.3

a) Man isst sehr gut in diesem Restaurant.
b) Man hörte laute Geräusche.
c) Man langweilt sich wenn die Übungen zu einfach sind.
d) Man geht im Urlaub spät ins Bett.
e) Man darf im Unterricht nicht telefonieren.
f) Im Sommer steht man früher auf als im Winter.
g) Hier kann man links abbiegen.

1 el anuncio die Annonce

E10 Se organiza un viaje a Guatemala.

Dos amigas quieren viajar a Latinoamérica. Lee el diálogo y cambia las frases que están en azul como en el modelo.

Modelo: En esta agencia organizan viajes a Latinoamérica. → *En esta agencia se organizan viajes a Latinoamérica.*

Silvia: Me interesa Guatemala, pero dicen que llueve mucho en octubre.
Angélica: Tienes familia allí, ¿verdad?
Silvia: Sí, mi tío, el hermano de mi padre, vive allí.
Angélica: ¿Ah, sí? ¿Y qué hace?
Silvia: Trabaja en un taller donde reparan coches.
Angélica: Qué bien. Pero, comentan que es un poco peligroso viajar allí.
Silvia: ¡Nooo! Mis tíos viven en Guatemala desde hace muchos años y nunca han tenido ningún problema. Mi tía trabaja en el centro y va cada día en autobús, nunca le ha pasado nada.
Angélica: ¿Qué hace?
Silvia: Trabaja en una oficina en la que traducen textos del alemán al español.
Angélica: ¿Y tu primo? También tienes un primo, ¿verdad?
Silvia: Sí, mi primo Ricardo, es periodista y trabaja en una radio. En su programa comentan la noticia más importante del día y hacen entrevistas a personas conocidas. También tiene una tienda de DVD.
Angélica: ¿Crees que en su tienda venden películas de Gael García Bernal?
Silvia: No lo sé, pero creo que sí. ¿Qué hacemos? ¿Preguntamos por un viaje a Guatemala en esta agencia de viajes?
Angélica: Vale. Además pone que hacen precios especiales para estudiantes.

E11 Salma Hayek, una mexicana en Hollywood

1. Salma Hayek es la actriz mexicana que dio vida a la artista Frida Kahlo en la película *Frida*. Resume lo que has escuchado sobre su vida y sus actividades.
2. Analiza la intención del periodista durante la entrevista.
3. Expresa tu opinión sobre la postura de Salma Hayek de no querer contestar preguntas sobre su vida privada.

E12 Un mar de preguntas

Cada estudiante escribe una pregunta en un papel y pone debajo su nombre. Entregad los papeles a vuestro/-a profesor/-a. En la próxima clase, mezclad todos los papeles y tomad uno cada uno. Contad a los demás lo que quiso saber vuestro/-a compañero/-a.

¿Hay deberes de Matemáticas? - Lars

Modelo: *Ayer / El martes Lars me preguntó si había deberes de Matemáticas.*

Paso 2 *Lima, una ciudad en cifras*

E1 Imágenes de Lima

Describe las fotos de Lima. ¿Qué ves? Escribe una frase para cada una.

la catedral de Lima, restos del estilo colonial en una ciudad moderna

Primeras impresiones de Lima

6965-33

Lima me recibió con su agrio sabor y el ruido inconfundible de sus calles, que la hacen única entre las capitales de América del Sur. Arterias convulsionadas, de gente apurada, llenas de autos y camionetas antiguas que funcionan como taxis. Allí, quien tiene auto indefectiblemente trabaja como taxista. Tocan bocina sin parar, vaya a saber uno por qué. Caminé por la plaza San Martín, busqué el cine Metro cerrado desde hace años, almorcé una sabrosa pechuga de pollo a la provenzal con papas y morrón asado, intenté comprender las costumbres de los limeños y visité la imponente Catedral y las iglesias Santo Domingo (de 1540, restaurada en el siglo XVIII), La Merced y Las Nazarenas, sede de los festejos del Señor de los Milagros. Cené otra exquisitez muy recomendable: pescado al horno con arroz blanco, salteado con zanahorias y rodajas de tomate y, de postre, una copa de duraznos en almíbar con frutillas. Me faltó probar el famoso ceviche. Es imperdible el circuito de casas coloniales. Sobre la calle principal de Lima, Jirón de la Unión, se levanta la casa de la familia Aliaga, del siglo XVI. En Miraflores, luce la casa de Pilatos, sede del Instituto Nacional de Cultura. Tampoco hay que pasar por alto la casa de Asambleo (con salas para exposiciones y conferencias) ni la Torre Tagle –sede del Ministerio de Relaciones Exteriores de Perú–, construida en 1735.

En Lima la gente siempre parece estar contenta, en un permanente estado de fiesta. Todas las noches van a los bares o se reúnen en las casas particulares. Por su buen humor y cordialidad, los peruanos me cayeron bárbaro, a pesar de que, innecesariamente, muchos se obstinaban en hablarme en un inglés más que rudimentario: "Mai fren, mai fren, taxi", me gritaban desde los autos sin dejar de seguirme mientras paseaba tranquilamente por la vereda.

Bien entrada la noche tomé un café, doble y negro, asomado a la avenida desde la ventana de mi habitación en un segundo piso. Me di cuenta de que recién a esa hora la ciudad calma su ritmo. Entonces, en este país que padece los típicos problemas sociales de América Latina, percibí que ciertas imágenes quedarían para siempre en mi mente: los niños que recorren la ciudad tomados de las manos con sus madres –con sonrisas tan grandes como sus ilusiones–, los barcos pesqueros esparcidos como puntitos en medio del impactante Océano Pacífico, los silbidos de los policías desde sus garitas, el cielo gris, bajo y encapotado, que hace que Lima se vea pequeña y uniforme.

Claudio Bartel. Realizador cinematográfico, de Munro, provincia de Bs. As. Viajó a Perú en octubre de 2004

E2 Sobre el texto ...

1. Habla con tu compañero/-a:

a) ¿Qué hizo Claudio Bartel en Lima?
b) ¿Cuáles son los tres aspectos de Lima que le gustaron mucho?
c) ¿Qué otras cosas le llamaron la atención?
d) ¿Qué pensáis, a Claudio Bartel le gustó su viaje a Lima? ¿Por qué?

2. Relaciona: ¿a qué frases del texto pertenecen las fotos de E1?

E3 La población de Lima

1. Lima tiene 8.300.000 habitantes y una superficie de 2.664,67 km². Compara con cinco ciudades alemanas y forma frases para presentar tus resultados.

   Modelo: *Lima tiene ocho veces más habitantes que Colonia (1.007.119 en 2010), pero la superficie de Lima es solo seis veces más grande que la de Colonia (405 km²).*

2. Compara el número de habitantes de los ocho distritos[1] de Lima que ves en el gráfico. Utiliza las expresiones que te damos.

   Modelo: *La mayoría de la gente vive en ...*

   la mayoría – una minoría –
   gran parte de – ser igual – más / menos

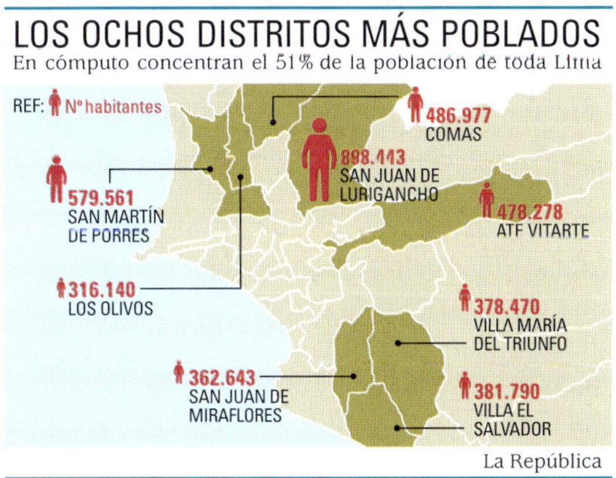

3. Dibuja un diagrama (círculo[2] o columnas) para expresar el número de habitantes de cada uno de los ocho distritos del gráfico.

4. El barrio El Agustino es uno de los muchos Pueblos Jóvenes en Lima. Infórmate qué significa esto y preséntalo en clase.

1 el distrito der Distrikt, der Stadtteil, 2 el círculo der Kreis

E4 Para interpretar

1. Mira el gráfico y describe la población de Lima en los años pasados y cómo será en los años siguientes. Describe también lo que ves en el mapa.

2. ¿Qué conclusiones puedes sacar si combinas[1] los dos gráficos de E3 y E4?

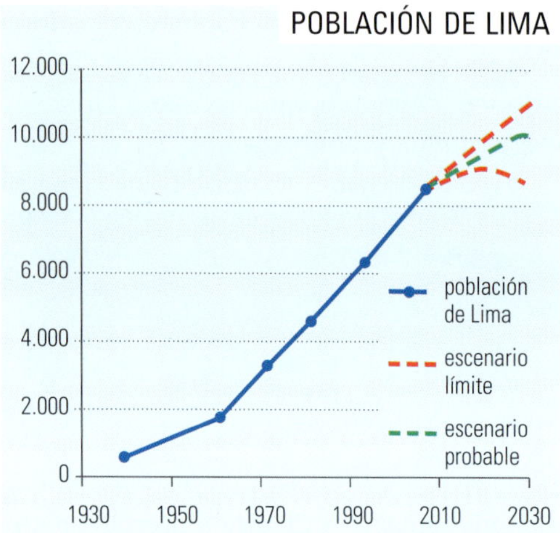

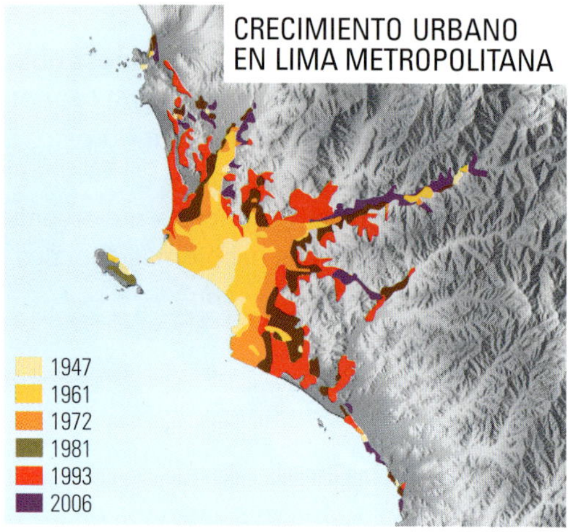

E5 Una noticia

Lee el siguiente artículo de una página web de noticias y comenta los porcentajes con tu compañero/-a.

Modelo: A: *¿Cuántos limeños creen que faltan árboles?*
B: *Un catorce por ciento.*

Los principales problemas de Lima

Miércoles, 17 de Noviembre del 2010

Según el estudio "Lima Según sus Ciudadanos. Informe de Percepción sobre Calidad de Vida 2010", realizado entre el 10 y el 26 de julio pasado, los tres principales problemas que aquejan a la capital son la inseguridad ciudadana (73 %), el transporte público (55 %) y la contaminación ambiental (21 %).

La investigación revela que para el 49,7 %, Lima no es una ciudad segura. Para el 54,9 % el lugar donde vive es inseguro, en especial para los habitantes de la zona Centro de la ciudad. El 59,2 % dijo estar insatisfecho con el estado del tráfico y el 41,9 % manifestó estar disconforme con la labor de la policía en este sentido.

Respecto al tercer gran problema que afronta Lima: la contaminación ambiental, la insatisfacción es por el nivel de ruido en la calle (50,9 %), la calidad del aire (49,0 %), el estado de las playas y el mar (43,4 %), entre otros.

El 15 % de los 1920 ciudadanos consultados, opinaron que falta apoyo a la cultura y un 14 % cree que faltan árboles y áreas verdes. El mantenimiento de pistas y veredas fue señalado por un 13 %, mientras que un 9 % advierte que la falta de agua potable es una necesidad que aqueja a los vecinos.

"Los principales problemas de Lima, según estudio."
En: *RPP Noticias, www.rpp.com.pe,* 17.11.2010

1 combinar kombinieren

Comentarios

Estos son los comentarios que dejaron algunos limeños sobre la noticia de E5 en el foro de la página web.

Ernesto 2010-11-20 – 19:20
Con campañas[1] de concientización[2] nuestra Lima sería diferente. ¿Por qué no se ponen multas para enseñar que las leyes son para respetarlas?

Lola 2010-11-21 – 10:54
Hola, me parece muy bien tu comentario, Ernesto, pero yo empezaría por dar el ejemplo y haría algo por el medio ambiente en lugar de estar sentado escribiendo en el ordenador.

Eliseo 2010-11-21 – 17:21
El problema más grande es la falta de autoridad[3] y la corrupción, las otras cosas podrían solucionarse si todos ayudamos un poco.

nick 2010-11-21 – 17:23
Todo estaría bien sin la corrupción y la inseguridad. ¡Yo me voy!

emi 2010-11-22 – 15:54
No necesitan hacer ningún estudio[4], se podrían ahorrar ese dinero. Los problemas de Lima son la gente, los políticos, las veredas[5] rotas, las obras[6] sin terminar, etc. etc. etc.

diamante 2010-11-22 – 15:55
Me gustaría publicar los problemas del resto[7] de las ciudades. Lima no es el Perú.

loco73 2010-11-23 – 14:18
El principal problema es el tráfico y el tiempo que se pierde en las calles de Lima. También la contaminación. Se tendría que llegar a una solución para la ciudad y para los ciudadanos. Un trabajador[8] no debería necesitar casi 3 o 4 horas diarias para ir a su lugar de trabajo.

1 la campaña die Kampagne
2 la concientización die Bewusstwerdung
3 la autoridad die Autorität
4 el estudio hier: die Studie
5 la vereda der Bürgersteig
6 las obras die Baustellen
7 el resto der Rest
8 el trabajador der Arbeiter

las veredas rotas en Lima

E6 ¿Qué dice?

1. Un amigo tuyo quiere viajar a Lima y a otras ciudades del Perú. Habla muy poco español y quiere que le expliques lo que dice el artículo de E5. Busca las ideas principales y cuéntaselas.
2. Elige uno de los comentarios y tradúcelo.

E7 Lima, una ciudad con muchas caras

Escribe un texto en alemán con la información que ahora tienes sobre Lima y preséntalo en tu clase de Geografía.

E8 Mi ciudad en cifras

Infórmate en Internet sobre tu ciudad o tu región. Busca estadísticas parecidas a las de E3 y E4 y explícalas a un/-a limeño/-a que está de visita en tu colegio.

E9 Me gustaría conocer este nuevo tiempo.

1. En los comentarios, el tiempo de los verbos marcados en azul es el condicional. Completa la tabla en tu cuaderno.

empezar	deber	escribir
●●●	debería	●●●
empezarías	●●●	●●●
empezaría	●●●	escribiría
●●●	●●●	escribiríamos
●●●	deberíais	●●●
●●●	●●●	escribirían

2. Mira las formas que has escrito y contesta: ¿cómo se forma el condicional? ¿Hay diferencias en las terminaciones en los verbos *-ar, -er, -ir*? → G 6.3

¡Ojo!

Los mismos verbos que son irregulares en el futuro simple lo son también en el condicional y presentan la misma irregularidad.

E10 A practicar

Escribe en tu cuaderno la primera persona del futuro simple y del condicional de los verbos a la derecha.

haber – hacer – poder – poner – querer – saber – salir – tener – venir

Modelo: decir → *futuro simple: yo diré, condicional: yo diría*

E11 Yo me quedo.

Lee lo que dice Esteban, un limeño, que también deja un comentario. Completa los espacios vacíos con los verbos en condicional.

Esteban 2010-11-23 - 14:23

¡Pues yo me quedo! No me ●●● *(gustar)* vivir en otra ciudad porque Lima ofrece la posibilidad de vivir en un lugar donde lo antiguo y lo moderno conviven. Uno de mis lugares favoritos es el Parque de la Reserva, ●●● *(ir)* todos los días y ●●● *(sentarse)* al sol. No tengo tiempo, claro, pero me ●●● *(encantar)*. Algunos de mis amigos quieren irse a vivir a Europa, pero yo no ●●● *(poder)* dejar mi ciudad. Es verdad, a veces ●●● *(preferir)* tener las calles más limpias, el tráfico más ordenado, pero, ¿qué ciudad no tiene sus problemas? Lo ideal ●●● *(ser)* solucionar los problemas más importantes: la corrupción y la inseguridad. Cuando termine el colegio ●●● *(querer)* encontrar un trabajo aquí en Lima. Eso sí, ●●● *(viajar)* mucho, sobre todo a Europa y los EE. UU., pero siempre ●●● *(volver)* a mi ciudad.

la costa de Lima

E 12 ¿Podrías decirme cuándo se usa el condicional?

1. Relaciona estos usos del condicional (a – f) con las frases que te damos como ejemplos (A – F):

a) Se usa para pedir algo amablemente[1].
b) Se usa para expresar un deseo[3].
c) Se usa para expresar una opinión.
d) Se usa para dar consejos.
e) Se usa en el estilo indirecto cuando en el estilo directo hay un futuro y en la oración principal un tiempo pasado.
f) Se usa para expresar algo que probablemente pasó.

→

A) Yo en tu lugar[2], no me iría de nuestro país.
B) ¿Podrías decirme si hay un parque bonito por aquí cerca?
C) Pues no sé por qué no ponen multas; ayudarían mucho.
D) Me encantaría vivir en una ciudad limpia.
E) Ayer sonaron las sirenas[4]. Habría un accidente.
F) Esteban me dijo que llegaría pronto.

2. Escribe una frase más para cada uso y cambia tus frases con las de tu compañero/-a. ¿Qué expresa cada una? → G 6.4, 6.7

E 13 ¡Esto es lo que haré!

1. Lee lo que dicen estos jóvenes de Lima sobre sus proyectos para cuidar el medio ambiente y mejorar las condiciones de vida en su ciudad. Completa las siguientes frases con el futuro simple.

a) **Esteban:** —La gente ●●● *(tener que)* comprar más productos[5] naturales.
b) **Francisco y Clarita:** —Nosotros no ●●● *(usar)* el coche para ir a trabajar.
c) **Conce:** —Una vez por semana ●●● *(ir)* a la playa para recoger basura.
d) **Juan y Carola:** —No ●●● *(salir, nosotros)* hasta muy tarde por la noche.
e) **José:** —No ●●● *(haber que)* usar tanta agua.
f) **Pablo:** —En mi colegio ●●● *(hacer, nosotros)* un proyecto para ver cómo puede haber menos ruido en la ciudad.

2. ¿A qué problemas del artículo se refiere cada frase?

E 14 Me dijo que pensaría más en el medio ambiente.

1. Imaginaos que ayer escuchasteis las frases de E13. Trabajad en parejas como en el modelo.

Modelo: A: *¿Qué dijo Esteban?*
B: *Dijo que la gente tendría que comprar más productos naturales. ¿Qué dijeron ...?*

2. Escribe cinco consejos para cuidar el medio ambiente y utiliza el condicional.

Modelo: *Iría en bici a todos lados.*

1 **amablemente** höflich, 2 **en tu lugar** an deiner Stelle, 3 **el deseo** der Wunsch, 4 **la sirena** die Sirene, 5 **el producto** das Produkt

Taquile, un lugar que conserva sus tradiciones

6965-35

La isla de Taquile es un rincón único en el mundo donde se interrelacionan la modernidad y la tradición de manera especial y extraordinaria.

Taquile está a 35 km de Puno en el sur de Perú y es la isla más grande del lago Titicaca. Tiene unos 1.700 habitantes, los taquileños, cuya lengua es el quechua. Para visitarla hay que tomar una lancha en Puno y luego de casi cuatro horas de viaje desembarcar en un rústico puerto y subir una escalera alta y empinada.

La isla se utilizó como prisión política hasta los primeros años del siglo XX. A partir de 1937, los antiguos pobladores empezaron a comprar parcelas de terreno hasta que finalmente la isla, luego de casi cuatro siglos, volvió por completo a sus antiguos dueños.

La sociedad está basada en el trabajo colectivo y en el código moral Inca "ama sua, ama llulla, ama qhella" (no robarás, no mentirás y no serás perezoso). Es un ejemplo de organización social y de trabajo comunitario. Actualmente su economía se basa principalmente en el turismo. Recibe anualmente unos 40.000 turistas.

Los taquileños son conocidos por sus tejidos, hechos por los hombres. Las formas y colores de la ropa indican si un hombre está casado o soltero, tiene novia o está buscándola. Los que llevan un gorro con punta blanca son solteros, si la punta está hacia atrás, significa que no está buscando novia. La punta hacia la derecha es que está abierto a alguna propuesta, pero si está hacia la izquierda, ya tiene una relación. Los hombres casados llevan gorros rojos. Para poder casarse, el novio debe presentar a su futuro suegro este gorro, que es el resultado de nueve meses de trabajo. Si está bien hecho, seguramente el padre de la novia aceptará la propuesta. Si no, deberá hacer otro nuevo. Las mujeres visten capas rectangulares negras con borlas de colores en sus cuatro ángulos. Las solteras llevan borlas más grandes. Emplean esta prenda para protegerse del sol, del frío y de las miradas indiscretas.

La estación de radio en Taquile funciona con paneles solares. Dentro de la isla no hay perros. Tampoco hay policía ya que no se cometen delitos. No existen vehículos, los caminos son solo peatonales. Cuando hay algún problema, lo solucionan en las asambleas de los domingos. Los momentos de siembra y de cosecha se determinan por la astronomía quechua y por el comportamiento de los animales, especialmente de los pájaros. Probablemente sea por eso que no hay perros ni gatos en la isla, para que no se coman a los pájaros.

E15 Unos días en Taquile

1. Explica cuáles son los aspectos modernos de la vida en Taquile, y cuáles los aspectos tradicionales[2].
2. Describe a los hombres de la foto. ¿Qué puedes decir sobre su vida privada?
3. Si tú vivieras en Taquile, ¿qué ropa tendrías que llevar? Descríbelo.

E16 ¿Campo o ciudad?

1. Desde hace unos años viven más personas en las ciudades que en el campo. ¿Cómo ves tú esto? Haz una lista de las ciudades con más habitantes del mundo.
2. Escribe las ventajas y las desventajas de vivir en una de ellas.
3. Explica en cuál de estas ciudades te gustaría vivir y justifica tu opinión.

Paso 3 *América Latina: un continente y muchas culturas*

E1 Una cultura diferente

1. Relaciona estas palabras con las imágenes.

   las flores – las calaveras – el altar – las velas – el cementerio – el desfile[2]

2. En parejas. Mirad las fotos que están en esta página y describidlas.
3. Describid cuáles son los colores que más se ven, y explicad con qué relacionáis vosotros estos colores.

1 tradicional traditionell, 2 el desfile die Prozession

El Día de los Muertos en América Latina

6965-36

Lee el siguiente texto sobre una fiesta típica de América Latina.

Es toda una fiesta, llena de colores y motivos alegres, dedicada a la muerte, pero a la muerte desde otra perspectiva. Siguiendo las costumbres de las culturas indígenas, los latinoamericanos que celebran el Día de los Muertos aprovechan este día para estar más cerca de sus familiares y amigos que han muerto y así celebrar la vida. Aunque el Día de los Muertos se relaciona solo con México, son varios los países latinoamericanos que recuerdan esta fecha, cada uno de forma diferente.

El tema puede inquietar[1] a algunas personas, sobre todo a los que relacionan la muerte de manera negativa, pero en los países que celebran esta fiesta, el tema de la muerte tiene otro significado. Los espíritus[2] no son para tener miedo, sino todo lo contrario[3], y el Día de los Muertos es la oportunidad para estar con ellos.

Los orígenes de esta fiesta se encuentran en las antiguas culturas indígenas de los aztecas, mayas, y otros que durante 3 mil años hicieron rituales dedicados a sus ancestros[4]. En las fiestas se recordaba al dios Mictecacihuatl, conocido como la "Dama[5] de la muerte" (actualmente se llama "la Catrina"), y eran dedicadas a los niños y las vidas de familiares muertos.

Esta fiesta se celebra el 1 y el 2 de noviembre. Para ambos días los pueblos y ciudades preparan objetos como parte del ritual. En primer lugar están las calaveras, que se ven tanto en artesanías como en los platos de la noche antes. Las calaveras muestran una sonrisa. También están los altares. La parte más esperada para los niños es cuando reciben muchas golosinas[6]. También existen máscaras[7] con forma de cráneo[8].

"El Día de Muertos en América Latina." En: *El Periódico de México, www.elperiodicodemexico.com,* 03.11.2006 (abreviado y adaptado)

1 inquietar beunruhigen
2 el espíritu der Geist
3 todo lo contrario im Gegenteil
4 el ancestro der Vorfahr
5 la dama die Dame
6 la golosina die Süßigkeit
7 la máscara die Maske
8 el cráneo der Schädel

E2 Sobre el texto …

1. ¿Cuándo, dónde y cómo se celebra el Día de los Muertos?
2. Explica cuáles son sus orígenes.
3. ¿Cómo se celebra este día en tu país?
4. Explica las diferencias y las similitudes entre el Día de los Muertos y Halloween.

E3 El Día de los Muertos en una familia guatemalteca

Una familia guatemalteca (Manuela, la madre, Efraín, el padre, y sus cinco hijos) está preparando la fiesta del Día de los Muertos. La madre lo organiza todo y da órdenes a su familia. Cada uno está haciendo otras cosas y no han escuchado lo que ha dicho la madre. Ella tiene que repetir las órdenes. Reconoce la forma verbal y el modo de la frase subordinada y sigue cambiando las órdenes de la madre según el modelo.

Modelo:

Efraín: *Perdona, Manuela, no te he escuchado. ¿Qué has dicho?*

Madre: *Te he dicho que pongas la mesita para el altar en el salón.*

a) Efraín, ¡pon la mesita para el altar en el salón!
b) Juan, ¡busca las fotos de los abuelitos!
c) Rafaela, ¡trae las flores del jardín!
d) Malena, ¡haz un pastel[1] para la abuelita!
e) Rodolfo, ¡compra el vino favorito del abuelito!
f) Vanesa, ¡escribe una carta a tus abuelitos!

E4 Me pidió que preparara la fiesta.

Al próximo día, una de las hijas, Vanesa, se encuentra con una amiga suya y le cuenta todas las órdenes que dio su madre:

Mamá ayer estuvo todo el día dando órdenes. A papá le **dijo** que *pusiera* la mesita para el altar en nuestro salón, a Juan le **pidió** que *buscara* las fotos de los abuelitos, a Rafaela le **dijo** que *trajera* las flores del jardín, a Malena le **ordenó** que *hiciera* el pastel favorito de nuestra abuelita, a Rodolfo le **pidió** que *comprara* el vino favorito del abuelo y a mí me **pidió** que *escribiera* una carta a mis abuelitos.

1. ¿Qué tiempo de verbo usó Vanesa en la frase principal para contarle a su amiga qué órdenes dio su madre el día anterior? Completa la regla y después compara con tu gramática. → G 6.6
   Las órdenes (imperativo) en el estilo indirecto, cuando el verbo de la frase principal está en ●●●, se dan usando el imperfecto del subjuntivo.
2. Mira bien los siguientes ejemplos y después encuentra una regla para aprender la forma del imperfecto de subjuntivo.

infinitivo	indefinido (ellos)	imperfecto de subjuntivo
buscar	buscar-on	buscar-a; buscar-as; …
beber	bebier-on	bebier-a; bebier-as; …
hacer	hicier-on	hicier-a; hicier-as; …

¡Ojo!

Existe otra forma del imperfecto de subjuntivo: no termina en -ra, -ras, etc., sino en -se, -ses, -se, -semos, -seis, -sen. Las dos formas se usan por igual: buscara o buscase; bebiera o bebiese; escribiera o escribiese; hiciera o hiciese; pusiera o pusiese.

→

1 el pastel der Kuchen

3. Ahora completa el siguiente esquema en tu cuaderno. → G 6.5

el imperfecto de subjuntivo

charlar	comer	escribir	poner	estar
charl - ara	com - ●●●	escrib - ●●●	pus - ●●●	estuv - ●●●
charl - ●●●	com - ●●●	escrib - ●●●	pus - ieras	estuv - ●●●
charl - ●●●	com - ●●●	escrib - ●●●	pus - ●●●	estuv - ●●●
charl - áramos	com - iéramos	escrib - ●●●	pus - ●●●	estuv - ●●●
charl - ●●●	com - ierais	escrib - ●●●	pus - ●●●	estuv - ierais
charl - ●●●	com - ●●●	escrib - ieran	pus - ●●●	estuv - ●●●

E5 Más órdenes

Piensa en ocho órdenes que a veces te dan tu madre o tu padre y haz una lista. Después, escríbelas en estilo indirecto, utilizando primero el pretérito perfecto y después el indefinido en la frase principal.

Modelo: *¡Haz la cama!* ⟶ *Mi madre me* ***ha dicho*** *que* *haga* *la cama.*
Mi madre me ***dijo*** *que* *hiciera* *la cama.*

E6 Vacaciones en Guatemala

Vas a pasar unos días en Guatemala. Antes, unos amigos guatemaltecos te dan unos consejos:

a) Haz una excursión al Parque Nacional Lachuá.
b) Ponte zapatos cómodos[1] porque hay que caminar mucho.
c) Lleva mucha agua porque allí hace bastante calor.
d) Si el tiempo está bueno, sube al mirador[2].
e) Visita el Museo de Arte Colonial, en Sacatepéquez, a solo 45 kilómetros de la capital.
f) Come tamales[3], son muy ricos.
g) Si tienes tiempo, ve al Lago de Atitlán, es uno de los diez lagos más hermosos del mundo.

ruinas del Monasterio de la Antigua Merced, en Sacatepéquez

h) Toma una lancha[4] para ir de un pueblo al otro.
i) Busca una excursión para ir a Panajachel, una ciudad muy antigua que está cerca del lago.
j) No salgas solo/-a por la noche.
k) No lleves mucho dinero contigo.

1 **cómodo/-a** bequem, 2 **el mirador** der Aussichtspunkt, 3 **el tamal** die Maispastete, 4 **la lancha** das Boot

1. Ahora estás en Guatemala y piensas en los consejos de tus amigos. Escribe las frases en el estilo indirecto.

   Modelo: *Mis amigos me dijeron que hiciera una excursión al Parque Nacional Lachuá.*

2. En parejas. Cada uno está en uno de los lugares que muestran las dos imágenes. Haced un diálogo por teléfono.
3. Investiga sobre los cuatro lugares que nombran tus amigos. Prepara una breve ponencia y preséntala a tu clase.

el Lago de Atitlán

E7 Repaso: El teléfono roto[1]

Formad grupos de 6 personas. La primera persona piensa en una frase, la escribe en su cuaderno y la dice al oído[2] de la segunda persona, solo una vez, ¡no se puede repetir! Esta tiene que continuar de la siguiente manera: *Él/Ella me ha dicho que…* La última persona del grupo tiene que decir la frase que entendió en voz alta a todo el grupo. ¿Es la misma frase que pensó la primera persona? Así seguid varias veces, pero siempre con diferentes tiempos verbales.

E8 ¡Cómo me gusta dar órdenes!

1. Ayer tu hermano/-a mayor tuvo un mal día y te dio muchas órdenes. ¡Uf! Hoy, tú vas a contar a la clase todo lo que él / ella te ordenó.

   Modelo: *Me pidió / dijo / ordenó que ordenara la habitación.*

2. Ahora escribe las órdenes de tu hermano/-a en estilo directo.

   Modelo: *¡Ordena la habitación!*

E9 ¿Otros países, otras costumbres?

1. Para encontrar las similitudes y diferencias de celebrar el Día de los Muertos en los diferentes países latinoamericanos, formad grupos de 6 personas. Cada persona del grupo debe elegir un texto (A – F) de las páginas siguientes. Puede elegir un texto cualquiera: depende[3] de su nivel[4] de español, de su "velocidad[5]" de leer, de su capacidad de vocabulario, …
2. Cada uno lo lee con la ayuda de los otros compañeros que han elegido el mismo texto (así formáis un nuevo grupo de trabajo – los expertos[6]). Usad el diccionario bilingüe.
3. Después volved al grupo donde estabais al principio y explicad el texto a vuestros compañeros.

→

1 **el teléfono roto** Stille Post, 2 **decir al oído** ins Ohr flüstern, 3 **depender de** abhängig sein von, 4 **el nivel** der Kenntnisstand, 5 **la velocidad** die Geschwindigkeit, 6 **el/la experto/-a** der/die Experte/-in

A México: fiesta tradicional

Mientras que en los pueblos el Día de los Muertos se celebra según la tradición, en las ciudades lo hacen con un toque de modernidad.

Por lo general el momento principal es cuando la gente va en la noche al camposanto y adorna las tumbas, principalmente usando una flor naranja llamada xempazuchitl.

En las casas se hace un altar en honor a los parientes difuntos, en el que se colocan fotos de ellos, alimentos y bebidas para que el difunto en la noche venga a recordar esos gustos de su vida mundana.

La fiesta en México tiene toda una serie de elementos del folklore que únicamente se ven en esta época del año. Uno de ellos es el pan dulce llamado "pan de muerto", hecho con levadura, que todos degustan en la cena.

También son muy tradicionales los cráneos hechos de azúcar, que se regalan a las amistades, con su nombre escrito en la frente.

Los comerciantes han sabido aprovechar esta fiesta y quizás gracias a ellos es que en la actualidad las ciudades también festejan este evento tradicional. Los lugares más tradicionales para esta celebración son Pátzcuaro y Oaxaca.

B Guatemala: una fiesta con flores

En Guatemala se tiene la creencia de que las ánimas salen de los cementerios y aparecen en algunos lugares. Muchos dejan los altares caseros con un vaso de agua, una veladora y una fotografía del difunto. Desde días antes de la festividad, muchos decoran las tumbas o las limpian.

Algo muy típico en Guatemala es la flor de muerto, de color amarillo, que solo florece en esta época, además del ciprés, utilizados para la decoración de las casas y lugares de reunión donde las celebraciones privadas entre familiares y amigos incluyen un gran banquete. En esta fiesta también aparecen algunas revelaciones y son muchos los creyentes que aseguran tener visiones de los difuntos u oír cosas extrañas que señalan su presencia.

C Ecuador: un verdadero banquete

El Día de los Muertos en Ecuador es una verdadera fiesta. Las familias se reúnen alrededor de una comida tradicional: guaguas de pan (panes con forma de niños), acompañados con la colada morada, una bebida hecha con maíz violeta, moras y otras frutas.

Algunas comunidades indígenas todavía celebran un antiguo rito, el encuentro con el difunto durante una comida sobre su tumba. Según la creencia, el muerto vuelve cada año, entonces hay que prepararle sus platos preferidos. Los vivos esperan que el invitado haya terminado de comer, antes de servirse. Muchas veces, solo les quedan los restos…

En algunas regiones se le traen además las armas y los objetos que le eran valiosos, o se le invita también a jugar al Juego del Piruruy (un juego de dados). Según la suerte que tire, se pueden conocer sus necesidades o sus reproches. Y gracias a este dado tallado en un hueso de llama, se pueden también resolver los desacuerdos.

D **Venezuela: de visita al cementerio**

En Venezuela la procesión va por dentro. Un poco olvidada la tradición del Día de los Muertos, los venezolanos se toman esta fecha para rendir honor a sus muertos y llevarles flores al cementerio. No hay ritos o fiestas importantes, sino un tiempo para recordar a los que se han ido en la privacidad del hogar. También se aprovecha este día para limpiar y adornar las tumbas.

El Salvador: raíces de tradición

En El Salvador el Día de los Muertos se celebra el 2 de noviembre. Aunque en menor escala que las grandes fiestas de otros países, los salvadoreños siguen la tradición de sus raíces y recuerdan a los difuntos en este día, pero más que recordar, es un día en el que se celebra la vida de los que siguen aquí.

E **Nicaragua: durmiendo con los muertos**

Los nicaragüenses se toman muy en serio esta fecha y van mucho más allá de cualquier ofrenda u homenaje que alguien puede hacer. El Día de los Muertos en Nicaragua se festeja en el cementerio y por la noche, algo que podría parecer terrorífico y que muy pocas personas en el mundo querrían hacer. Sin embargo los nicaragüenses eligen esta forma para honrar a sus difuntos: pasan una noche con ellos. Sí, es la ocasión en que los nicaragüenses van al panteón por la noche y duermen al lado de las tumbas de sus familiares.

Honduras, Costa Rica y Colombia: la fiesta religiosa

Es en Honduras, Costa Rica y Colombia donde los creyentes asisten a los cementerios para llevar romerías de amor, es decir, ofrendas en símbolo de agradecimiento a los favores concedidos por los santos a sus seres queridos. Es por eso que en esos tres países el pueblo llega el 1 de noviembre a los cementerios con coronas y palmas para adornar las tumbas y rendir homenaje a los que se fueron. También concurren a la iglesia para rezar por los difuntos y pedir por la salud y felicidad de los vivos.

F **Perú: agasajando a los muertos**

En las zonas rurales los peruanos creen fielmente que las almas de los muertos regresan para disfrutar de los altares que se preparan en las casas con objetos que reflejan algún aspecto de la vida de la persona fallecida. En los altares dedicados al difunto se ubican su foto, velas y flores que llevarán al cementerio al día siguiente. Las ofrendas para el fallecido incluyen comidas que el difunto disfrutaba cuando estaba con vida o alguna cosa con importancia para él. La costumbre es dejar las ofrendas durante toda la noche, para que el difunto pueda tener tiempo de disfrutarlas. Al día siguiente, se reza la comida o bebida que se puso para el muerto y una vez que se ha hecho la oración todos pueden disfrutar del almuerzo especial. El momento más emotivo se da en el cementerio, donde los familiares y amigos del difunto visitan su tumba y dejan flores en honor a su memoria.

En las zonas urbanas de Perú, el día de los Muertos también se celebra, pero un poco diferente y en lugar de poner las ofrendas para velarlas toda la noche, la gente simplemente las pone el 2 de noviembre. Esta fecha se ve con alegría y la celebración muestra esa felicidad en la que familiares y amigos se reúnen en la casa del fallecido para recordarlo.

"El Día de Muertos en América Latina." En: *El Periódico de México*, *www.elperiodicodemexico.com*, 03.11.2006

E10 Un e-mail para …

Imagínate que has pasado un mes en casa de una familia de alguno de los países de América Latina del E9 y que estuviste allí cuando celebraban el Día de los Muertos. Escribe un e-mail a un/-a amigo/-a español/-a para contarle tus experiencias. ¿Qué te pareció esa forma de celebrarlo? ¿Te gustó o no?

E11 Caras de Latinoamérica

1. En este paso has conocido una tradición que se encuentra en la mayoría de los países latinoamericanos. Sin embargo, recuerda que Daniel en la entrevista del paso 1 dijo que la diferencia más importante entre los habitantes de los países de Latinoamérica era la mentalidad[1]. ¿Cuáles podrían ser las razones para las diferencias de mentalidad? Para empezar, observa estas fotos y describe a las tres personas que ves.
2. En parejas, comparad a estas personas. ¿Qué diferencias veis entre ellas? ¿En qué región de Latinoamérica y bajo qué condiciones creéis que vive cada una?
3. Elige a uno y escribe un texto en primera persona sobre un día normal en su vida. Antes toma notas: ¿Cuáles serán los planes, los problemas y los deseos[2] para el futuro de esa persona?
4. Ahora escucha lo que cuenta Violeta y resúmelo en tres oraciones.
5. Cuenta lo que opina Violeta sobre su país.
6. Analiza si Violeta está contenta con su vida y qué planes tiene para su futuro.

facultativo

7. Caracteriza a Violeta.

E12 En Alemania también hay fiestas.

1. ¿Hay fiestas en Alemania que podrían ser interesantes para gente de otro continente? Habla con tu compañero/-a.
2. Escribe un pequeño texto y presenta una fiesta que a ti te guste a un/-a amigo/-a que solo habla español.

1 la mentalidad die Mentalität, 2 el deseo der Wunsch

Paso 4 *Las dos caras de América Latina*

E1 Carteles

1. Mira los siguientes carteles y describe uno. ¿Qué imágenes o fotos hay? ¿Cómo y dónde están puestas? ¿Por qué? ¿Cómo son los colores? ¿Cuál es la intención del diseñador? ¿Qué se quiere decir con los textos?
2. Explícale a alguien que no habla castellano de qué tratan los carteles.
3. Después de mirar estos carteles, ¿cuáles son, según tu opinión, los retos de este continente? Habla con tu compañero/-a y apuntad por lo menos cinco aspectos.
4. Ahora elige uno de esos retos y diseña tu propio cartel. Piensa en las imágenes y en un texto convincente[1].
5. Presenta tu cartel a tus compañeros y explica tus ideas.

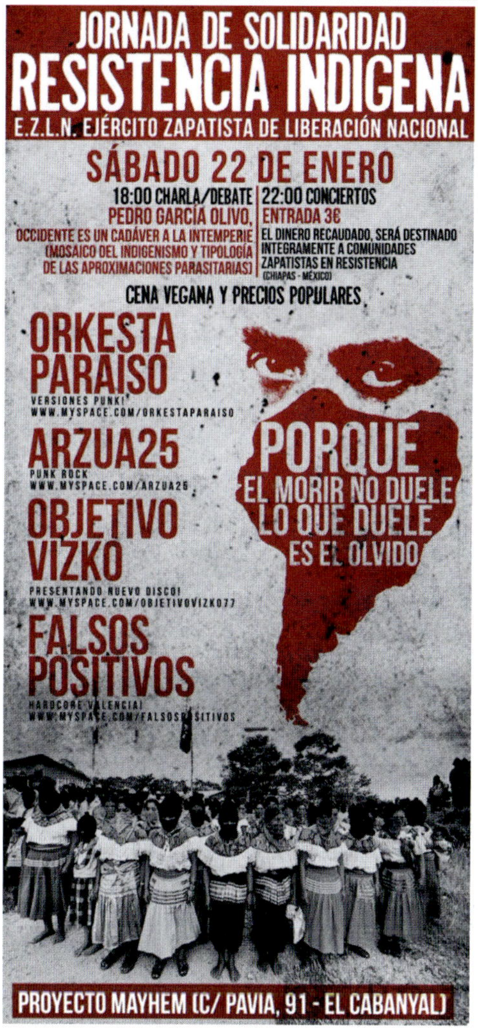

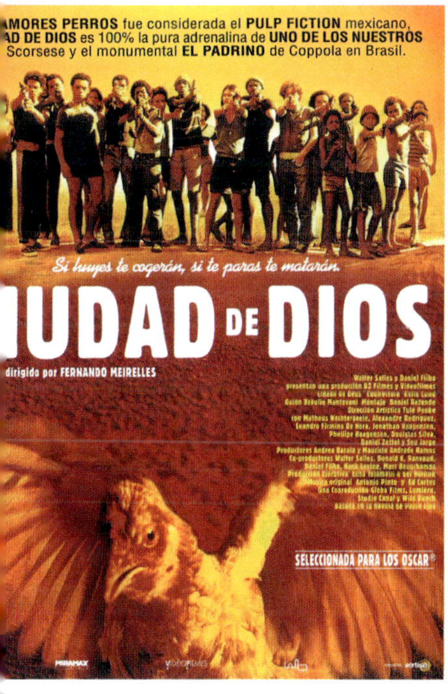

1 **convincente** überzeugend

Una noticia

6965-37

MATAN A BALAZOS[1] A DOS HOMBRES DURANTE UNA PELEA CALLEJERA

1 de noviembre de 2010, 07:43 PM

Buenos Aires, 1 de noviembre (Télam). Un remisero[2] y un joven murieron hoy al quedar en medio de una pelea callejera, en Lomas de Zamora, y por el crimen la policía detuvo a tres sospechosos, informaron fuentes policiales[3].

El hecho ocurrió esta madrugada[4], en la esquina de Olimpo y San Juan, en la localidad[5] de Ingeniero Budge, [...] donde se enfrentaron[6] dos grupos integrados[7] cada uno por entre tres y cuatro hombres de la zona.

Fuentes policiales informaron a Télam que, al parecer[8], estos hombres se encontraban alcoholizados[9] y que en medio de la pelea uno [...] sacó un arma de fuego[10] y comenzó a disparar[11].

A raíz de la agresión[12], un remisero y un pasajero[13] que se encontraban a pocos metros del lugar de la pelea, en la puerta de una agencia de remises[14], resultaron[15] heridos de bala, dijeron los informantes[16].

Después del ataque, se llevó a las víctimas identificadas por la policía como el remisero Salvador Sánchez (52) y el pasajero de nacionalidad boliviana, Henry Cabrera (23), a los hospitales Santamarina, de Monte Grande, y Alende, en Ingeniero Budge, respectivamente[17], donde se constató[18] la muerte de ambos como consecuencia de los balazos.

Los policías de la Jefatura Distrital[19] Lomas de Zamora, alertados[20] del hecho, montaron[21] un operativo de rastrillaje[22] y poco después detuvieron a tres sospechosos, de 19, 23 y 36 años, todos de nacionalidad paraguaya. [...]

Los sospechosos quedaron a disposición[23] del personal[24] de la Unidad Funcional de Instrucción 2 del Departamento Lomas de Zamora.

"Matan a balazos a dos hombres durante una pelea callejera."
En: *Diario de Cuyo, Policiales, www.diariodecuyo.com.ar*, 01.11.2010

1 **a balazos** mit Schüssen
2 **el remisero** der Taxifahrer
3 **policial** Polizei-
4 **la madrugada** das Morgengrauen
5 **la localidad** die Ortschaft
6 **enfrentarse** aufeinandertreffen
7 **integrado/-a por** bestehend aus
8 **al parecer** anscheinend
9 **alcoholizado/-a** betrunken
10 **de fuego** Feuer-
11 **disparar** schießen
12 **la agresión** die Gewalttat
13 **el pasajero** der Fahrgast
14 **la agencia de remises** das Taxiunternehmen
15 **resultar** resultieren
16 **el/la informante** der/die Informant/-in
17 **respectivamente** jeweils
18 **constatar** feststellen
19 **la jefatura distrital** das Polizeipräsidium
20 **alertar** alarmieren
21 **montar** aufziehen
22 **el operativo de rastrillaje** die Fahndung
23 **la disposición** die Verfügung
24 **el personal** das Personal

E2 Trabajo de intérprete

Un amigo tuyo que no habla español quiere viajar a Argentina y te pregunta qué dice esta noticia. Busca las ideas principales y cuéntaselo.

E3 Sobre el texto ...

Decide si las frases siguientes son correctas o falsas y corrígelas si es necesario.

	c	f
a) El artículo habla de un hecho que ocurrió en Argentina.	●	●
b) Habla de una pelea callejera entre dos grupos.	●	●
c) Las personas de la pelea habían tomado drogas[1].	●	●
d) Todos tenían armas.	●	●
e) Las víctimas de la pelea, un remisero argentino y un boliviano, querían ayudar a uno de los grupos.	●	●
f) Los sospechosos del ataque se fueron rápidamente y la policía no pudo detenerlos.	●	●

E4 La violencia en Latinoamérica

1. Observa la tabla y coméntala. ¿Qué te llama la atención?
2. Discutid en clase cuáles pueden ser las causas y las consecuencias de la violencia en Latinoamérica. Preparad un gráfico en la pizarra con los resultados.

E5 Un juego de roles

En parejas. Imaginad un diálogo entre uno de vosotros y el niño pobre de la foto. ¿Qué le preguntaríais? ¿Qué creéis que os contestaría? Interpretad vuestro diálogo en clase.

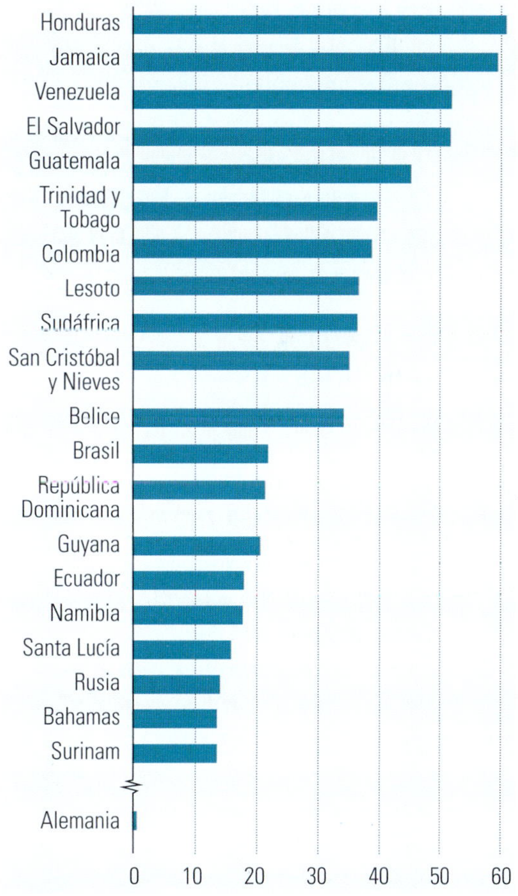

los 20 países con más asesinatos por cada 100.000 habitantes (2003 – 2008)

1 la droga die Droge

E6 Titulares

En grupos. ¿Qué pensáis cuando leéis estos titulares? Usad frases para practicar el imperfecto del subjuntivo.

LA ESPERANZA DE VIDA EN LAS ZONAS ANDINAS DE BOLIVIA ES DE 51 AÑOS

Los cafetaleros colombianos tienen que sembrar coca para poder sobrevivir

La Unión Europea ayudará a América Latina con **251.241 millones de euros** para proyectos para lograr la paz, la estabilidad, el crecimiento, un ambiente más limpio y una mejor educación

OIT[1] DICE QUE LAS MUJERES GANAN MENOS Y RECIBEN TRATO DESIGUAL EN AMÉRICA LATINA

Teherán *dedicará 4.500 millones de dólares a consolidar su influencia en América Latina*

La mortalidad de las mujeres en el momento del parto en América Latina es 10 veces mayor que las registradas en Estados Unidos y Canadá

E7 Comentarios

Todos los años hay congresos[2] sobre la situación de Latinoamérica, sobre los problemas que tiene y sobre posibles soluciones. Completa los comentarios de algunos participantes del congreso con el verbo en el tiempo y el modo correctos.

a) En el congreso, las mujeres indígenas pidieron que todos ●●● *(tener)* los mismos derechos.
b) Me parece necesario que en Latinoamérica se ●●● *(cuidar)* más el medio ambiente.
c) Es necesario que los profesores ●●● *(hablar)* con los jóvenes del tema del medio ambiente.
d) Me alegré mucho de que ●●● *(dar, ellos)* una conferencia sobre la discriminación.
e) Creo que todos ●●● *(deber)* luchar contra la discriminación.
f) Yo no sabía que en Latinoamérica ●●● *(haber)* tantas lenguas indígenas diferentes.
g) En el congreso nos recomendaron que ●●● *(leer)* el programa antes de decidir adónde ir.
h) Antes nos habían pedido que ●●● *(investigar, nosotros)* sobre diferentes culturas indígenas.

1 la OIT la Organización Internacional del Trabajo, 2 el congreso der Kongress

E8 Los problemas de América Latina

1. Haz un mapa mental sobre los problemas que hay en América Latina. Piensa en problemas sociales, en la economía, en la naturaleza, ... Puedes utilizar un diccionario bilingüe.
2. Presenta tus ideas a tus compañeros de clase usando el mapa mental que has preparado.

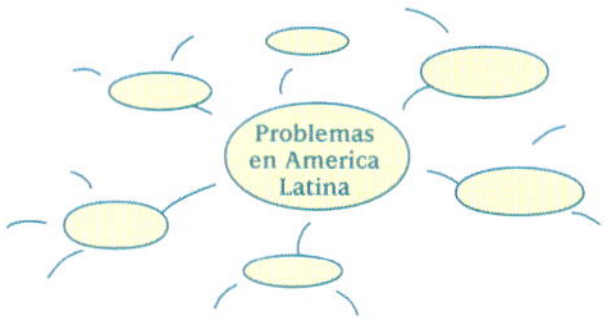

facultativo

E9 Un proyecto

1. En grupos, elegid una foto y buscad información sobre ese lugar.
2. Preparad una presentación incluyendo[1] también aspectos necesarios para una visita turística[2] (cómo llegar, precios, ...).
3. Cada uno se imagina que se encuentra allí y escribe una postal a sus compañeros de clase sobre lo que hizo y algo que le pasó.
4. Corregid los textos dentro del grupo para mejorarlos. → 5
5. Pasad el mejor texto de cada grupo a otro sin decir de qué lugar se habla. El otro grupo tendrá que adivinarlo.
6. Cada grupo transforma el texto que recibió al estilo indirecto.

Colonia del Sacramento, Uruguay

Isla Incahuasi en el salar de Uyuni, en Bolivia

Isla de los uros en el lago Titicaca, Perú

Parque Nacional Volcán Poás, en Costa Rica

1 incluir einbeziehen, 2 turístico/-a touristisch

E1 Comprensión lectora

1. Después del intercambio[1] entre una escuela madrileña, el IES Gabriel García Márquez, y una sueca, el Instituto Norra Real de Estocolmo, los alumnos[2] suecos escribieron un reportaje[3] sobre su viaje a Madrid. Lee este texto y complétalo. Si quieres, puedes leer otra vez la información sobre Madrid en las páginas 82-83.

el Museo del Prado – el Rastro – el Retiro – el Templo de Debod

¡Martes – el primer día!

Cuando llegamos a Barajas, Madrid, los alumnos españoles del intercambio nos recibieron con una bandera que decía "Bienvenidos". En las casas casi todos cenamos una tortilla española.

¡Jueves!

Nos fuimos al metro de Banco de España muy temprano por la mañana. Estuvimos en ●●● y vimos obras diferentes. Tuvimos una guía que habló de los tres artistas El Greco, Velázquez y Goya. Durante la visita a ●●●, nosotros los alumnos de Norra Real hicimos el examen oral de español, delante de los cuadros de Goya. [...] Para entonces todos estábamos bastante cansados. Así que todos los suecos y los españoles fuimos a ●●●, un parque grande en el centro de Madrid. Allí compramos aperitivos, helados y bebidas. Estuvimos sentados en el césped y hablamos de lo que había ocurrido durante el día.

¡Sábado!

Por la mañana fuimos en coche a Toledo. Toledo es la antigua capital de España y está situada a 70 kilómetros al sur de Madrid. Es una ciudad hermosa, con paisajes increíbles. [...] Pasamos por el ayuntamiento y fuimos al antiguo barrio de judíos. Toledo era una ciudad donde los cristianos, musulmanes y judíos vivían juntos, y rivalizaban unos con los otros. Un museo sobre la judería en Toledo muestra diferentes objetos de aquellos tiempos.

¡Domingo!

El domingo fue un día de tiempo libre. Después de la noche de fiesta dormimos casi toda la mañana. Pero algunos de nosotros fuimos a ●●● con nuestros compañeros españoles.

¡Lunes!

El lunes todos los estudiantes y los profesores fuimos en autobús a ver la ciudad. Algunos de los estudiantes españoles guiaron la excursión. Vimos muchas cosas y lugares famosos. [...] Cerca de la casa de campo bajamos del autobús para ver ●●●. Está en una colina y desde allí tuvimos una vista magnífica. ●●● fue un regalo de los egipcios al Estado español por su contribución en la construcción de la presa de Asuán.

Instituto Norra Real de Estocolmo, www.norrareal.stockholm.se, 26.04.2011 (abreviado)

1 **el intercambio** der Austausch, 2 **el/la alumno/-a** der/die Schüler/-in, 3 **el reportaje** die Reportage

2. Contesta las preguntas.

a) ¿Dónde comieron los alumnos al aire libre?
b) ¿Dónde recibieron los alumnos una nota?
c) ¿Cuándo celebraron una fiesta?
d) ¿Qué dice el texto sobre el pasado de Toledo?
e) ¿Cuántos días estuvieron los alumnos de intercambio en Madrid?
f) ¿Qué es la típica cena madrileña?

E2 Comprensión auditiva

65-51 Escucha lo que estos chicos del Instituto Gran Capitán en Córdoba cuentan sobre su viaje escolar a Barcelona. Decide si las frases son correctas o falsas y corrige las afirmaciones falsas.

	c	f
a) Miriam Aranda hizo nuevos amigos en el viaje a Barcelona.	●	●
b) A Antonio José Álvarez le gustó Port Aventura.	●	●
c) Para Juan Bermúdez, no había suficiente tiempo libre en el viaje.	●	●
d) Enrique Serrano lo pasó muy bien en Camp Nou.	●	●
e) A María Dolores Urbano le pareció bastante lejos el camino del hotel en Salou al centro de Barcelona.	●	●
f) María Dolores Urbano piensa volver a Barcelona en 10 años, cuando la Sagrada Familia esté terminada.	●	●

E3 Producción escrita

Lee esta pregunta publicada en Internet. Contéstale a este turista con todo lo que sabes sobre Galicia.

"galicia turismo"
22 octubre 2012, 11:53

Hola, estoy pensando en ir de vacaciones a Galica el año que viene, ¿alguien me puede ayudar con información sobre experiencias buenas y malas que hizo allí? Me gustaría tener una vista completa de la zona antes de decidir.
Gracias

Editado: 22 octubre 2012, 11:54

www.tripadvisor.es, 22.10.2012

E4 Producción oral

Estás pasando un año de voluntario[1] en Cali, Colombia. Tu amiga Ricarda de Alemania, que no habla nada de español, está de visita. Por la noche, vais a cenar con un amigo colombiano, Jair. Los dos quieren saber muchas cosas, y tú les tienes que ayudar a entenderse.

En casa.

Ricarda: Wohin gehen wir?

Tú: ●●●

Jair: Mejor que vayamos a cenar a un centro comercial. De momento, hay mucha violencia en Cali, y en los centros comerciales hay mucha policía. Son muy seguros. Vamos en taxi, ¿listo[2]?

Tú: ●●●

una típica calle colombiana

el típico sancocho caleño

las arepas, un pan de maíz

En el taxi.

Ricarda: Was für eine Nummer hat dein Freund dem Taxifahrer gerade gesagt?

Tú: ●●●

Jair: Es la clave de seguridad. Te la dicen por teléfono cuando llamas por el taxi. También te dicen el número del taxi para que viajes tranquilo.

Tú: ●●●

Ricarda: Das brauchen wir in Deutschland zum Glück nicht!

Tú: ●●●

En el restaurante.

Ricarda: Welches Essen ist denn typisch für Cali?

Tú: ●●●

Jair: Pues, muy típico es todo lo que es de maíz. Otra cosa muy típica es el sancocho: lo hay de carne o de pescado. Se cocina en fuego de leña[3], en una olla muy grande, con carne o pescado y yuca, papas y plátano. ¡Es delicioso! ¿Y te gustan Cali y los caleños?

Tú: ●●●

Ricarda: Ja, es gefällt mir hier sehr gut. Aber ich kann leider nicht Salsa tanzen, und das können hier alle. Und es ist wirklich immer sehr heiß. Außerdem habe ich mich noch nicht daran gewöhnt, dass man hier vorsichtiger sein muss als in Deutschland.

Tú: ●●●

---

1 el/la voluntario/-a der/die Freiwillige, 2 listo *vale*, 3 el fuego de leña das Holzfeuer

E5 Gramática

Decide cuál es la solución correcta.

a) Cuando era niña, mis padres no querían que…
A) …jugara con desconocidos[1].
B) …jugaran con desconocidos.
C) …jugaba con desconocidos.

b) Me preguntó …
A) …cómo me llamara.
B) …cómo me llamaba.
C) …cómo me llamo.

c) En esta agencia …
A) …se organiza viajes a Latinoamérica.
B) …se organizan viajes a Latinoamérica.
C) …organiza viajes a Latinoamérica.

d) Javi, si vamos a cenar esta noche, no …
A) …has olvidado llevar un jersey.
B) …olvidas llevar un jersey.
C) …olvides llevar un jersey.

e) Si los chicos viajan a Madrid, espero que …
A) …van a ver el Museo del Prado.
B) …ven el Museo del Prado.
C) … vean el Museo del Prado.

f) Chicos, …
A) … tranquilizaos y no gritéis tanto.
B) … tranquilizaros y no gritáis tanto.
C) … tranquilizados y no griten tanto.

g) Luisa me dijo que …
A) … lleva una ensalada a la fiesta.
B) … llevaría una ensalada a la fiesta.
C) … llevará una ensalada a la fiesta.

h) —¿Qué dijo el profe? —Dijo que …
A) … preparas un folleto de la ciudad.
B) … prepares un folleto de la ciudad.
C) … prepararas un folleto de la ciudad.

i) No creo que …
A) … sabes hacerlo.
B) … no sabes hacerlo.
C) … no sepas hacerlo.

j) Lo más importante es que …
A) … se solucione el problema de la falta de agua.
B) … se soluciona el problema de la falta de agua.
C) … solucionan el problema de la falta de agua.

1 el / la desconocido/-a der / die Unbekannte/-r

Etapa 7

¿Conquista o invasión?

E1 ¿Quiénes son?

1. Mira las fotos y describe a las personas que ves.

   ¿Qué crees, cuántos años tendrán? ¿Dónde vivirán?
   ¿Irán al colegio? Si no, ¿qué trabajarán? ¿…?

2. Explica si las personas tienen algo en común.
3. Escribe una biografía corta de una de las personas y léela en clase. Tus compañeros adivinan quién es.

E2 El videoclip *Latinoamérica* de Calle 13

1. Tu profesor/-a te mostrará el videoclip *Latinoamérica* de Calle 13. Resume la historia que cuenta el videoclip.
   → 1 4
2. Al principio ves a varias personas que se miran en el espejo. Intenta explicar qué significa.
3. Mira el videoclip otra vez y escucha la letra. ¿Qué es lo que entiendes? ¿Qué relación tiene la letra con las imágenes?

E3 El texto *Latinoamérica* de Calle 13

1. Ahora tu profesor te dará el texto de la canción *Latinoamérica*. Léelo y subraya todo lo que entiendes.
2. ¿Cómo es la situación en Latinoamérica según Calle 13? Haz una lista de lo que dicen Calle 13 en tus propias palabras. Luego haced una lista completa en la pizarra.
3. ¿Qué crees, de dónde vienen los problemas de los países latinoamericanos de los que cantan Calle 13? Habla primero con tu compañero/-a y presentad luego los resultados en clase.

Am Ende der Etapa kannst du ...

... einen Text auf Spanisch zusammenfassen
... darüber sprechen, was du tun würdest, wenn – oder was geschehen wäre, wenn ...
... Relativsätze bilden
... über die Eroberung Lateinamerikas sprechen
... einen Videoclip analysieren

Etapa 7

Paso 1 *El encuentro*

El sueño de Colón

6965-38

El 3 de agosto de 1492, Cristóbal Colón salió del puerto de Palos de la Frontera con tres barcos: La Pinta, La Niña y la Santa María. Después de un viaje largo y duro, el 12 de octubre, a las 2 de la mañana, el marinero[1] Rodrigo de Triana vio tierra.

Los marineros desembarcaron[2] en una isla y Colón tomó posesión[3] de ella en nombre de los Reyes de España, y la llamó San Salvador. Un grupo de indígenas los recibió con regalos: loros[4] de muy diferentes colores y telas[5]. Colón creía que había llegado a las Indias y por ello los llamó, equivocadamente, "indios".

Los indígenas le mostraron por signos que el oro que ellos tenían venía de la isla siguiente. Durante dos semanas navegaron[6] de isla en isla escuchando la misma respuesta: "La isla siguiente".

Cuando Colón llegó a Cuba, estaba convencido de que estaba en la China.

De vuelta en España, los Reyes Católicos quisieron que les mostrara a los indios y Colón los presentó casi desnudos. Luego les enseñó el oro. Los reyes se mostraron contentos por su éxito y se interesaron por las posibilidades agrícolas[7] de esas tierras. Para ellos también era muy importante que algunos sacerdotes[8] fueran al Nuevo Mundo para llevar la religión católica a la población y así lo hicieron en el segundo viaje. Poco a poco, los nativos entendieron que las relaciones no eran buenas, especialmente cuando Colón mandó a 500 indígenas como regalo para los Reyes.

Proyecto Salón Hogar: "El Descubrimiento de América."
www.proyectosalonhogar.com, 12.03.2011 (adaptado)

1 el marinero der Seemann
2 desembarcar an Land gehen
3 tomar posesión de in Besitz nehmen
4 el loro der Papagei
5 la tela der Stoff
6 navegar segeln
7 agrícola landwirtschaftlich
8 el sacerdote der Geistliche

E1 Sobre el texto ...

1. ¿Puedes explicar el título?
2. Describe la llegada de los españoles a las nuevas tierras.
3. Resume la cronología[1] de la conquista del nuevo continente según el texto. → 1
4. El 12 de octubre, en España y los países hispanoamericanos se celebra el Día de la Hispanidad. Explica si crees que este día significa lo mismo para un español que para un latinoamericano.

el barco Santa María, en el museo de La Rábida en Palos de la Frontera

1 la cronología die Chronologie

5. Busca en Internet los nombres de los conquistadores que llegaron después de Colón. ¿Qué países conquistaron? Presenta los resultados en clase.

E2 La llegada de los conquistadores

Haz una descripción escrita del cuadro de Dióscoro Puebla.

Dióscoro Puebla: *Primer desembarque de Cristóbal Colón en América* (1862)

No olvides los siguientes aspectos:

- una lista con los símbolos que están llevando los españoles y una explicación de lo que crees que significan estos símbolos
- una descripción del lenguaje corporal de los españoles
- una descripción del lenguaje corporal de los indígenas
- los colores del cuadro

E3 La población indígena después de la llegada de los conquistadores

1. Mira el gráfico y descríbelo.

Evolución de la población andina durante los primeros cien años de la etapa colonial

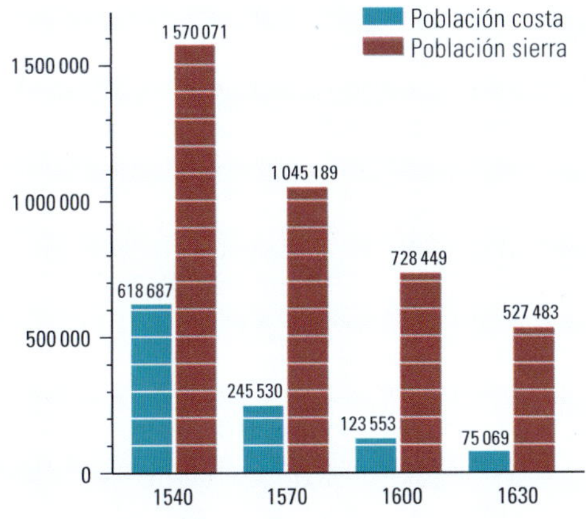

2. Escucha el texto y contesta las preguntas sobre la población latinoamericana después de la llegada de los españoles.
   a) ¿Cuántos habitantes tenía Latinoamérica antes de la llegada de los españoles?
   b) ¿Cuántos de estos habitantes murieron después de la llegada de los conquistadores?
   c) ¿Cuáles fueron las causas para la muerte de tantos nativos?
   d) ¿Cuántos nativos murieron por la viruela[1]?
   e) ¿Cuáles son hoy los países latinoamericanos con mayor y menor porcentaje de población indígena?

1 la viruela die Pocken

E4 El primer encuentro

1. Después de pisar[1] tierra en América por primera vez, Colón le cuenta todo a Rodrigo de Triana, que tuvo que quedarse a cuidar el barco. Tanok, un indígena, le cuenta todo a un amigo. Completa lo que dicen y compara tus ideas con las de tu compañero/-a. → G 7.1

a) Cuando llegamos a la playa, los indígenas salieron del bosque como si ●●●
b) Nos miraron como si ●●●
c) Nos hablaron como si ●●●
d) Los indios estaban desnudos como si ●●●
e) Nos dieron regalos e incluso oro como si ●●●
f) Nosotros hicimos como si ●●●

g) Cuando llegaron, bajaron de sus barcos como si ●●●
h) Nos miraron como si ●●●
i) Nos hablaron como si ●●●
j) Llevaban armas como si ●●●
k) Les dimos regalos e incluso oro como si ●●●
l) Nosotros hicimos como si ●●●

2. Escribe tres frases con *como si* y pásaselas a tu compañero/-a. Después controlad si lo habéis hecho bien.

¡Ojo!

La expresión "como si" (als ob) siempre se usa con imperfecto de subjuntivo (o con plusquamperfecto de subjuntivo).

Modelo: Me habla como si me conociera.

E5 ¿Cómo se llamaban los habitantes de América?

Busca en el diccionario monolingüe el significado de las palabras *indio, indígena, aborigen* y *nativo*. ¿Cuál te parece la más adecuada[2] para referirte a los habitantes de América que encontraron Colón y sus hombres? Justifica tu respuesta. → 6

E6 Un cronista[3]

1. Mira el cuadro de fray Bartolomé en la página 149 y descríbelo: ¿qué se ve en el cuadro? ¿Qué está haciendo el hombre? ¿Cómo está vestido?
2. En parejas, formulad hipótesis sobre qué tipo de persona es, a qué se dedica y en qué época vive.
3. Imaginad el argumento de un libro que tenga esta imagen en su tapa[4]. Escribid un resumen del mismo.

---

1 pisar betreten, 2 adecuado/-a passend, 3 el cronista der Chronist, 4 la tapa hier: der Umschlag

Una crónica[1]

Fray Bartolomé de Las Casas, un obispo[2] español que fue al Nuevo Mundo con la idea de llevar la religión católica a sus habitantes, contó el descubrimiento, exploración[3] y colonización[4] de América en su obra "Brevísima relación de la destrucción de las Indias". Lee esta parte en la que fray Bartolomé describe a los indígenas.

Se descubrieron las Indias en el año mil cuatrocientos noventa y dos. Al año siguiente se poblaron con cristianos españoles, o sea que hace cuarenta y nueve años que fueron para allá muchos españoles. La primera tierra donde llegaron para poblarla fue "la grande y felicísima isla Española, que tiene seiscientas leguas en torno". [...] Dios creó a todas estas infinitas y diversas gentes como las más simples, sin maldad ni dobleces, muy obedientes y fieles a sus señores naturales y a los cristianos, a quienes sirven. Se trata de la gente más humilde, más paciente, más pacífica y tranquila del mundo. No tiene ningún atisbo de rencillas, ni de bullicio, ni de riñas, ni de querellas; no siente rencor, ni odio, ni deseo de venganza. Asimismo, es la gente más delicada, flaca y de complexión débil, que no puede soportar ciertos trabajos, y que muere de cualquier enfermedad con mucha facilidad. Ni los hijos de príncipe, ni los de los señores nuestros, criados entre regalos y con una vida delicada, son tan delicados como ellos, aunque ellos sean gente descendiente de labradores.

Fray Bartolomé de Las Casas: *Brevísima relación de la destrucción de las Indias,* 1542

fray Bartolomé de Las Casas

E7 Sobre el texto ...

1. Contesta estas preguntas sobre el texto:
   a) ¿Cuándo escribió fray Bartolomé este texto?
   b) ¿A qué lugar llegaron los primeros pobladores[5]?
   c) ¿Cómo describe fray Bartolomé la personalidad de los habitantes del nuevo territorio?
   d) ¿Cuál era su condición física?
   e) ¿Qué comparación hace entre los espanoles y los indígenas?
   f) ¿Qué palabras te muestran que es un texto muy antiguo?
2. ¿Para quién escribe este texto fray Bartolomé? Según tu opinión, ¿qué intención muestra con este texto?
3. ¿Sabes si todavía hay misioneros[6] en el mundo? ¿Qué te parece? Justifica tu respuesta. Discutid en clase.

⟶

1 la crónica die Chronik, 2 el obispo der Bischof, 3 la exploración die Erkundung,
4 la colonización die Kolonisierung, 5 el poblador der Siedler, 6 el misionero der Missionar

4. Trabajad en grupos de cuatro. Cada grupo toma una hoja de papel y la prepara de la siguiente manera:
Cada alumno escribe un resumen muy breve del texto en su sección[1]. Cuando todos hayan terminado, cada uno puede leer lo que han escrito lo demás. No podéis hablar mientras estéis escribiendo y leyendo. Después escribid juntos un resumen común en el centro de la hoja. → 1

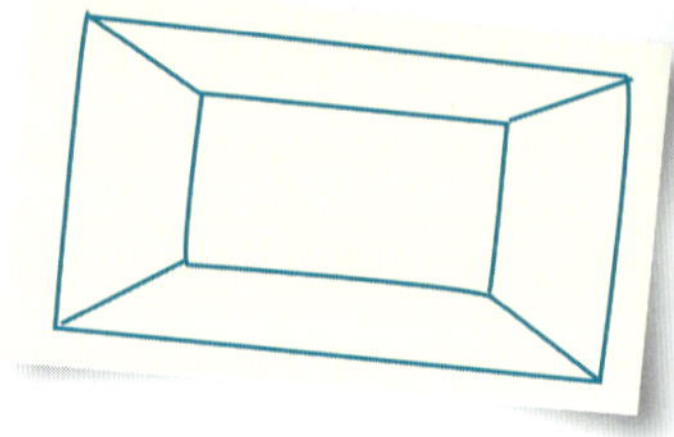

E8 Augusto Monterroso: “El eclipse”

1. Completa la tabla en tu cuaderno. Piensa también la traducción de cada palabra al alemán y apúntala. Luego comprueba tu solución con un diccionario bilingüe.

palabra desconocida	ayuda	palabra desconocida	ayuda
el eclipse	→ foto	aislado/-a	la isla
poderoso/-a	el poder, poder	el pensamiento	●●●
definitivo/-a	●●●	distante	●●●
la ignorancia	●●●	el destino	inglés: destiny
topográfico/-a	●●●	oscurecer	●●●
la tranquilidad	●●●	la altura	●●●

2. Lee el texto y contesta las preguntas.

Cuando fray[1] Bartolomé Arrazola se sintió perdido aceptó que ya nada podría salvarlo[2]. La selva[3] poderosa de Guatemala lo había apresado[4], implacable y definitiva. Ante su ignorancia topográfica se sentó con tranquilidad a esperar la muerte. Quiso morir allí, sin ninguna esperanza, aislado, con el pensamiento fijo en la España distante [...].

Al despertar se encontró rodeado por un grupo de indígenas de rostro impasible que se disponían a sacrificarlo ante un altar, un altar que a Bartolomé le pareció como el lecho[5] en que descansaría, al fin, de sus temores, de su destino, de sí mismo.

Tres años en el país le habían conferido un mediano dominio de las lenguas nativas. Intentó algo. Dijo algunas palabras que fueron comprendidas.

Entonces floreció[6] en él una idea que tuvo por digna[7] de su talento y de su cultura universal y de su arduo conocimiento de Aristóteles. Recordó que para ese día se esperaba un eclipse total de sol.

1 el fray der Bruder, der Mönch
2 salvar retten
3 la selva der Dschungel
4 apresar gefangen nehmen
5 el lecho das Bett
6 florecer aufblühen
7 digno/-a würdig

1 la sección das Feld

Y dispuso [...] valerse de aquel conocimiento para engañar[8] a sus opresores[9] y salvar la vida.
—Si me matáis –les dijo– puedo hacer que el sol se oscurezca en su altura.
Los indígenas lo miraron fijamente y Bartolomé sorprendió la incredulidad[10] en sus ojos. Vio que se produjo un pequeño consejo[11], y esperó confiado[12], no sin cierto desdén[13]. [...]

Augusto Monterroso: "El eclipse". En: *Obras completas (y otros cuentos)*. Anagrama, 1959

a) ¿Dónde está fray Bartolomé Arrazola?
b) ¿En qué situación se encuentra?
c) ¿Cómo se siente?
d) ¿Qué intenta para salvarse?

8 **engañar** täuschen
9 **el opresor** der Unterdrücker
10 **la incredulidad** die Ungläubigkeit
11 **el consejo** der Rat
12 **confiado/-a** vertrauensvoll
13 **el desdén** die Verachtung

3. ¿Qué crees que va a pasar? Escribe un corto final para el relato.

4. Comparad en clase lo que habéis escrito y escuchad luego el final "verdadero".

5. Discutid en clase sobre el mensaje del cuento. ¿Qué quiere decirnos Monterroso con su relato?

6. Compara cómo presenta Monterroso a los indígenas y cómo los presenta fray Bartolomé de Las Casas en el texto T1. Explica cuál puede ser la causa de las diferencias.

E9 Sobre el relato ...
Completa las frases. Por supuesto, hay más de una solución posible.

a) Fray Bartolomé Arrazola se siente como si ●●●
b) Mira el altar como si ●●●
c) Habla con los indígenas como si ●●●
d) Los indígenas primero le miran como si ●●●
e) Al final, los indígenas hablan entre ellos como si ●●●

un eclipse sobre las ruinas de Chichén Itzá (México)

Los precolombinos – ¿quiénes eran?

6965-40

En todo el continente de la América precolombina había cientos de culturas. Entre las altas culturas precolombinas que se encontraban en América Central y los Andes estaban las culturas azteca, maya, nazca, inca y mapuche. Todas ellas tenían muy buenos sistemas de organización[1] política y social y habían desarrollado sus tradiciones artísticas[2] y sus religiones.

Los pueblos americanos descubrieron e inventaron elementos culturales importantísimos para la humanidad como el número cero, algunos sistemas de manipulación genética[3] que se usaron para el maíz y el 75 % de los alimentos actuales, sistemas de construcción antisísmicos[4], modernos sistemas de riego[5], nuevos sistemas de escritura, nuevos sistemas políticos y sociales, etc.

Otro de los elementos importantes de las culturas precolombinas fue la construcción de monumentos religiosos, siendo claros ejemplos las zonas de Machu Picchu y Nazca, en los Andes Centrales, Teotihuacán en la ciudad de México, y Palenque, Tulum, Tikal y Chichén Itzá en América Central.

"América precolombina." En: *http://es.wikipedia.org/*, 07.06.2011 (adaptado)

1 la organización hier: die Ordnung
2 artístico/-a künstlerisch
3 la manipulación genética die Gentechnik
4 antisísmico/-a erdbebensicher
5 el riego die Bewässerung

E 10 En otras palabras

1. Completa en tu cuaderno la siguiente información sobre el texto anterior.

> En la América precolombina no había solo una cultura sino ●●●. Las más importantes fueron ●●●. Tenían muy buenos ●●●. Hicieron descubrimientos muy importantes para ●●● como ●●●. Construyeron ●●● que hoy se pueden ver en ●●●.

2. Explica cuál es para ti el descubrimiento más importante que hicieron los precolombinos. Justifica tu opinión.

3. Imagínate que trabajas en una agencia de viajes y usas las fotos de Machu Picchu y las Líneas de Nazca para promocionar[1] un viaje a Perú. Investiga los datos más importantes de esos dos lugares y escribe un texto bonito de solo cinco frases que dé ganas de viajar a Perú.

Machu Picchu

Líneas de Nazca: el cóndor

1 promocionar bewerben

4. En grupos, buscad información sobre las culturas maya, azteca e inca y preparad una ponencia. Buscad también imágenes o fotos de los elementos culturales de esos pueblos precolombinos.

E11 El presagio[1]

Aquí tienes un texto que cuenta un presagio que tuvieron los tlaxcaltecas, habitantes de Tlaxcala, uno de los Estados del México actual, poco antes de la llegada de los españoles a su tierra. Verás que algunas palabras faltan. Primero lee el texto para tener una idea general de lo que cuenta y después escribe las expresiones que faltan.

Un poco antes de 1. ●●● de los españoles a la provincia de Tlaxcala hubo varias señales que indicaron que iba a pasar algo. La primera señal fue que cada 2. ●●● se veía una claridad procedente de Oriente, tres horas antes de que 3. ●●● saliese. Era una claridad blanca, que subía hasta el cielo. Como los tlaxcaltecas no sabían lo que era, les causaba gran espanto y admiración. También veían otra señal maravillosa: se levantaba un torbellino de polvo que parecía una manga por encima de la Sierra Matlalcueye, ahora llamada Sierra de Tlaxcala, que subía a tanta altura, que parecía que llegaba al cielo. Esta señal se vio muchas veces durante más de 4. ●●●, por lo que causó mucha sorpresa, e incluso preocupación. Los tlaxcaltecas estaban convencidos que eran 5. ●●● que habían bajado a 6. ●●●. Rumores de esta extraña novedad circularon enseguida por todo el territorio y así fue como se supo de la llegada de tan extraña y nueva 7. ●●●.

1. Pon la palabra correcta según las cifras 1 – 7.

   gente – la tierra – la llegada – los dioses – el sol – un año – mañana

2. Ahora escucha el texto en el CD y comprueba.
3. Cuenta con tus palabras cómo eran las señales[2] que veían los habitantes de Tlaxcala.
4. ¿Cómo se sentían cuando veían esas señales? ¿Qué crees que pensaban? Habla con tu compañero/-a.

facultativo

5. Investiga en Internet para conocer otros presagios sobre la llegada de los españoles. Elige uno y preséntalo en clase.
6. ¿Conoces otros presagios? Cuéntaselos a tus compañeros.
7. ¿Son importantes para ti los presagios?

1 el presagio die Vorahnung, das Vorzeichen, 2 la señal das Zeichen

E 12 Debate[1]: Dos perspectivas

Imaginaos que sois los habitantes de Tlaxcala. Acaban de llegar unas personas muy extrañas y diferentes a las de vuestras tierras y vosotros creéis que son dioses. ¿Qué pensáis de estas personas? ¿Cómo os sentís? Por otro lado, los exploradores[2] españoles están entrando en un territorio que no conocen. ¿Cómo creéis que se sienten? Vuestro profesor va a dividir[3] la clase en dos grupos, el de los españoles y el de los indígenas. Preparad vuestro papel para comenzar un debate en el que explicaréis cómo os sentís y qué miedos e inseguridades tenéis. Estas preguntas pueden ayudaros a pensar sobre vuestros papeles.

Los españoles:
¿Qué esperabais encontrar?
¿Para qué habéis cruzado los mares?
¿Os está pareciendo fácil conquistar estas tierras?
¿Qué pensáis de la gente que habéis encontrado?
¿Qué os parecen las tierras, el paisaje y los animales que estáis descubriendo?

Los indígenas:
¿Qué os parecieron los españoles cuando los visteis por primera vez?
¿Para qué creéis que han venido?
¿Tenéis miedo de estas personas?
¿Creéis que estáis ante dioses con poderes sobrenaturales[4]?
¿Os gustaría que esta nueva gente se fuese y abandonase[5] vuestras tierras?

facultativo

E 13 Encuentro ficticio

En grupos, responded estas preguntas.

a) ¿Qué pensaríais si de pronto llegaran a nuestro planeta seres extraterrestres[6]?
b) ¿Qué razones creéis que tendrían estos seres para llegar a nuestro planeta?
c) ¿Qué creéis que ocurriría, finalmente, en este encuentro entre ellos y nosotros?

1 **el debate** die Debatte, 2 **el explorador** der Entdecker, 3 **dividir** teilen, 4 **sobrenatural** überirdisch, 5 **abandonar** verlassen, 6 **los seres extraterrestres** die Außerirdischen

E 14 Una canción: Cristóbal Colón

1. Completa la letra de la canción anotando en tu cuaderno el significado de cada dibujo.

Parece ser que no se sabe muy bien
dónde nació el genovés,
lo del **(1)** se inventó después.
Salir, salió de la **(2)** de Moguer,
tenía como misión
atajar pa' ir a buscar el **(3)**.
Tres eran, tres carabelas a través,
cruzar el **(4)** y después
componer la historia del revés.

Algo fue mal al ir a calcular lo grande
que era el **(4)**
Y la **(5)** no apareció,
y la desesperación hizo temblar la
tripulación.
¡Cuánto dolor y cuánta decepción habría
en tu corazón!
Cuando, de pronto: ¡**(2)** a babor!
Entre Asia y el Peñón
un Nuevo Mundo se descubrió.

—En nombre de don Fernando, doña
Isabel, aquí ponemos los **(6)** ...
Pa' la barca con el **(7)**, pues.

Tres eran,
tres carabelas a través
Cruzar el **(4)** y después:
Nos volvemos a **(8)** otra vez.

Algo fue mal al ir a calcular
lo grande que era el **(4)**
Y la **(5)** no apareció,
y la desesperación hizo temblar
la tripulación.
¡Cuánto dolor y cuánta decepción habría
en tu corazón!
Cuando, de pronto: ¡**(2)** a babor!
Entre Asia y el Peñón
un Nuevo Mundo se descubrió.

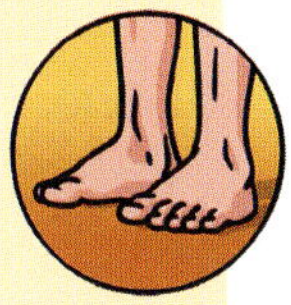

¡**(2)** a babor!
Entre Asia y el Peñón
un Nuevo Mundo se descubrió.
Tres eran,
tres carabelas a través.

Mecano. "Cristóbal Colón" (inédito)

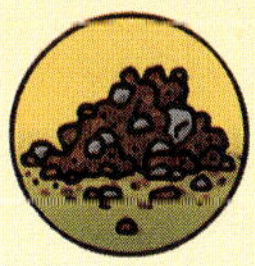

2. Escucha la canción y comprueba.

3. En la canción aparecen estas palabras. Relaciona cada una con su significado.

a) buscar un camino más corto
b) falta de esperanza
c) grupo de personas que trabaja en un barco o en un avión
d) lado izquierdo de un barco
e) desilusión
f) moverse todo el cuerpo por miedo o frío
g) trabajo → A)
h) el contrario u otro lado de algo

A) la misión
B) atajar
C) el revés
D) la desesperación
E) temblar
F) la tripulación
G) la decepción
H) a babor

→

4. En parejas, escribid un resumen del contenido de la canción. → 1

5. Investiga en la Red sobre el grupo Mecano y después cuenta a la clase lo que has encontrado.

el grupo Mecano

facultativo

E 15 Los Diez Mandamientos

Los españoles llevaron la religión católica a América y con ella los Diez Mandamientos. Exprésalos en estilo indirecto.

Modelo: *El primer mandamiento ordenaba que no se tuvieran dioses ajenos / que la gente no tuviera dioses ajenos.*
El segundo mandamiento ordenaba que…

1. No tendrás dioses ajenos delante de mí.
2. No adorarás imágenes.
3. No tomarás el nombre de Dios en vano.
4. Acuérdate del día del reposo para santificarlo.
5. Honra a tu padre y a tu madre.
6. No matarás.
7. No cometerás adulterio.
8. No robarás.
9. No mentirás.
10. No codiciarás nada de tu prójimo.

Paso 2 *Influencias mutuas: patatas por azúcar*

Alimentos de América

La conquista puso en contacto a culturas muy diferentes, y fueron muchos los ámbitos en los que unas influyeron en otras. Un buen ejemplo es la alimentación. La alimentación no fue siempre igual, muchos alimentos que en Europa hoy son muy comunes, hace muchos años no lo eran. ¿Por qué?

Cuando los europeos llegaron a América en el siglo XV se encontraron con muchos alimentos típicos de los pueblos americanos. ¿Cuáles eran esos alimentos?

Por ejemplo, el maíz[1] que es el cereal[2] que más se consume en todo el mundo. La calabaza[3], la patata, el calabacín[4]: todos estos alimentos y otros son originarios de América.

Lo mismo pasó con el tomate. Los colonos[5] lo llevaron a Europa en 1540 y la gente empezó a comerlo en ensaladas, en salsas[6], en sopas y también rellenos[7]. Las comidas cambiaron de color gracias al tomate y a los pimientos[8].

¿Y el cacao[9]? Con sus semillas[10] se hace el chocolate que le gusta tanto a todo el mundo. En el 1500 lo comenzaron a mezclar con azúcar, pero antes, lo comían con pimienta.

En resumen, en América los europeos encontraron muchas plantas desconocidas para ellos. Pudieron cultivarlas con éxito en Europa, como la patata, el tomate, el maíz, el pimiento, el girasol[11] o la calabaza. Otras se cultivaban en América y de allí se llevaban hasta Europa y otros lugares: así pasó con el cacao, el tabaco[12], el cacahuete[13] y la vainilla[14].

También en América se empezaron a consumir alimentos del Viejo Mundo, como el trigo[15], el café, las aceitunas[16], las uvas[17], el arroz, las naranjas y el azúcar.

De esta manera, fue posible que en diferentes partes del mundo la gente tuviera la oportunidad de comer de forma más variada y rica.

1 **el maíz** der Mais
2 **el cereal** das Getreide
3 **la calabaza** der Kürbis
4 **el calabacín** die Zucchini
5 **el colono** der Siedler
6 **la salsa** die Soße
7 **el relleno** die Füllung
8 **el pimiento** die Paprikaschote
9 **el cacao** der Kakao
10 **la semilla** der Samen
11 **el girasol** die Sonnenblume
12 **el tabaco** der Tabak
13 **el cacahuete** die Erdnuss
14 **la vainilla** die Vanille
15 **el trigo** der Weizen
16 **la aceituna** die Olive
17 **la uva** die Weintraube

diferentes tipos de maíz

E1 Y tú, ¿qué piensas?

1. Explica cuál fue una consecuencia muy importante del descubrimiento de América.
2. ¿Cómo crees que llevaban los nuevos alimentos de América a Europa?
3. Mira la foto y descríbela. ¿Qué te llama la atención?
4. ¿Y tú, qué alimentos consumes? Responde a las siguientes preguntas:
   a) ¿Cómo comes tú el maíz?
   b) ¿Qué le pondrías a una sopa?
   c) ¿Cómo te gustan las patatas? ¿Las comes con carne, salchichas o pescado?
   d) ¿Cómo te gusta comer los tomates?
   e) ¿Ya has probado el chocolate con pimienta?

E2 Historia de la alimentación

Decide cuáles de estos alimentos son originarios de América y cuáles de Europa. Completa la tabla en tu cuaderno. Puedes usar el diccionario monolingüe. → 6

tomates – patatas – carne – pollo – cacao – arroz – manzanas – pimientos – maíz – miel – piña – aguacate – uvas – calabaza – aceite – aceitunas – azúcar – naranjas – café – trigo – cacahuetes

	de América, desconocido en Europa hasta el siglo XV	de Europa, desconocido en América hasta el siglo XV
alimentos	●●●	●●●

T2 6965-42

¿Qué comeríamos si la patata no existiera?

El primer país donde se cultivó la patata fue el Perú, hace 5000 años, cuando los incas descubrieron que esta planta resistía el frío de las montañas. Para los incas la patata era tan importante que tenían una diosa en forma de patata a la que adoraban[1] y llamaban Panamama. Los primeros españoles que llegaron a América descubrieron esta planta “extraña” de la que se comía la raíz. Comer raíces era nuevo para ellos. En el siglo XVI, los españoles la llevaron a Europa, pero sin éxito: en Europa pensaban que causaba la lepra[2] y los católicos decían que era pecado[3] comerla porque la Biblia no hablaba de ella. Por fin en el siglo XVIII en un hospital de Sevilla se usó por primera vez. Después llegó a otros países. Antoine Parmentier, un botánico[4] francés, le regaló al rey Luis XVI de Francia una planta de patatas y le dijo que allí estaba el secreto para quitar el hambre en el país. Para convencer al rey, Parmentier tuvo una idea genial; organizó un banquete[5] con más de 20 platos de patatas: patatas fritas, ensalada de patatas, puré[6], pastel[7] de patatas, croquetas[8]...

¿Y en España? ¿Conoces este plato típico de patatas que ves en la foto? ¿Qué harían los españoles si no tuvieran la tortilla de patatas?

1 **adorar** verehren
2 **la lepra** die Lepra
3 **el pecado** die Sünde
4 **el botánico** der Botaniker
5 **el banquete** das Bankett
6 **el puré** der Püree
7 **el pastel** die Pastete
8 **la croqueta** die Krokette

E3 ¿Correcto o falso?

Decide: ¿correcto o falso? Corrige las afirmaciones falsas.

	c	f
a) Las primeras patatas se cultivaron en Perú hace 3000 años.	●	●
b) Los indios adoraban a una diosa en forma de patata.	●	●
c) La patata es una raíz que se come.	●	●
d) En Europa hace demasiado frío para cultivarla.	●	●
e) En el siglo XVIII se usó para dar de comer a la gente en un hospital.	●	●
f) En el siglo XVIII Parmentier pensó que con la patata se podía quitar el hambre en Francia.	●	●
g) Parmentier ofreció un banquete con 20 tortillas de patatas.	●	●

E4 Si lo supiera, te lo diría.

1. Traduce al alemán el título y la última frase del texto T2.
2. Completa la regla en tu cuaderno y después comprueba mirando la gramática. → G 7.2.2

> Las frases condicionales irreales en presente (Irrealis der Gegenwart), se forman así:
>
> Si + verbo en ●●● + verbo en ●●● .

¡Ojo!

La oración condicional irreal en presente (Irrealis der Gegenwart):

Si no **hubiera** patatas, no **existiría** la tortilla.

3. Elige la frase correcta: Las dos frases que has traducido hablan de:

   a) algo que puede pasar (son frases condicionales reales).
   b) algo que puede pasar, pero muy difícilmente (son frases condicionales improbables).
   c) algo que ya no puede pasar (son frases condicionales imposibles).

E5 Cada oveja con su pareja

1. Une las partes de cada frase.

a) Si me gustaran más las verduras,
b) Si no existiera el chocolate,
c) Si aprendiera a cocinar tortilla,
d) Si tuviera tomates,
e) Si comprara menos caramelos,
f) Si me propusieran traer una receta,
g) Si mi profesora hiciera una tortilla,

A) todos comeríamos tortilla.
B) comería verduras todos los días.
C) prepararía una tortilla en casa.
D) comería menos caramelos.
E) no echaría de menos el chocolate.
F) usaría tomates para hacer una pizza.
G) buscaría una receta en un libro de cocina.

2. Cambia los sustantivos por pronombres en la oración principal.

Modelo: Si me gustaran más las verduras, comería verduras todos los días.
→ *Si me gustaran más las verduras, las comería todos los días.*

E6 Repaso: el imperfecto de subjuntivo

1. ¿Recuerdas cómo se forma el imperfecto de subjuntivo? → G 6.5

decir → dijeron (pretérito indefinido)
→ dijeran (subjuntivo imperfecto)

Haz lo mismo con estos verbos y compara después con tu compañero/-a:

> llegar – comer – convencer – consumir – estar – ser – ir – tener – hacer – poder – saber – traducir

2. Forma frases condicionales con imperfecto de subjuntivo con los verbos de 1.

Modelo: *Si dijeras la verdad, tu madre no se enfadaría.*

E7 Si trabajamos juntos, aprenderemos más.

Ahora vamos a hacer un repaso de las frases condicionales. Trabaja con tu compañero/-a y controlad vuestras respuestas. Escribe 5 frases condicionales, primero con presente de indicativo, después con imperfecto de subjuntivo. Usa la información de la tabla. → G 7.2

Modelo: *Si hay tormenta, el barco no saldrá al mar.*
Si hubiera tormenta, el barco no saldría al mar.

	Si ...	oración principal
a)	haber – tormenta	barco – no salir al mar
b)	tener – patatas en casa	preparar – tortilla
c)	no ser – muy tarde	chicos – ir a comer
d)	la profesora – proponer – preparar una tortilla	todos – hacerla – comerla
e)	no hacer – tanto calor en agosto	ir – Sevilla – probar – comidas típicas

E8 ¿Qué harías?

1. Trabaja con tu compañero/-a como en el modelo. Cambiad los roles para preguntar y contestar.

Modelo: El precio de las patatas va a aumentar mucho.
A: *¿Qué harías si aumentara mucho el precio de las patatas?*
B: *Si aumentara mucho el precio de las patatas, comería más arroz.*

2. Pensad en dos situaciones más cada uno.

- a partir de mañana tienes que cocinar tú cada día
- te ofrecen ir un año al colegio en España
- te gusta un/-a chico/-a que habla solamente japonés
- te invitan a una fiesta pero tienes que ir disfrazado/-a[1] de Cristóbal Colón
- te proponen ir a Sudamérica en un barco
- estás en una isla y no tienes comida
- ●●●
- ●●●

E9 Para escuchar

Una española y tres latinoamericanos están organizando una fiesta. Escucha la conversación y escribe en tu cuaderno cómo llaman a los alimentos en los diferentes países. Hablan Carmen (española), Ernesto (colombiano), Karina (peruana) y Marcela (argentina).

1 disfrazado/-a verkleidet

E10 Una fiesta latino-alemana

Trabajad en grupos. Queréis preparar una fiesta latino-alemana para el próximo sábado. Tenéis 80 € para unas 10 personas. Decidid en los grupos qué tiene que haber para que sea una fiesta latino-alemana de verdad. ¡No olvidéis las bebidas! Después, formad nuevos grupos con un alumno de cada uno de los grupos de antes y poneos de acuerdo sobre la lista de la compra.

E11 Las influencias mutuas

1. La comida, por supuesto, es solo un ejemplo. ¿En qué otros ámbitos hubo influencias de las culturas indígenas en las culturas europeas? ¿Y en qué ámbitos hubo influencias de las culturas europeas en las culturas indígenas? Habla con tu compañero/-a y preparad juntos una lista.

¿Qué aportaron[1] los europeos?	¿Qué aportaron los nativos americanos?
•••	•••

2. Presentad los resultados a la clase y comparadlos.
3. En grupos, discutid:
   a) ¿Cómo sería vuestra vida sin la conquista de América? ¿Qué cosas serían diferentes?
   b) ¿Cómo es el intercambio entre Europa y América Latina hoy en día?
   c) ¿Cómo creéis que será en el futuro?

E12 Nuevas palabras

1. Después del descubrimiento de América, el castellano se enriqueció[2] con muchas palabras de origen indígena. Te damos algunos ejemplos; busca su significado en el diccionario bilingüe y clasifícalas en grupos. Escribe un nombre para cada grupo.

coyote · chocolate · hule · tomate · mate · zapallo · cacao · batata

carpa · papa · pampa · ombú · quena · puna · llama · caoba · maíz

vincha · vinchuca · choclo · tapera · cacique · iguana · canoa · sabana

2. Además de las palabras de origen indígena, en castellano hay palabras de otras lenguas. ¿Recuerdas qué lenguas son? Da ejemplos.
3. ¿Cómo es en alemán, inglés y francés?

---

1 aportar beitragen, 2 enriquecerse sich anreichern

Paso 3 *La historia continúa: la conquista de México*

E1 Antes de leer

1. En clase, haced una lluvia de ideas sobre lo que sabéis de la conquista de México.
2. Relaciona estas definiciones con las palabras de la derecha, que están en los textos que vas a leer.

a) volver a tomar lo que se tenía antes → E)	A) la cosmogonía
b) muy respetado por lo que representa	B) desembarcar
c) comenzar con una obra o un trabajo	C) el navío
d) teoría[1] que trata del origen del mundo	D) emprender
e) bajar de un barco	E) recuperar
f) barco	F) cumplir
g) deseo[2] extremado de tener cosas o dinero	G) la codicia
h) hacer algo que se tiene que hacer	H) venerado/-a

3. Describe los dos cuadros en esta página y la siguiente. ¿Cómo crees que están relacionados estos dos personajes?

Cómo empezó todo: Quetzalcoatl y Hernán Cortés

T1 6965-43

Lee los documentos. Si es necesario, usa el diccionario bilingüe.

El dios más celebrado de las antiguas cosmogonías mexicanas fue Quetzalcoatl, la Serpiente Emplumada, dios creador de la agricultura, la educación, la poesía, las artes y los oficios. Un día abandonó México prometiendo regresar a ver si los hombres y las mujeres habían cumplido la obligación de cuidar la tierra.
Prometió regresar en una fecha precisa durante el período del Quinto Sol que en los calendarios europeos correspondía al año 1519 de la Era Cristiana.
Es el año preciso – el día de Pascua de 1519 – en que el capitán español Hernán Cortés, al frente de 508 hombres, 16 caballos y 11 navíos, desembarcó en la costa de Veracruz y emprendió la conquista del mayor reino indígena de la América del Norte: el imperio azteca gobernado por Moctezuma desde la ciudad más poblada – ayer y hoy – del hemisferio occidental, México-Tenochtitlán.

Carlos Fuentes: *Los cinco soles de México*. Barcelona: Seix Barral, 2000

el dios Quetzalcoatl

1 la teoría die Theorie, **2** el deseo der Wunsch

La primera reacción de Moctezuma a la llegada de Cortés fue recordar la profecía que anunciaba el "regreso por el oriente del dios Quetzalcoatl", pensó que el español era el dios que volvía a recuperar su trono. Moctezuma envió una gran cantidad de regalos a Cortés (oro, piedras preciosas, plumas), quería saber si eran hombres o dioses y la razón por la que venían a estas tierras, pero los espléndidos regalos lo único que lograron fue despertar la codicia de los españoles. Según la mitología americana, Quetzalcoatl era un hombre alto de contextura fuerte y con barba, que vestía una túnica que llevaba la imagen de la "cruz" como su símbolo religioso, y así lo describen los libros mayas.

Los españoles sabían de la historia de Quetzalcoatl, conocían sus enseñanzas, aprendieron su religión, y se aprovecharon de ella para penetrar y conquistar el territorio mexicano… de hecho, Cortés se parecía en su fisonomía a la imagen venerada del mítico Dios.

Todo jugó en contra de los nativos: la antigua profecía, el hecho de que Cortés tuviera el mismo aspecto físico del Dios [azteca]. Además, los indígenas nunca antes habían visto caballos y al ver subidos a los hombres en ellos, pensaron que eran dragones y que hombre y caballo formaban un único ser. La pólvora, las armas de fuego y la viruela también jugaron a favor de su suerte y la posterior conquista de México.

Carlos Díaz Ruiz: "La profecía de Quetzalcoatl", 2011

Hernán Cortés

E2 Sobre el texto…

1. Lee otra vez los textos y contesta las preguntas.
   a) ¿Quién era Quetzalcoatl?
   b) ¿Cuál era la fecha de la vuelta de Quetzalcoatl?
   c) ¿Por qué confundieron a Hernán Cortés con el dios azteca?
   d) ¿Qué otro hecho fue causa de la confusión de los indígenas?
2. ¿Cuál crees que fue la intención del autor del segundo texto?
3. En pequeños grupos, haced un resumen de lo que habéis leído con la información más importante y el vocabulario de E1. → 1
4. Con la información del texto, imagínate lo que Cortés escribe en su diario sobre lo que pasó el día en el que llegó con sus hombres a México. Escribe el texto por él.
5. Imagínate que unos mensajeros[1] indígenas llevaron una noticia al rey. Escríbela.
6. *facultativo* Discutid sobre la conquista de Centroamérica. ¿El mito de la profecía es suficiente para explicarla?

1 el mensajero der Bote

E3 Malinche: la primera traductora americana

1. Este es un texto de un alumno mexicano del 4°. Lee el texto y complétalo con las expresiones a la derecha.

creía mucho en lo que decían las leyendas – el dios con forma de una serpiente emplumada – era una esclava de los aztecas – estuvieran bajo sus órdenes – para que sus hijos tuvieran un nombre – pudo hacer las traducciones ella sola – que antes los habían ayudado – sabía las lenguas maya y náhuatl – ser una princesa – uno de los comandantes de su ejército – la conquista de Tenochtitlán

La leyenda de la Malinche

La Malinche era una india. Su verdadero nombre era Malin. Como no se sabía quiénes eran sus padres, no pertenecía verdaderamente a un pueblo y ●●●. Ella pensaba de sí misma que era más, que merecía[1] ●●●. Y vivía con el deseo de llegar a una posición donde todos los que ahora le ordenaban a ella ●●●.

Cuando llegó Cortés con su ejército español a la tierra que ahora se llama México, ella fue regalada por los indios a los españoles porque ●●●, la lengua de los aztecas. Otro hombre español que vivía en la región de los mayas había aprendido náhuatl y naturalmente sabía español. Junto con Malin, ambos se encargaban[2] de hacer las traducciones.

Así se volvió ella muy importante por servir de traductora con los aztecas y los pueblos de los alrededores, que también hablaban náhuatl. Con el tiempo también aprendió español y ●●●. En este tiempo ya se había puesto el nombre de Malintzin (el sufijo "tzin" indicaba[3] que era noble). Cortés la dio como amante a ●●● y luego la tomó para sí mismo.

Por su deseo de ser más, de tener poder y tal vez también porque les tenía odio[4] a los aztecas, ella aconsejó a Cortés y su ejército usar la leyenda de Quetzalcoatl para intimidar[5] a los aztecas y especialmente a Moctezuma, quien ●●●. Según una de ellas, Quetzalcoatl, ●●●, se había ido al oeste e iba a regresar para retomar su tierra. Tenía pelo rubio como Cortés.

la Malinche entre un tlaxcalteca y Hernán Cortés

Con la ayuda de Malintzin, Cortés también ganó el apoyo militar. Así, los aztecas

1 **merecer** verdienen, 2 **encargarse de algo** sich um etwas kümmern, 3 **indicar** anzeigen, 4 **el odio** der Hass, 5 **intimidar** Angst machen

fueron vencidos[1] y luego los españoles también vencieron a otros pueblos indígenas ●●●.

De este modo, con la ayuda de Malintzin, México fue conquistado y los indios le dieron el nombre despectivo[2] de la Malinche.

Y ¿que pasó con ella después de ●●●? Cortés nunca la convirtió en una gran señora a pesar de haber tenido un hijo con ella. Malintzin se casó con uno de los soldados regulares ●●●. Ella traicionó a los indios y Cortés la traicionó a ella. La Malinche se volvió símbolo de muchas cosas: por ejemplo, de la culpa[3] máxima de la mujer mexicana (que es un buen pretexto para el machismo, para hacer sufrir a las mujeres).

En el contexto de una conquista brutal y sangrienta, con la unión de Cortés y la Malinche nació la nueva nación mexicana. Incluso se volvió símbolo de la traición del pueblo mexicano a sí mismo, el malinchismo, el cual se entiende como el hecho de que los mexicanos no tengan confianza[4] en su país, prefieran cosas de países extranjeros y en especial una relación ambigua con los Estados Unidos, de admiración y hostilidad.

Rainer Trubel: "La leyenda de Malinche". En: *Flores de nieve 12*, México D.F.: CEPE-UNAM, 2003

2. Resume en tus propias palabras quién era Malinche.
3. Describe e interpreta la imagen de Malinche. ¿Cómo es representada en el cuadro? Explica si el cuadro y el texto la representan de forma diferente.
4. ¿Crees que Malinche es un "símbolo de la culpa"? Haz una tabla apuntando las razones para las dos respuestas posibles.

Sí, es un símbolo de la culpa.	No, no es un símbolo de la culpa.
●●●	●●●

5. Discute ahora con tu compañero/-a sobre este tema. Luego discutid en clase.

---

1 **vencer** besiegen, 2 **despectivo/-a** verächtlich, 3 **la culpa** die Schuld, 4 **la confianza** das Vertrauen

En una clase de Historia en México

6965-44

En una clase de Historia, en México, el profesor les hace a los estudiantes las siguientes preguntas: "¿Qué pensáis de la conquista de nuestro país?" y "¿Qué habría pasado si se hubiera cumplido la profecía?" Aquí veis sus respuestas.

—Si se hubiera cumplido la profecía, habría llegado Quetzalcoatl y no los conquistadores.

—Si los indígenas no hubieran pensado que Cortés era un dios, no lo habrían dejado entrar.

—Si Cortés no hubiera tenido la ayuda de los tlaxcaltecas, no hubiera podido sitiar[2] Tenochtitlán.

—Si los conquistadores no hubieran recibido ayuda, jamás hubieran tenido oportunidad de entrar.

—Si las enfermedades europeas no hubieran matado al 75% de la población, Cortés hubiera necesitado muchos más años para tomar Tenochtitlán.

—Si Cortés no hubiera estado tan decidido a tomar México, pocos jefes hubieran continuado la batalla[2].

—Si los conquistadores no hubieran pensado que había tanto oro en México, no les habría interesado conquistarlo.

—Si Malinche no hubiera ayudado a Cortés con el idioma, no habría sido tan fácil la conquista.

—Si algunos indígenas no se hubieran unido a Cortés, los españoles no habrían vencido.

—Si no hubieran vencido, no habrían traído su religión, idioma y costumbres.

E4 Trabajo de intérprete

Imagínate que tú estás en esa clase. Tu amigo alemán ese día está enfermo en casa. Al día siguiente te pide que le cuentes qué preguntó el profesor y las opiniones de los alumnos. ¡Hazlo!

E5 Match point

En parejas. A dice un verbo en infinitivo, B debe decir el participio. Si B hace un error, tiene una segunda oportunidad, como en el tenis. Si hace otro error, A recibe el punto. Luego cambian los roles, B nombra un verbo en infinitivo y A dice el participio. Jugad como en un partido de tenis hasta que uno de vosotros tenga cinco puntos. Haced una lista de los participios que usáis, y al final, comprobad con toda la clase si los habéis dicho correctamente. Os proponemos los verbos a la derecha.

abrir – prometer – cumplir – decir – descubrir – ser – escribir – tener – ver – estar – hacer – volver – recordar – morir – romper – empezar – poner – beber – ir

1 **sitiar** belagern, 2 **la batalla** die Schlacht

E6 Si no hubiera tenido ayuda …

¿Has visto cómo se forman las frases condicionales irreales en pasado (Irrealis der Vergangenheit)?

Si + **pluscuamperfecto de subjuntivo** + **condicional compuesto** / **pluscuamperfecto de subjuntivo**

↓ ↓ ↓

Si Cortés no hubiera tenido ayuda no habría vencido / hubiera vencido.

Completa las reglas, después comprueba con el libro de gramática.

a) El pluscuamperfecto de subjuntivo se forma con el verbo *haber* en subjuntivo ●●● + ●●● → G 7.3

b) El condicional compuesto se forma con el verbo *haber* en ●●● + ●●● → G 7.4

E7 ¡A practicar!

1. En parejas. Comparad estas dos frases y explicad la diferencia:

> Si lloviera, no iríamos de excursión.
> Si hubiera llovido, no hubiéramos ido de excursión.

2. Compara: ¿cómo son las frases condicionales irreales en pasado en alemán? ¿Y en inglés?

3. Escribe estas oraciones condicionales irreales en pasado. → G 7.5

a) Si no leyéramos los textos, sabríamos menos sobre la conquista.

b) Si el profesor de Historia no explicara bien, los estudiantes no entenderían nada.

c) Si el chico alemán supiera español, no le preguntaría a su compañero.

d) Si no aprendiéramos las palabras, no podríamos entender los textos.

E8 ¿Qué hubiera pasado si …?

Forma oraciones condicionales irreales en pasado.

Si …	oración principal
a) ya tener – patatas	gente de la Edad Media – no comer arroz
b) los Reyes Católicos – no dar el dinero	Colón – no ir de viaje
c) los turcos – no cerrar la ruta a Asia	los europeos – no buscar otro camino a la India
d) los indígenas – no creer en la profecía	no permitir entrar a los españoles
e) los conquistadores – no traer tanto oro	España – no ser el centro del poder en Europa

E9 ¿Tiene sentido hablar del pasado?

Mira el modelo y escribe frases condicionales irreales.

Modelo: *Si no hubiera habido tanto oro, los europeos no hubieran / habrían querido conquistar México.*

a) Había mucho oro, por eso los europeos querían conquistar México.
b) La codicia[1] influyó en Cortés, por eso hizo todo para conquistar ese país.
c) Los habitantes de México no estaban unidos, por eso fue fácil conquistar Tenochtitlán.
d) Detrás de la Conquista había motivos políticos y económicos, por eso España apoyó[2] a Cortés.
e) Los conquistadores llevaron su religión y sus costumbres, por eso los nativos perdieron las suyas.

E10 Todo hubiera sido diferente.

Completa las siguientes frases.

a) Si Cortés no hubiera encontrado una traductora, ●●●
b) Si aquel día los nativos hubieran visto que Cortés y sus hombres no eran dioses, ●●●
c) Si alguien hubiera ayudado a los nativos, ●●●
d) Si los nativos no les hubieran regalado oro, ●●●
e) Si los conquistadores no hubieran llevado tantas enfermedades, ●●●

E11 Ahora tú.

Vuelve a leer los textos de T1 y escribe un relato desde la perspectiva de un joven indígena. Escribe cómo vivió el día de la llegada de los españoles a su pueblo. ¿Qué siente el protagonista de tu texto ante la llegada de los españoles? Empieza así:

Modelo: *Aquel día los mayores nos llamaron para darnos la increíble noticia: …*

facultativo

E12 La conquista del Perú

En grupos, informaos sobre lo que pasó en Perú entre indígenas y conquistadores. Distribuid tareas entre vosotros y preparad una exposición en clase sobre el tema.

Sobre las ruinas del templo incaico Coricancha, en Cuzco, los españoles construyeron el Convento de Santo Domingo.

1 la codicia die Habgier, 2 apoyar unterstützen

E13 La emancipación de la América española (1810 - 1825)

Varios factores influyeron en la emancipación de la América española: la difusión del pensamiento ilustrado y la propaganda liberal, junto con el éxito de los revolucionarios estadounidenses; el desencanto de los criollos (12% de la población) marginados por el gobierno español al ser excluidos de los cargos de la administración colonial, la ruptura de las comunicaciones con la Península y las repercusiones de la invasión napoleónica en España, que provocaron un vacío de autoridad en las colonias, creando los criollos sus propios órganos de gobierno.

En el proceso de independencia distinguimos dos grandes etapas:

a) 1810 - 1814: En 1810 se dan los primeros gritos independentistas, como el de Hidalgo en México. En Buenos Aires se niega la legitimidad de la Regencia y lo mismo pasa en Caracas más tarde. Pero la restauración en el trono de Fernando VII frena la expansión del movimiento separatista.

b) 1816 - 1825: En Argentina, San Martín cruza los Andes y conquista Chile. En el norte, Bolívar consigue imponer su proyecto de la Gran Colombia. En México, los criollos ponen fin a la dictadura militar. La Conferencia de Guayaquil de 1822 entre Bolívar y San Martín decide sus áreas de influencia respectivas, que aceleran la liberación del espacio colombiano-venezolano. Solo queda Perú sujeto a España. En 1825, también se libera, independizándose así toda la América hispana a excepción de Cuba y Puerto Rico.

El apoyo británico y estadounidense a los separatistas resultó decisivo al facilitarles armas y reconocer de inmediato a las nuevas naciones.

Las consecuencias fueron: la fragmentación política de América, después de haber fracasado el intento de Bolívar de crear unos Estados Unidos de América del Sur (de los 8 estados iniciales se pasará a 16 veinte años después tras guerras por cuestiones fronterizas), la pérdida de los recursos coloniales para España, el fin de la esclavitud en los nuevos países independientes, frecuentes conflictos civiles y dictaduras y la dependencia económica de británicos y estadounidenses.

Manuel Vidal: "La emancipación de la América española". En: *http://manuelvidal.blogspot.es/*, 19.02.2010

1. Describe la imagen y relaciónala con el título del texto.
2. Lee el texto y apunta en tu cuaderno las ideas más importantes.
3. Busca en el diccionario monolingüe el significado de las palabras "criollo" y "emancipación". También busca otras palabras que te parezcan importantes para comprender el texto. → 6

→

4. Haz un esquema para resumir y explicar a la clase lo que has entendido.

5. Busca las fechas de la independencia de algunos países latinoamericanos. ¿Qué te llama la atención?

6. Opina si los países latinoamericanos son realmente independientes y justifica tu respuesta. → 1

Paso 4 *El paraíso perdido*

E1 Antes de leer

Trabajad en parejas. ¿Sabéis lo que significa "paraíso"? Buscad el significado en un diccionario monolingüe y pensad algunas hipótesis sobre el tema del artículo. Resumid vuestras ideas. → 6

El paraíso perdido

6965-45

Desde hace siglos, pueblan las selvas amazónicas del sur de Venezuela y el norte del Brasil, de uno a otro lado de la frontera, ya que poco les importan los límites geográficos y mucho menos las nacionalidades. [...] Los yanomami están allí muchísimo tiempo antes de que el hombre blanco ocupara esas tierras. Pero es muy posible que desaparezcan para siempre antes de que finalice el siglo. El primer blanco que tuvo noticia de ellos fue un aventurero portugués, Lobo d'Almada, quien en 1787 se aventuró a internarse en esa selva fascinante y terrible. Desde aquella información hasta el año 1950 nada se supo de estas extrañas criaturas cuyo modo de vida es uno de los más primitivos de la Tierra. [...]

Bajo ninguna razón los nativos quieren abandonar la tierra de sus antepasados. A lo largo de toda su existencia, solo registran un éxodo: el de Yarima, una mujer yanomami casada con un antropólogo norteamericano, que se fue a vivir con él a Nueva Jersey. El casamiento, como es norma en la tribu, fue decidido por los parientes de la mujer.

Hoy, Yarima conoce todas las ventajas del primer mundo: sabe del agua corriente, de la luz eléctrica, de la temperatura ideal que le puede ofrecer el aire acondicionado, ha escuchado radio, ha visto cine y televisión; ama a su marido y a los hijos que con él tuvo, pero a la hora de confesar sus deseos, no duda en admitir que por sobre todas las cosas quiere regresar a la selva, a la tierra de sus mayores. Allí no le esperaría una vida fácil. Se trata de un pueblo que por oscuras razones ancestrales está permanentemente en guerra con sus vecinos. Cuando no hay motivos que justifiquen una lucha, los inventan. [...]

Pese a semejante ferocidad, Ken Good, el antropólogo norteamericano que se casó con Yarima, asegura que los yanomami constituyen una comunidad pacífica. "Quedé impresionado por lo armoniosa que es su existencia –dice–. Tienen una notable capacidad para vivir juntos. Así, junto a la violencia, vi también los más tiernos ejemplos de amor. [...]".

Cada grupo yanomami, entre treinta y ciento cincuenta personas, habita un *shapono*. Se trata de una gran choza circular que ellos alzan luego de abrir espacio en la selva. La choza no posee paredes divisorias: en su interior se instalan las familias cuyo único mobiliario son las hamacas que cuelgan de las paredes.

Cuentan con una tierra próspera para la siembra y con una excelente zona de caza. Sin embargo, su promedio de vida no supera los 35 años [...]: además de las guerras y los duelos, los yanomami deben enfrentarse a las innumerables pestes de la selva.

Es normal que una mujer dé a luz de diez a doce hijos, de los cuales sobreviven apenas dos o tres; por esa razón, no les dan nombre hasta que no cumplan 4 años.

[...] En 1987 se descubrió que había oro en tierra yanomami; de inmediato, casi cincuenta mil buscadores brasileños, llamados *garimpeiros*, se internaron en la jungla. [...] No solo los diezmaron con sus armas de fuego: también les contagiaron enfermedades para las que el organismo yanomami carecía de defensas: la gripe, la bronquitis, la malaria y la sífilis. [...] Algunas tribus se vieron obligadas a internarse cada vez más en la selva; otras, a vivir como mendigos alrededor de los campamentos mineros. En 1940 había más de cuarenta mil yanomami; hoy no llegan a siete mil quinientos. La fiebre del oro [...] amenaza exterminar a este pueblo milenario, expulsándolo sin piedad del paraíso.

"El paraíso perdido." En: *www.artrev.8k.com*, 2009

una yanomami en el *shapono*

E2 Para comprenderlo mejor

1. Lee el texto y haz una lista de las palabras desconocidas.
2. En parejas. Formad tres grupos de palabras: sustantivos, adjetivos y verbos. Cada pareja busca el significado de las palabras en el diccionario monolingüe y prepara explicaciones en español, sinónimos o antónimos para cada una. Cada pareja, por turnos, tiene que explicar en español el significado de una palabra por vez. El resto de las parejas escucha la explicación y debe decir qué palabra es. Cada pareja que adivina una palabra recibe un punto.

E3 Un cuestionario entre amigos

En grupos de tres. Cada grupo debe preparar un cuestionario de cinco preguntas sobre el texto y pasarlo a otro grupo. Al final, se vuelve a recibir el cuestionario con sus respuestas y debéis corregirlo en el grupo. Tenéis que mirar especialmente estos tres aspectos: si las respuestas son correctas, la gramática (tiempos de verbo, adjetivos, sustantivos, pronombres, artículos) y el uso correcto del vocabulario. → 5

Modelo:
¿Quién fue la única yanomami que se fue a vivir a otro lugar, y por qué se fue?

E4 Después de leer

1. Describe las fotos de las páginas 171 y 172.
2. Escribe una pequeña historia sobre la vida de la joven yanomami de la foto a la derecha hasta ahora.
3. Vuelve a leer el texto y escribe un resumen con la información más importante. → 1

E5 La palabra cuyo significado no conozco es "cuyo".

1. Lee y traduce las siguientes frases:
   a) "... en su interior viven las familias cuyo único mobiliario[1] son las hamacas que cuelgan de las paredes."
   b) El antropólogo norteamericano, cuya mujer es yanomami, dice que son unas personas muy pacíficas.
   c) Los niños, cuyos padres viven en chozas, crecen juntos como hermanos.
   d) Las familias, en cuyas chozas hay solo hamacas, comparten todo.

2. Completa la regla, después comprueba con la gramática. → G 7.6.1

> *Cuyo/cuya/cuyos/cuyas* en alemán significa ●●● / ●●● y concuerda en género y número con el sustantivo ●●●. Si la frase con *cuyo/cuya/cuyos/cuyas* explica algo, va entre ●●●.

3. Escribe frases como en el modelo.

Modelo:
los nativos – no recordamos su nombre – viven entre Venezuela y Brasil.
→ *Los nativos, cuyo nombre no recordamos, viven entre Venezuela y Brasil.*

   a) Un portugués – no recuerdo su nombre – fue el que los encontró.
   b) Los yanomami – todavía no conocemos bien sus costumbres – viven solo unos 35 años.
   c) El antropólogo – su mujer es yanomami – dice que los nativos son muy buenos padres.
   d) Los *garimpeiros* – sus enfermedades están matando a los yanomami – buscan oro.
   e) Yarima – sus padres decidieron su casamiento – vive con su familia en Nueva Jersey.

E6 Es una historia sobre la que quiero leer más.

1. Mira estos ejemplos:
   a) Viven en chozas que no tienen paredes.
   b) Las chozas en las que viven no tienen paredes.
   c) Yarima se casó con un antropólogo para el cual los yanomami son un pueblo muy pacífico.
   d) El antropólogo con el cual se casó Yarima piensa que los yanomami son un pueblo muy pacífico.
   e) El antropólogo con quien se casó Yarima piensa que los yanomami son un pueblo muy pacífico.

1 el mobiliario die Möbel, das Mobiliar

2. Las frases **a** y **b** dicen lo mismo, y las frases **c**, **d** y **e** también, pero tienen algunas diferencias en su estructura gramatical. ¿Puedes decir cuáles son?

3. ¿Te parece que hay alguna diferencia en el significado si usas el pronombre relativo *que* o *cual*? ¿Cuándo puedes usar *quien*? → G 7.6.2, 7.6.3

4. Completa las siguientes frases con *que, el/la/los/las que, el/la/los/las cual/-es,* o *quien/-es*. A veces hay más de una posibilidad correcta.

a) Los yanomami son los indígenas de ●●● te he hablado.
b) Un aventurero[1] portugués fue ●●● vio por primera vez a estos indígenas.
c) Las enfermedades y las guerras son las razones por ●●● ellos mueren tan jóvenes.
d) Son muchos los niños ●●● mueren poco después de nacer.
e) Un problema de este pueblo son los *garimpeiros*, para ●●● lo único importante es el oro.
f) Los yanomami tienen una forma de vivir a ●●● nosotros no estamos acostumbrados.
g) Tienen que entenderse muy bien con el grupo con ●●● tienen que vivir en una choza.

5. Ahora di algo de las siguientes palabras usando los pronombres relativos que has practicado hasta ahora.

antropólogo norteamericano – oro – paredes – Yarima – enfermedades

Modelo:
la selva amazónica → *lugar en el que viven los yanomami.*

6. Elige otras palabras de esta etapa y dáselas a tu compañero/-a para explicarlas usando pronombres relativos. Después corregidlas juntos.

E7 Seguramente no fue fácil.

En grupos de cuatro. Un/-a antropólogo/-a alemán/-ana visita a los yanomami y vive con ellos. Después de un tiempo se enamora y quiere casarse con un/-a nativo/-a. Uno de vosotros es un/-a nativo/-a yanomami joven, otro es un/-a antropólogo/-a alemán/-ana, otro es el padre yanomami y otra la madre yanomami.
Escribid un diálogo con los argumentos de cada uno, discutid la situación y llegad a un acuerdo. Después representad el diálogo en clase.

E8 La historia continuó.

¿Qué pasó con Yarima? ¿Se quedó en los Estados Unidos? ¿Se acostumbró a su nueva vida? Investigad y presentad vuestros resultados en clase.

1 el/la aventurero/-a der/die Abenteurer/-in

Etapa 8

Las Islas Canarias

El archipiélago Canario está formado por siete islas y varios islotes, entre ellos, La Graciosa, que está habitado. Tenerife, El Hierro, La Gomera y La Palma forman la provincia de Tenerife y Lanzarote, Fuerteventura y Gran Canaria forman la provincia de Las Palmas. Las Islas Canarias se encuentran a solo 100 kilómetros de las costas de África.

E1 Canarias lo tiene todo.

1. Describe las fotos.
2. Explica qué prefieres para las vacaciones: ¿mar o montaña? Justifica tu opinión.
3. Haced una encuesta en clase. ¿Cuántos prefieren el mar, cuántos, las montañas?

E2 ¿De qué isla estamos hablando?

Relaciona cada isla de la derecha con su nombre y la información siguiente.

a) Toda la isla de La Palma es Reserva de la Biósfera. En 1971, el volcán Teneguía hizo erupción. Una de las atracciones de esta isla es la Caldera de Taburiente. Le dicen "la isla bonita".

b) Tenerife es la isla más grande del archipiélago. Uno de los lugares más famosos que puedes visitar allí es el Parque Nacional del Teide. El Teide es la montaña más alta de las Islas Canarias.

c) Lanzarote es la isla más oriental y tiene muchos volcanes como los del Parque Nacional de Timanfaya. Aquí vivió el artista César Manrique, cuyas obras se ven en toda la isla.

d) Gran Canaria es la isla más poblada del archipiélago y tiene forma circular. Esta isla es famosa por sus playas de arena dorada, como Maspalomas, y su clima primaveral a lo largo de todo el año.

e) El Hierro es la isla menos poblada y la segunda más pequeña. No es muy conocida y tiene la suerte de no contar con turismo de masas. En ella se pueden ver paisajes que se comparan con los de la luna. Existe en esta isla un gran reptil que es único en el mundo: el lagarto Salmor.

f) En La Gomera se encuentra el Parque Nacional de Garajonay. De los indígenas de la isla se conservan varias tradiciones, pero la más famosa es el lenguaje de los silbos, una forma de comunicación para superar las limitaciones de la geografía del lugar.

g) Fuerteventura es la segunda isla en extensión del archipiélago. La capital se llama Puerto del Rosario. Esta isla es famosa, sobre todo, por ser una de las mejores zonas en el mundo para practicar windsurf y kitesurf.

E3 Para mañana habrá sol …

1. En parejas. Observad el siguiente mapa con el pronóstico[1] del tiempo. Ahora, imaginad que trabajáis en la radio y tenéis que decir cómo será el tiempo en las Islas Canarias. ¿Cómo lo explicaríais a los oyentes[2]? El pronóstico es del 1 de marzo del 2012.

2. Compara el tiempo de las Islas Canarias con el de la región donde vives.

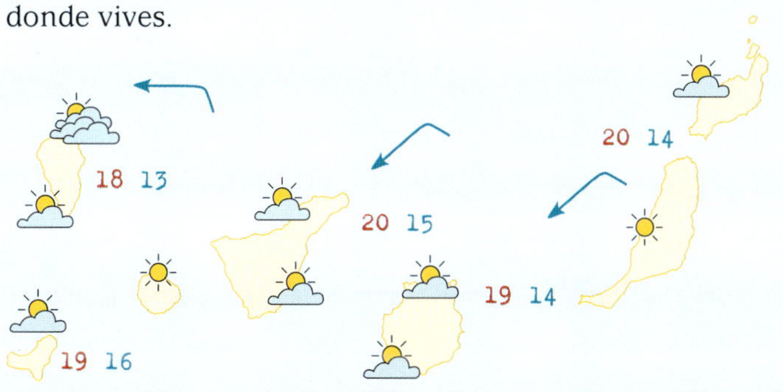

Am Ende der Etapa kannst du …

… über Zeitungsartikel sprechen und selbst eine Zeitungsmeldung verfassen
… über Werbung sprechen und selbst ein Werbeplakat gestalten
… Bilder und Liedtexte detailliert analysieren
… eine Bewerbung auf Spanisch schreiben
… das spanische Passiv verstehen

1 el pronóstico die Vorhersage, 2 el/la oyente der/die Zuhörer/-in

Etapa 8

Paso 1 *Canarias, siete islas entre dos continentes*

Imágenes de las Islas Canarias

6965-46

a) Poco a poco, entre 1950 y 1960, empieza el turismo en las Islas Canarias. Más y más turistas quieren pasar sus vacaciones en alguna de las islas. Vienen de España y también de otros países europeos. Todavía hoy, el turismo en Canarias sigue creciendo. En 2010, un total de 8.590.081 turistas de todo el mundo visitaron una o varias de las Islas Canarias, entre ellos 2.323.551 son de Alemania.

b) Entre 1492 y 1504, La Gomera, una de las siete Islas Canarias, es el último lugar en tierra firme para Cristóbal Colón antes de salir hacia "las Indias", es decir, antes de descubrir América. En La Gomera carga[1] agua y alimentos. En esta isla se puede visitar el museo Casa Colón con mapas, documentos[2] y objetos de navegación[3] de la época.

c) Entre el siglo V a. C. y el siglo I d. C. los primeros aborígenes llegan a las Islas Canarias, probablemente del norte de África. Durante casi dos mil años viven en las siete islas en culturas separadas y aisladas[4] hasta que entre 1402 y 1496 los Reyes Católicos conquistan las islas. Hoy usamos el nombre "guanches" para estos aborígenes aunque así solo se llamaban los de Tenerife.

d) A causa de la excelente situación geográfica[5] de las Islas Canarias, los ingleses intentan conquistarlas. El 25 de julio de 1797, Horacio Nelson aparece con su flota[6] frente a[7] la costa de Santa Cruz de Tenerife. Los tinerfeños se defienden y ganan la batalla. En esta ocasión[8], Nelson pierde el brazo derecho por una bola[9] del cañón[10] "Tigre". Los ingleses tienen que capitular[11] y firman un pacto[12] por el que se comprometen[13] a no volver a atacar las islas. Hoy el cañón se encuentra en el Museo Militar de Canarias en Santa Cruz de Tenerife.

1 cargar ein-, aufladen
2 el documento das Dokument
3 la navegación die Seefahrt
4 aislado/-a einzeln
5 geográfico/-a geographisch
6 la flota die Flotte
7 frente a gegenüber
8 la ocasión die Gelegenheit
9 la bola die Kugel
10 el cañón die Kanone
11 capitular kapitulieren
12 el pacto der Pakt
13 comprometerse sich verpflichten

estatua de un rey guanche, en Tenerife

la Casa de Colón

la muerte de Horacio Nelson

playa de La Caleta, en Tenerife

1. Explica lo que ves en las fotos y relaciónalas con los textos.
2. Haz una pregunta para cada una de estas respuestas.
   a) —¿●●●? —Entre el siglo V a. C. y el siglo I d. C.
   b) —¿●●●? —En 1492.
   c) —¿●●●? —Cargó agua y comida.
   d) —¿●●●? —En 1496.
   e) —¿●●●? —Horacio Nelson.
   f) —¿●●●? —El "Tigre".
3. Apunta más respuestas para tu compañero/-a. Él / Ella hace las preguntas.
4. Escribe en tu cuaderno una mini-historia de las Islas Canarias con la información de los textos. Usa los tiempos verbales del pasado y conectores temporales como:

> primero – después – luego – entonces – (un tiempo) más tarde – al final / finalmente

E1 Canarias en la prensa

Cuando comentamos una noticia del periódico generalmente usamos palabras y expresiones diferentes de las que aparecen en un texto escrito. En parejas, leed estas noticias y comentadlas. Buscad las palabras que no conocéis en el diccionario bilingüe.

Modelo:

—¿Has leído esto? Parece que no van turistas a El Hierro por la erupción del volcán.
—¡Pobre la gente que vive del turismo!
—¡Uf! ¡Qué mala suerte!

EL HIERRO: 100 DÍAS DE VOLCÁN Y DE RUINA ECONÓMICA PARA LA ISLA

El cono de la erupción está ya a solo 130 metros de la superficie. "Ahora estamos solos y no hay turistas", explica una vecina.

El País, 23.01.2012

TIBURONES A LA VISTA

Dos de los tres tiburones que se avistaron a escasos 20 metros de profundidad en el Río, el estrecho entre las islas de Lanzarote y La Graciosa

El fondo marino canario esconde maravillas que de vez en cuando deciden hacer una visita a la costa y sorprender a los que se encuentren buceando. Varios tiburones se dejan ver estos días en La Graciosa.

Diario de Las Palmas, 21.08.2011

UN CANGURO ALBINO... ¡EN CANARIAS!

Es el único espécimen de este tipo que existe en España, y se le puede ver en el Oasis Park La Lajita, en Fuerteventura.

Teresa Cobo, 07/02/2011

El Museo de la Naturaleza y el Hombre expone al público las tres momias guanches recuperadas por el Cabildo tinerfeño

Tenían una dieta rica en proteína animal y más baja en cereales y vegetales, especialmente en la parte sur de la isla.

Europa Press, 20.12.2011

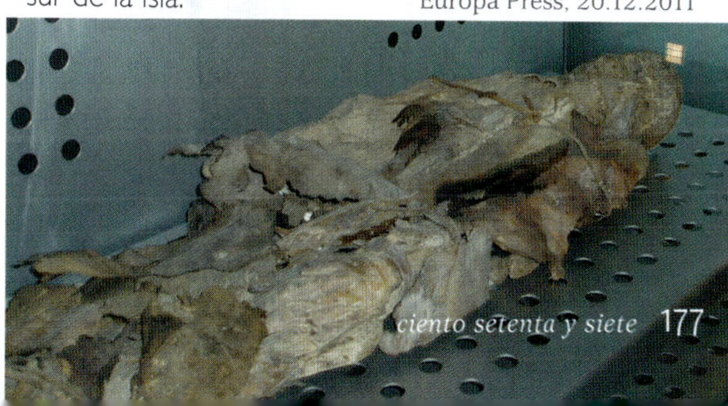

Las Islas Canarias reciben a robot interplanetario

Las Islas Canarias es el lugar que la NASA eligió para probar la última tecnología.

Niki Ramos, 20 de septiembre 2011

E2 Una mirada hacia el pasado: los guanches

1. Escucha el siguiente texto sobre los guanches.

2. Decide si las frases son correctas. Corrige las afirmaciones falsas.

	c	f
a) *Tamaragua* significa *¿Cómo te llamas?*	●	●
b) Los guanches eran muy peligrosos.	●	●
c) Saltaban rápidamente de una piedra en otra.	●	●
d) Vivían en cuevas.	●	●
e) Pasaban muchas horas del día al aire libre.	●	●
f) Los guanches no eran guerreros.	●	●
g) Los guanches no tenían armas de metal.	●	●
h) Los animales más importantes de los guanches eran los caballos.	●	●
i) Creían en muchos dioses.	●	●
j) Los guanches no tenían barcos.	●	●

E3 El juego de los gerundios

En grupos, pensad en veinte verbos relacionados con los guanches, escribidlos en papeles y mezcladlos. Ahora, uno de vosotros toma el primer papel, dice la forma del gerundio de ese verbo y hace una frase sobre los guanches. Escribid en una lista cada respuesta que dais. Al final del juego, comprobad con toda la clase si los gerundios que habéis dicho son correctos.

E4 Hablando se entiende la gente.

Lee esta información sobre los guanches y mira atentamente las palabras que están en azul. Cuenta a un alemán lo que dicen las frases. ¿Qué problema ves en la traducción? Explica en qué se diferencia la construcción de las frases en alemán con las del español. → G 8.1

a) Viendo que no estás armado, los guanches no piensan que eres peligroso.

b) Mirándote atentamente, los guanches te saludan con el tradicional *Tamaragua*.

c) Ellos saltan de piedra en piedra, salvando los obstáculos[1]; caminan como si pudieran volar.

d) Al llegar al pueblo, ves a los hombres, mujeres y niños.

e) Las mujeres se ocupan de la alimentación de la familia recogiendo frutas y plantas.

f) Muchas veces los guanches les ofrecen regalos a sus dioses esperando buen tiempo y salud.

g) Al volver a la playa, los guanches miran atentamente los barcos.

1 salvar un obstáculo ein Hindernis überwinden

E5 Practicando se aprende mejor.

Traduce las frases usando las construcciones con infinitivo o gerundio.

a) Bei der Ankunft in Teneriffa sah ich viele Menschen.

b) Da ich sah, dass allen der *gofio* schmeckte, aß ich auch davon.

c) Der Junge spielte mit dem *banot* und übte so, ein Krieger zu sein.

d) Nachdem ich mich von den Guanchen verabschiedet hatte, war ich traurig.

e) Wenn man das Museum besucht, sieht man dort die Geschenke der Guanchen für ihre Götter.

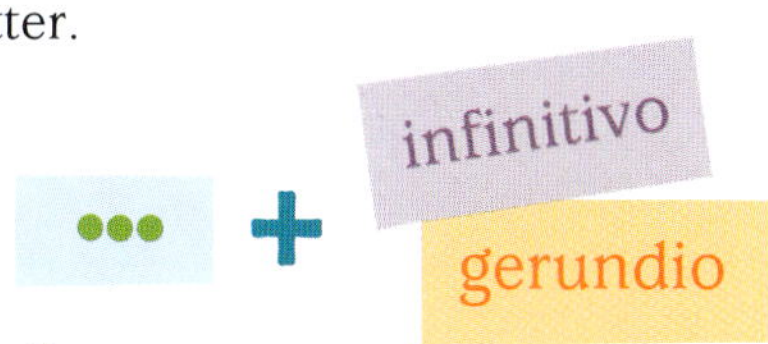

E6 En pocas palabras

Acorta las frases usando las construcciones con infinitivo o gerundio.

a) ¡No olvidéis cambiar la hora cuando lleguéis a Gran Canaria!

b) Si leéis este libro, aprenderéis muchas cosas interesantes sobre las islas.

c) Si miráis atentamente el mapa, encontraréis el pueblo al que queréis ir.

d) Seguid la carretera principal y girad cuando lleguéis al monumento.

E7 La cultura de los guanches

1. Ordena la información que ya tienes sobre los guanches en un mapa mental.

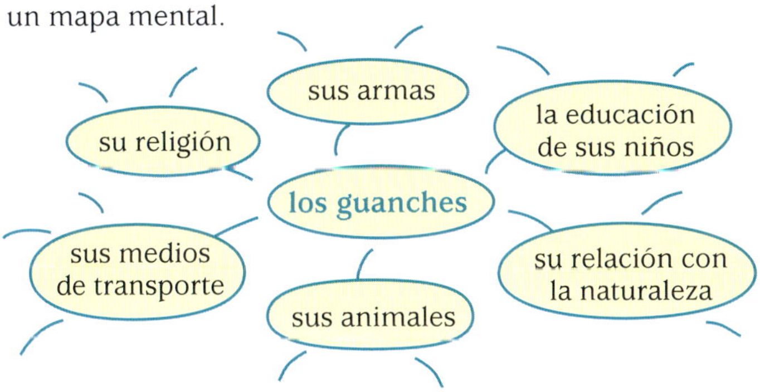

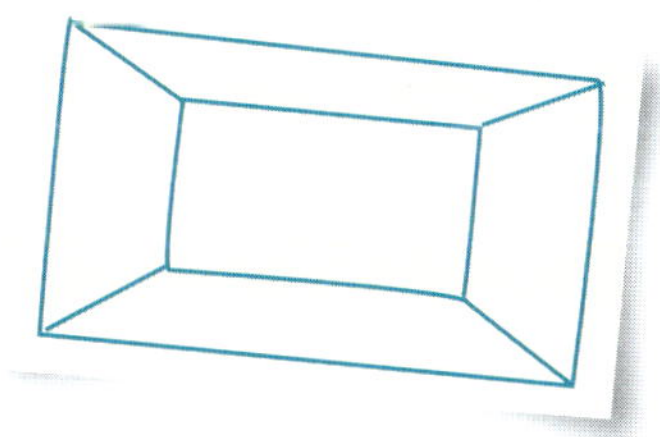

2. ¿Qué crees, por qué desapareció completamente la cultura guanche? Para contestar esta pregunta formad grupos de 4 personas y usad el método del "mantelito":

a) Cada persona apunta lo que le parece más importante en una de las cuatro partes de la hoja grande. Es una fase de trabajo individual[1]. Tenéis 3 minutos.

b) Después tenéis 5 minutos para leer lo que han escrito los demás. Escribid comentarios si queréis. Sigue siendo un trabajo individual: no podéis hablar.

c) Ahora hablad de las diferentes opiniones y formulad una opinión común en el centro de la hoja grande.

d) Elegid a una persona para presentar vuestra opinión común en el curso.

→

1 **individual** individuell, einzeln

3. ¿Conocéis otros pueblos indígenas que hayan desaparecido casi o completamente después de haber sido conquistados por otro pueblo? Hablad primero con un/-a compañero/-a y explicad después vuestras ideas a la clase.

E8 Como tenemos vacaciones, vamos a ir a Canarias.

1. Lee el siguiente diálogo entre dos amigas y explica qué significa *como* en la última frase.

2. Compara. ¿Dicen lo mismo las dos frases?

> Como tenía tantos exámenes, preferí quedarme estudiando.

> Preferí quedarme estudiando porque tenía tantos exámenes.

3. Completa en tu cuaderno.

> *Como* y *porque* se usan para expresar una causa, una razón. Si expresamos la causa al principio de la oración, usaremos ●●●.

4. Ahora completa estas frases sobre las Islas Canarias con *como* y *porque*.

a) ●●● en La Palma hace tanto viento, el aeropuerto funciona completamente con energía eólica[1].

b) El director de cine[2] Pedro Almodóvar eligió Lanzarote para su película *Los abrazos rotos* ●●● los paisajes de la isla le gustaron mucho.

c) En El Hierro hay un hotel muy pequeño. ●●● solo tiene cuatro habitaciones es uno de los más pequeños del mundo.

d) ●●● los romanos vieron tantos perros salvajes en las islas, las llamaron *Insulae Canariae*, esto es *Islas de Perros*. *Canis* en latín significa perro.

e) Hace muchos años, los campesinos de La Gomera inventaron un lenguaje con silbidos[3] ●●● no tenían otra manera de comunicarse con sus vecinos que vivían a unos kilómetros de distancia.

facultativo

5. Te recomendamos ver la película *Los abrazos rotos* de Pedro Almodóvar. Mira la estrategia para hablar de cine y haz un resumen del argumento. → 4

1 la energía eólica die Windkraft, 2 el director de cine der Regisseur, 3 el silbido das Pfeifen

6. Describe la foto a la derecha. ¿Qué está haciendo este señor? ¿Conoces otras formas interesantes de comunicarse? Comenta tus resultados en clase.

E9 En la playa

1. En parejas. Mirad la imagen durante 30 segundos, cubridla[1] y por turnos debéis decir una frase sobre lo que habéis visto. El primero que se queda sin frase pierde. Después mirad la imagen y completad la descripción.

2. Ayer, cuando estabas en la playa, pasó algo inesperado[2]. Escríbele un e-mail a tu amigo/-a de España, describe la situación y cuenta la historia. Usa construcciones con gerundio e infinitivo.

3. Pasa tu texto a un/-a compañero/-a quien tendrá que corregir el uso de los pasados, las construcciones con gerundio e infinitivo, el vocabulario, etc. → 5

1 cubrir abdecken, 2 inesperado/-a unerwartet

Paso 2 *¿Un paraíso para todos? Inmigrantes en las Islas Canarias*

E1 La inmigración ilegal en imágenes

1. Mira estas fotos y descríbelas.
2. Escribe un título para cada una.

1
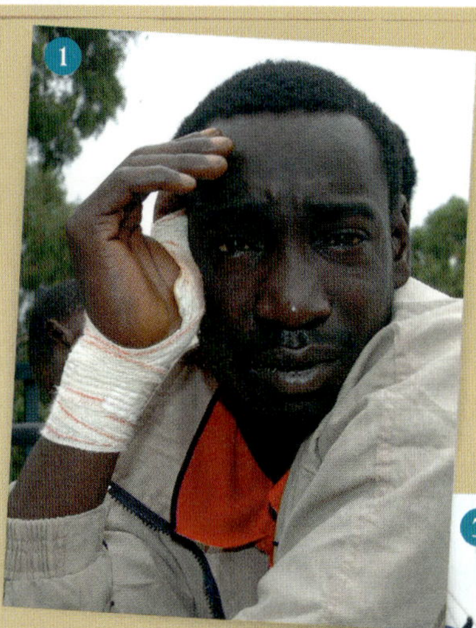

2

3
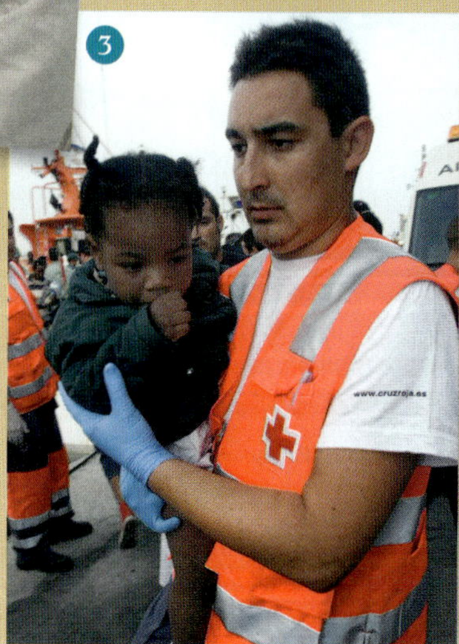

4

E2 ¿Qué te parece?

Completa estas frases intentando expresar la situación y los sentimientos de las personas en las fotos de E1.

a) A los hombres en el barco (no) les importa que ●●●. Prefieren que ●●●.

b) La niña necesita que ●●●. Le encanta que ●●●. (No) le interesa que ●●●.

c) Las personas en la playa se alegran de que ●●●. Esperan que ●●●.

d) Al hombre que está llorando no le gusta que ●●●.

E3 Opiniones sobre la inmigración ilegal

1. Lee lo que dicen diferentes personas sobre la inmigración y completa sus frases con formas del subjuntivo presente.

a) Es necesario que los inmigrantes ●●● *(saber)* la lengua del país al que emigran.
b) Ojalá ●●● *(encontrar, yo)* pronto un puesto de trabajo.
c) Es importante que ●●● *(emigrar, ellos)* legalmente.
d) Es una vergüenza que algunas personas no ●●● *(aceptarlos)*.
e) Me alegro que a ustedes ●●● *(gustarles)* mi país.
f) Es raro que algunas personas ●●● *(preferir)* mandar a sus hijos a colegios en los que no hay inmigrantes.
g) Es indispensable que nosotros ●●● *(encontrar)* pronto un sitio para vivir.
h) Esperamos que ellos ●●● *(poder)* integrarse pronto a la nueva cultura.
i) Temo que ellos ●●● *(echar de menos)* sus costumbres, a su familia y a sus amigos.
j) Espero que todos ●●● *(ayudarnos)* a integrarnos rápidamente.

2. ¿En cuáles de estas frases habla un/-a inmigrante, y en cuáles habla un/-a canario/-a? Justifica tu opinión.

Un artículo del periódico

1. Lee la siguiente información con ayuda del diccionario bilingüe. Después, cuéntale a un alemán qué es SIVE.

Las siglas SIVE significan: Sistema Integrado de Vigilancia Exterior. Es utilizado en España para vigilar la frontera sur del país, las Islas Canarias y las Islas Baleares, controlando la inmigración ilegal y el narcotráfico.
Entre 2000 y 2008 costó alrededor de 232 millones de euros.
El SIVE usa una serie de tecnologías para mandar información en tiempo real a un centro de control en Algeciras que puede actuar enseguida: sensores de radar, cámaras infrarrojas y de vídeo de gran alcance para una vigilancia continua, tanto de día como de noche, y también sensores acústicos. Todos ellos están desplegados en tierra, embarcaciones, aeronaves y satélites.
El SIVE es gestionado por la Guardia Civil.

2. Ahora lee el artículo en la página siguiente.

En España hay – igual que en Alemania – muchos periódicos que se publican cada día. El periódico con más lectores es **El País** (1.924.000 lectores cada día), seguido por **El Mundo** (1.282.000 lectores) y **ABC** (756.000 lectores). Además hay periódicos de información deportiva que también salen cada día: **Marca** con 2.888.000 lectores diarios y **AS** con 1.395.000 lectores. ¿Cuáles son los periódicos más leídos en Alemania? Cuéntaselo a un español.

Un barco de la Guardia Civil rescata a un grupo de inmigrantes.

→

CANARIAS RECIBE LA MAYOR OLEADA DE INMIGRANTES EN PATERA EN UN DÍA

Fernández de la Vega se reúne hoy con los ministros de Exteriores, Defensa, Interior y Trabajo

MADRID. Canarias ha recibido este martes la mayor oleada de inmigrantes llegados en patera en un día. A lo largo de la jornada se han detenido a 331 subsaharianos que intentaban alcanzar sus costas a bordo de ocho embarcaciones. Este miércoles han sido rescatados otros 68 en Tenerife.

Tras la dura jornada del lunes, cuando el archipiélago recibió a 282 inmigrantes, Gran Canaria y Tenerife volvieron a ser el escenario de las llegadas, aunque también se detectó una patera con 17 inmigrantes frente a Algeciras (Cádiz), con lo que en total fueron detenidas 348 personas en un solo día.

Anoche, a las 23.00 horas, fueron interceptados 33 inmigrantes más cuando trataban de llegar en un cayuco al sur de Gran Canaria. Todos eran varones adultos de origen subsahariano, presentaban síntomas de cansancio y agotamiento y fueron atendidos por personal de Cruz Roja antes de ser puestos a disposición de la Policía Nacional.

Y este miércoles, han sido rescatados otros 69 varones subsaharianos, entre ellos cuatro menores, que anoche se dirigían en una patera hacia Tenerife, según informaron fuentes de la Subdelegación del Gobierno en la provincia de Santa Cruz de Tenerife.

Los centros de internamiento de inmigrantes del Archipiélago se encuentran desbordados o al límite de su capacidad desde el domingo. Esta mañana, la vicepresidenta primera del Gobierno, María Teresa Fernández de la Vega, preside una reunión para abordar el problema creado por la elevada afluencia de pateras a Canarias procedentes de Mauritania.

Las llegadas masivas en pateras, con detenciones de más de 200 inmigrantes, eran desconocidas en Canarias hasta el año 2002.

"Canarias recibe la mayor oleada de inmigrantes en patera en un día."
En: *El Mundo*, 15.03.2006

3. Formad grupos de cuatro personas. Dos personas contestan las preguntas **A** y las otras dos contestan las preguntas **B**. Después contad vuestras respuestas a la otra pareja. Al final controladlas con toda la clase.

A ¿Qué sabes sobre los países subsaharianos y los países magrebíes? Si no sabes contestar estas preguntas, busca más información en Internet.

a) ¿Cómo es la situación política?
b) ¿Qué nivel de vida tiene la mayoría de los habitantes?
c) ¿Cómo funciona la economía?
d) ¿Por qué hay tantos emigrantes que intentan llegar, por ejemplo, a España? ¿Qué buscan en estos países?

B Con la ayuda del texto y del mapa de las primeras páginas del libro o investigando en Internet contesta las siguientes preguntas:

a) ¿Dónde están los lugares que aparecen en el texto? Búscalos en el mapa de las primeras páginas del libro.
b) ¿De dónde salen los inmigrantes?
c) ¿Por dónde intentan entrar en España?
d) ¿Cuántos kilómetros de distancia hay entre la costa de África y las costas de las Islas Canarias?
e) ¿Qué pasa con los inmigrantes ilegales que llegan a las costas de las Islas Canarias?

E4 Las seis preguntas clásicas[1]

1. En las noticias, para dar forma a un artículo, los periodistas se formulan las seis preguntas clásicas que veis a la derecha. En parejas, leed otra vez la primera parte del artículo e intentad contestar estas preguntas. ¿Podéis contestar todas? Mirad en qué orden aparecen en el artículo. Explicad por qué se cuentan primero algunos aspectos y después otros.
2. Inventad una noticia para un periódico serio sobre una de las personas de las fotos de E1. Primero contestad las seis preguntas. ¿En qué orden vais a poner la información?
3. Pasad la noticia a otra pareja y corregid su texto. → 5

E5 La nueva forma es practicada por los estudiantes.

1. Fíjate en las construcciones en azul en el artículo y decide si estas frases son correctas o falsas. Después comprueba mirando el libro de gramática. → G 8.2

	c	f
a) En la voz pasiva se usa el verbo *ser* combinado con el participio.	●	●
b) En la voz pasiva se usa el verbo *estar* combinado con el participio.	●	●
c) En la voz pasiva hay una concordancia[2] de género y número entre sujeto y participio.	●	●
d) El objeto de la oración activa es el sujeto de la oración pasiva.	●	●
e) El sujeto de la acción (el complemento agente) va con la preposición *para*.	●	●
f) El sujeto de la acción (el complemento agente) va con la preposición *por*.	●	●

2. Pon ahora las construcciones en voz pasiva del texto que no tengan complemento agente en pasiva refleja. Sigue el modelo. → G 6.1.1

Modelo:
Este miércoles han sido rescatados otros 68 en Tenerife.
→ *Este miércoles se han rescatado otros 68 en Tenerife.*

3. Compara la voz pasiva en alemán y en español.

¡Ojo!

La voz pasiva no es muy importante en el español hablado, mucho menos que en francés y todavía menos que en lenguas como el inglés o el alemán. Sin embargo, es necesario tener una idea de su construcción y uso. Se usa sobre todo en artículos de prensa o en textos técnicos o científicos.
En la lengua hablada se usa la pasiva refleja en vez de la voz pasiva.

1 clásico/-a klassisch, 2 la concordancia der Bezug, die Übereinstimmung

E6 Como en el periódico

Escribe las siguientes frases en voz pasiva.
→ G 8.2

Modelo: *Más de 300 subsaharianos han sido detenidos.*

a) Han detenido a más de 300 subsaharianos.
b) Los habitantes rescataron a una familia subsahariana.
c) El periódico *El Mundo* publicó un artículo sobre el tema.
d) Los políticos estuvieron discutiendo el tema durante muchas horas.
e) Las autoridades van a devolver a los inmigrantes a sus países de origen.

E7 Y como en la vida diaria

Ahora escribe los siguientes titulares en voz activa.

Modelo: *Los vecinos trajeron mantas y remedios.*

a) Mantas[1] y remedios fueron traídos por los vecinos.
b) Una niña fue llevada al hospital por los policías.
c) La patera fue traída a la playa por unos jóvenes.
d) El artículo fue leído por miles de personas.
e) Toda la información será conocida mañana.

E8 Extranjeros

1. Lee la letra de esta canción de Pedro Guerra y complétala con las palabras que faltan.

alma[2] (3x) – cuerpo (3x) – mar (3x) – nombre (3x) – volver – todos (2x)

Extranjeros

Están por ahí, llegaron de allá
sacados de luz ahogados en dos,
vinieron aquí salvando la sal
rezándole al ●●● perdidos de Dios.

Gente que mueve su casa
sin más que su ●●● y su ●●●,
gente que mueve su ●●●
sin más que un lugar que lo esconde.

Están por aquí, cruzaron el ●●●
queriendo París buscando un papel,
llegaron de allí, vivieron sin pan,
intentan seguir no quieren ●●●.

Gente que mueve su casa
sin más que su ●●● y su ●●●,
gente que mueve su ●●●
sin más que un lugar
que lo esconde.

Por ser como el aire su patria es el viento,
por ser de la arena su patria es el sol,
por ser extranjero su patria es el mundo,
por ser como ●●● su patria es tu amor.

Recuerda una vez que fuimos así,
los barcos y el ●●●, la fe y el adiós,
llegar a un lugar pidiendo vivir,
huir de un lugar salvando el dolor.

Gente que mueve su casa
sin más que su ●●● y su ●●●,
gente que mueve su ●●●
sin más que un lugar que lo esconde.

Por ser como el aire su patria es el viento,
por ser de la arena su patria es el sol,
por ser extranjero su patria es el mundo,
por ser como ●●● su patria es tu amor.

Pedro Guerra: "Extranjeros."
En: *Ofrenda*. BMG Ariola, 2001

1 la manta die Decke,
2 el alma *f.* die Seele

2. ¿Qué tipo de música te imaginas para esta canción? Intenta describirla y justifica tu opinión. Usa el diccionario bilingüe.
   a) ¿Qué instrumentos te imaginas?
   b) ¿Esperas un ritmo lento o uno rápido?
   c) ¿Esperas una melodía triste, dinámica o alegre?

3. Ahora escucha la canción.
   a) Comprueba si has puesto las palabras correctamente.
   b) Explica si te gusta la música y justifica tu opinión. ¿Es como esperabas?

4. Contesta ahora estas preguntas para explicar qué quiere decir Pedro Guerra.
   a) ¿En qué líneas de la canción habla de la situación de los inmigrantes en sus países de origen? ¿Cómo la describe?
   b) ¿En qué líneas habla de la situación actual de los inmigrantes después de venir a España? ¿Y cómo describe esa situación actual?
   c) ¿Qué crees, qué es lo que Pedro Guerra espera de nosotros? ¿Lo dice en alguna línea de la canción?

5. Expón el problema de la inmigración en España refiriéndote a la canción que has escuchado y analizado.

6. Describe la foto lo más exactamente posible y expresa una hipótesis sobre lo que está pensando el cantante. Comparad vuestras hipótesis y elegid la más interesante / graciosa.

7. Infórmate quién es Pedro Guerra y preséntalo en clase.

E9 Cada vez más jóvenes en las ONG

Hablar del número de organizaciones no gubernamentales (ONG) en España es realmente complicado, porque no existe un registro oficial. Algunas fuentes hablan de 3.000 y otras de 15.000. Las hay de todos tipos: para ayudar a los niños de la calle, de alfabetización[1], superación[2] de la pobreza, para realizar investigación social, de educación popular[3], defensa[4] del medio ambiente, defensa de los derechos de los consumidores, ayuda social, promoción[5] cultural, integración social, entre muchas otras.

1 la alfabetización die Alphabetisierung
2 la superación die Überwindung
3 popular öffentlich
4 la defensa hier: der Schutz
5 la promoción die Förderung

1. Algunas Organizaciones no Gubernamentales (ONG) organizan viajes de unas tres semanas a países del Tercer Mundo para que los jóvenes europeos conozcan cómo vive la gente. SODePAZ es una de esas organizaciones.
   Imagina que tú quieres pasar un tiempo como voluntario en un país en el que se habla español. ¿Para qué quieres ir? Escribe ocho razones para participar de estos viajes. ¡Ojo con las frases que necesitan subjuntivo!

2. Si tuvieras que elegir, ¿a qué (tipo de) ONG te gustaría pertenecer? Explica por qué.

Modelo:

– Quiero ir para practicar la lengua.
– Quiero ir para que la gente me cuente sobre su vida y sus problemas.
– …

E10 Se buscan jóvenes que tengan un poco de tiempo libre.

1. Al elegir a los voluntarios, hay varios aspectos que son importantes para SODePAZ. Mira esta lista. ¿Cuáles de estos aspectos te parecen indispensables, y cuáles son un poco menos importantes? Habla con tu compañero/-a.

2. Escribe un anuncio de SODePAZ buscando voluntarios. Empieza como en el modelo. → G 8.3

   Modelo: *Buscamos jóvenes que tengan un poco de tiempo libre y ...*

3. Has visto el anuncio de SODePAZ en el periódico y tienes muchas ganas de pasar tres semanas en un país del Tercer Mundo para ayudar como voluntario. Escribe una solicitud y explica por qué eres ideal para lo que piden. → 7

El voluntario ideal:

+ ganas de ayudar a los demás
+ personalidad dinámica
+ buena salud
+ capacidad para trabajar en grupo
+ capacidad para solucionar problemas
+ capacidad de adaptación[1] a un país extranjero
+ buen nivel del idioma del país
+ experiencia o interés para trabajar como voluntario

E11 Cuenta lo que ves y lo que sabes.

Explica este mapa con lo que ahora sabes sobre las Islas Canarias.

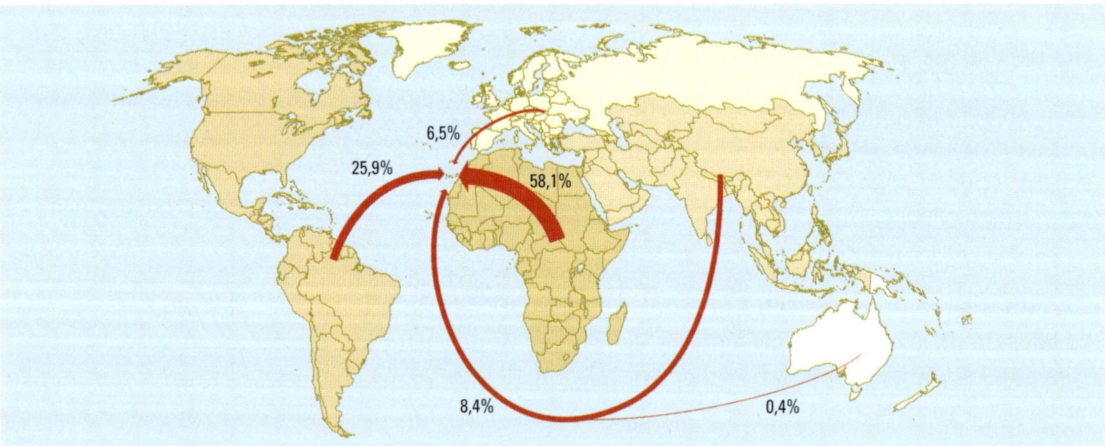

facultativo

E12 Una historia personal

Presenta a una de las personas de las fotos de E1 y explica qué le pasó. También formula hipótesis sobre su futuro.

1 la adaptación die Anpassung

Paso 3 *Las Islas Canarias: un paraíso para muchos*

E1 Las diferentes caras de las islas

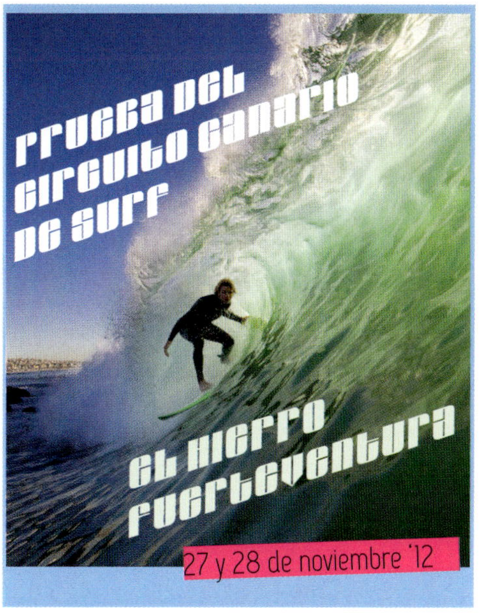

1. Se puede ver claramente que cada una de las Islas Canarias se dirige a un grupo diferente de turistas. Intenta analizarlo:
   a) ¿Qué se puede hacer en los lugares que muestran los carteles?
   b) ¿Qué imágenes presentan y qué colores utilizan?
   c) ¿Qué prometen los carteles?
   d) ¿A quién se dirige cada uno?

2. ¿En qué isla te gustaría pasar tus vacaciones? Justifica tu opinión.

3. Seguramente te ha llamado la atención que falta una isla muy importante: Tenerife. Tenerife es la isla más grande y atrae a diferentes grupos de turistas. Busca información sobre lo que Tenerife ofrece a los turistas y diseña un cartel para una agencia de viajes.

E2 Vacaciones en grupo

Trabajad en grupos de cuatro. Queréis ir una semana a una de las Islas Canarias pero todavía no sabéis a cuál. Cada uno de vosotros tiene diferentes gustos. Repartid[1] los roles y discutid a qué isla vais a viajar. Tenéis ocho minutos para preparar vuestro papel y otros diez para llegar a un acuerdo. Además de las ideas que os proponemos cada uno debe escribir por lo menos una idea propia.

Fuerteventura

El verano pasado unos amigos estuvieron allí y contaron que no era tan caro.

Quieres
- pasar unas vacaciones tranquilas.
- tomar sol y disfrutar de las playas.
- practicar deportes acuáticos[2].

Prefieres
- comprar el vuelo en una agencia de viajes.
- buscar un albergue allí.

No quieres
- gastar mucho dinero.

Lanzarote

Conoces a una familia que alquila pisos para cuatro personas.

Quieres
- cruzar en camello[3] el Parque de Timanfaya.
- disfrutar de la marcha en Arrecife, Puerto del Carmen y Playa Blanca.
- hacer excursiones en bicicleta de montaña y hacer senderismo en el Parque Nacional de Timanfaya.

Prefieres
- alquilar un piso.

No quieres
- pasar cada día en la playa.

El Hierro

Viste un DVD de El Hierro y te impresionaron sus bosques. Además tienes una tienda de campaña nueva en la que pueden dormir cuatro personas.

Quieres
- pasar unas vacaciones muy tranquilas.
- practicar surf, el deporte que más te gusta.
- hacer senderismo "de aventura" en los bosques.
- aprender a bucear.

Prefieres
- ir a un camping y no a un albergue.

No quieres
- gastar mucho dinero.

Gran Canaria

Después de un año de cole sueñas con descansar en la playa mientras miras las hermosas dunas[4] de Maspalomas.

Quieres
- ver los pueblos del interior de la isla.
- ir al famoso Parque de los Cocodrilos.
- visitar los tres parques acuáticos.
- conocer Pachá, una de las discotecas más famosas del mundo.

Prefieres
- organizar el vuelo y un albergue con desayuno en una agencia de viajes de tu ciudad.

No quieres
- ni cocinar, ni hacer las compras, ni limpiar.

1 repartir verteilen, 2 acuático/-a Wasser-, 3 el camello das Kamel, 4 la duna die Düne

E3 Ventajas y desventajas del turismo

1. Lee los textos y mira la foto y la estadística. Con esta información haz una tabla:

ventajas del turismo	desventajas del turismo
●●●	●●●

El turismo de las Islas Canarias es un factor muy importante para la economía local. Por el clima subtropical que disfrutan estas islas muchos visitantes de Alemania, Holanda, Inglaterra e Irlanda las visitan todos los veranos. Canarias constituye la tercera región española que mayor número de turistas extranjeros recibe (detrás de Cataluña y Baleares). Canarias recibe más de 9,6 millones de turistas extranjeros anualmente. [...] En este aspecto Tenerife, según los datos aportados por AENA, es el principal destino turístico en las islas, con el 37% del total, le sigue Gran Canaria con un 31% y luego Lanzarote y Fuerteventura con un 16,28% y un 13,30% respectivamente. La Palma se mantiene en la proporción superando el 1,3%. La mayoría de los turistas que visitan las islas proviene del norte de Europa, principalmente del Reino Unido y Alemania.

"Canarias." En: *es.wikipedia.org*, 23.05.2011

Finalmente, a partir de los 90 se ha ido acentuando la demanda de los turistas, especialmente de los europeos, de áreas alejadas de la muchedumbre, de las ciudades, de sitios que permitan el contacto con la naturaleza y las tradiciones de la población autóctona. Es el turismo rural.

Elsa F. Rodríguez Aguiar: "El turismo de masas en Canarias." En: *www.revistacanarii.com*, 2011

Playa del Inglés, en Tenerife

El nivel de desarrollo alcanzado en la región se debe fundamentalmente al turismo.

Beatriz Martín de la Rosa: "Turismo y gestión cultural en las Islas Canarias." En: *www.pasosonline.org*, 2012

Evolución de la población ocupada por sectores (%)

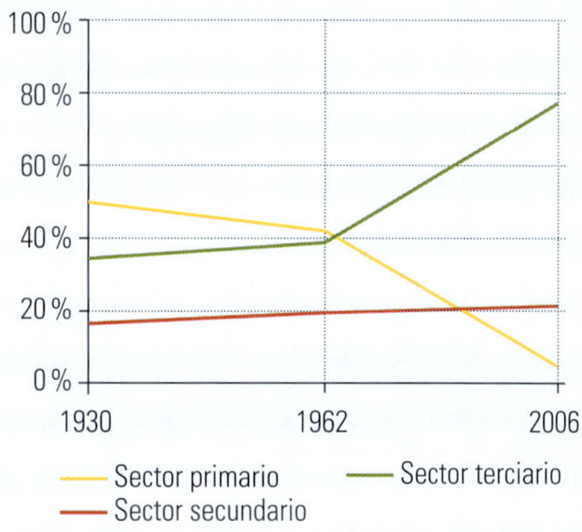

⟶

2. Preparad una pequeña discusión sobre el siguiente tema: ¿Hay que limitar el turismo en las Islas Canarias? Trabajad en grupos de cuatro. Cada uno prepara argumentos a favor y en contra. Tenéis quince minutos. Pasado este tiempo vais a sortear quiénes van a defender los argumentos a favor y quiénes los que están en contra. Tenéis ocho minutos para discutir. Al comienzo cada uno debe definir su opinión. Podéis usar las frases de la derecha.

En mi opinión ... / Creo que ...	En primer / segundo lugar, quiero explicar que ...
Sin embargo ... / Pero ...	¿No es así?
Es especialmente importante ...	Por un lado, ... por otro lado, ...
¡Déjame hablar! / Habla tú si quieres.	Por último, ...

E4 César Manrique, precursor[1] del turismo ecológico

1. En grupos. Escuchad dos veces el texto sobre César Manrique y apuntad palabras clave. Hablad sobre lo que habéis apuntado y escribid un texto.

facultativo

2. Ahora vuestro/-a profesor/-a va a daros el texto que habéis escuchado. Comparadlo con vuestro texto.

3. Describe las fotos y relaciónalas con el texto.

4. Busca información sobre la Fundación César Manrique y preséntala al curso.

1 el precursor der Pionier

El turismo sostenible

El turismo ecológico tiene de base cuidar todos los aspectos del mismo para que estén lo más cerca en armonía con el medio ambiente. Es importante pensar en nuestras actuaciones y si las mismas pueden tener efectos negativos en la naturaleza.
Los tres componentes clave que desarrollan un papel fundamental en el eco-turismo son: el impacto ambiental, el impacto socio-cultural y el impacto económico.
El impacto ambiental sujeto al turismo es aquella repercusión que tiene sobre la conservación y la protección de los diferentes ecosistemas del mundo.
El impacto sociocultural estriba en comprender el grado y comprensión intercultural entre las gentes de los lugares que visitamos, preservando así los valores culturales.
En cuanto al impacto económico, nos referimos a que en muchos lugares el turismo es la fuente principal de ingresos de la región, con lo cual es también un punto fuerte en la prosperidad de la misma.
Actualmente y gracias a la gran demanda de este tipo de turismo, la oferta de viajes sostenibles es afortunadamente cada vez mayor. Es destacable que cada vez sean más solicitadas las vacaciones en granjas, agro-turismo o turismo rural, casas de árbol, etc.
Los viajes en familia pueden resultar muy divertidos, enriquecedores e inolvidables. Varias encuestas disponibles en la Red, indican que más de la mitad de los ciudadanos europeos estarían dispuestos a pagar más por unas vacaciones más respetuosas con el medio ambiente. Eso sí, el promedio de edad que respondió positivamente, está entre los 26 y 36 años de edad.
Las personas cada día están más implicadas y quieren aportar su granito de arena.
El gran pilar de las vacaciones sostenibles radica en que las personas disfruten de sus vacaciones en la naturaleza sin causarle daño alguno.

"¿Quieres saber más sobre las eco-vacaciones?"
En: *www.ecotendencia.com,* 28.10.2011

1. César Manrique fue uno de los primeros defensores[1] de lo que hoy llamamos "turismo ecológico" o "turismo sostenible". Lee este texto y después discute en clase: ¿qué es lo más importante si quieres hacer este tipo de turismo? ¿En qué aspectos puedes cuidar el medio ambiente cuando viajas?
2. Investiga cómo funciona el turismo ecológico en las Islas Canarias y compara tus resultados con los de tus compañeros.

E5 Te recomiendo que …

¿Qué les recomiendas a las personas que quieren hacer turismo ecológico en las Islas Canarias? Haz una lista para un blog sobre turismo ecológico recomendando, por lo menos, quince cosas.

Modelo: *Te recomiendo que vayas a una agencia especializada[2] en este tipo de turismo. Es importante que …*

¡Ojo!
Para recomendar también necesitas el subjuntivo.

1 el/la defensor/-a der/die Verfechter/-in, 2 especializado/-a en spezialisiert auf

E6 Repaso: ¿Te recomendó que hicieras todo eso?

1. ¿Recuerdas cómo se forma el imperfecto del subjuntivo? Mira el modelo. → G 6.5

Modelo:
hablar → *hablaron (indefinido)*
→ *hablara, hablaras, hablara, habláramos, hablarais, hablaran (imperfecto del subjuntivo)*

2. Mira las frases que has escrito en E5 y cuéntale a un amigo español qué les recomendaste a las personas que quieren hacer turismo ecológico.

Modelo:
Les recomendé que fueran a una agencia especializada en este tipo de turismo.

T2 El turismo en Canarias

6965-49

El destino turístico Islas Canarias, según datos de Frontur y Frontur Canarias (ISTAC-IET), ha recibido un total de 929.109 turistas extranjeros y españoles en septiembre, un 13,67 % más que en septiembre de 2010. En lo que respecta al acumulado del año, el destino turístico Islas Canarias registra un incremento del 14,29 % con la llegada de 8.698.532 turistas extranjeros y nacionales. El viceconsejero de Turismo del Gobierno de Canarias, Ricardo Fernández de la Puente Armas, destacó que "con estos datos, Canarias continúa liderando el crecimiento turístico de España en cuanto a turismo extranjero con un incremento del 19,71 % en lo que va de año, seguida de Baleares con un aumento del 10,72 %". "En este mes", precisó el viceconsejero de Turismo, "se ha incrementado el turismo extranjero y español en todas las Islas, incluida La Palma que llevaba varios meses de descenso". En lo que respecta al turismo extranjero, las Islas recibieron en septiembre la visita de 748.578 turistas, lo que supone un 20,17 % de incremento respecto al mismo mes de 2010. Además, en el acumulado del año, llegaron a las Islas 7.384.255 turistas extranjeros, lo que supone un incremento del 19,67 % respecto al mismo período del año anterior. En cuanto al turismo nacional, las Islas recibieron en el pasado mes de septiembre la visita de 180.530 turistas, un 7,16 % menos que en el mismo mes de 2010, mientras que, en lo que va de año, llegaron a las Islas 1.314.276 visitantes nacionales, lo que implica un descenso del 8,78 %. El mercado de Holanda es el que mejor comportamiento ha registrado en septiembre, con un incremento del 36,32 % respecto a septiembre de 2010 y un total de 37.304 visitantes; seguido de Irlanda, con un 29,32 % de incremento y 37.041 visitantes. Además, destaca el importante incremento de otros mercados como el de Reino Unido (18,8 %) y Suiza (14,76 %).

Viceconsejería de Turismo: "Canarias recibe 929.109 turistas extranjeros en septiembre." 24.10.2011

E7 Sobre el texto ...

1. En parejas. Cada uno de vosotros elige cinco cifras y se las dice a su compañero/-a. Este/-a mira el texto T2 y formula una frase completa[1].

2. En el texto aparece varias veces la palabra "incremento". Busca sinónimos y antónimos en el diccionario monolingüe.

Modelo:
A: *20,17 %.*
B: *Es el incremento[2] del turismo en septiembre de 2011 comparado con septiembre de 2010.*

1 completo/-a vollständig, 2 el incremento die Zunahme

3. Escribe cinco frases sobre el texto de las que algunas sean correctas y otras falsas. Tu compañero/-a corregirá las falsas.

4. En parejas, elegid uno de los aspectos de los que se habla en el texto y dibujad un gráfico o preparad una estadística.

E8 Cartas de lectores

1. Lee las siguientes cartas que han escrito algunas personas a diferentes periódicos. Elige una y respóndela.
2. Pasa tu respuesta a un/-a compañero/-a que va a corregir tu carta. Para corregir mira primero si el vocabulario que se usó es adecuado[1]. Controla el uso correcto de los tiempos y formas verbales, de las preposiciones, adjetivos y artículos. Mira si los conectores son los adecuados. Por último controla la ortografía. → 5

Menorca se acaba
Robert Álvarez Sastre, Barcelona
He pasado, como cada año, unos días de mis vacaciones en Menorca y pienso en el poco tiempo que le queda a la isla para convertirse en un desastre turístico más. Este pequeño paraíso balear se acaba ante la fuerte presión inmobiliaria. Miles de casas y apartamentos pueblan los lugares boscosos. Y miles de yates y barcas ensucian el agua impunemente; ni el parque natural de Es Grau se salva. ¿Alguien hará algo para proteger a la isla?

La basura llamada Maspalomas
Luisa Giménez Martel, Gran Canaria
Es indignante pasear por Maspalomas, el consistorio ha retirado 175 contenedores de basura y en su lugar ha puesto solo 9 autocompactadores. Pasear por la ciudad turística más importante de España es como pasear por el vertedero de Juan Grande. La basura está en todas las esquinas. La población tiene que andar cientos de metros para depositar su basura en un autocompactador, y hay personas mayores que no pueden desplazarse a estos puntos. ES DE VERGÜENZA.

Desastres naturales y responsabilidad
Víctor Ovies, Granada
Tenemos la curiosa costumbre de hacer de la naturaleza nuestra enemiga. Construimos pueblos al borde de barrancos, listos para ser arrasados el día en que a esos barrancos les dé por hacer lo que siempre hicieron: correr, desparramarse, arrastrar torrentes de agua. ¿Pero es que nadie les enseñó en la escuela cómo se formaron y para qué sirven los barrancos? Ponemos hoteles al pie del Etna, del Teide. Y nos tapamos los ojos para no ver y jugamos a que aquí no va a pasar nada. Y si pasa, lo llamamos desastre natural. Un volcán, eso es lo que son todas las Islas Canarias. No es más que lava. Y siguen vivas, las islas, y a lo mejor un día deciden sacudirse las pulgas de encima.

E9 Ahora tú.

Un canario de visita en tu país te pregunta cómo es el turismo en Alemania. Piensa en una región turística que conoces bien y explícaselo.

---

1 adecuado/-a angemessen

E1 Comprensión lectora

El trecho de agua que separa Marruecos de Lanzarote a ojos de los jóvenes varones de Sidi Ifni [en Marruecos] se representa como un túnel del tiempo. La máquina que los traslada es la patera. Eso sí, la patera puede servir como tumba o como catapulta.

Y todos lo saben. Y se arriesgan. "Cuando no hay pan, no hay futuro", dice Ossama K., superviviente del impacto entre una patera ocupada por 25 inmigrantes, que chocó con una patrullera de la Guardia Civil la noche del pasado 13 de diciembre, cerca de Teguise. Hoy hace un mes.

Ossama tiene 16 años. Sus ojos siguen asustados. A él nadie le ha preguntado nada desde que llegó. A su lado, callado, Boujamâa M., su amigo y compañero de viaje. Son de la misma edad.

—¿Por qué un niño de 16 años sube a una patera para venir a Canarias?
—Busco un futuro, responde Ossama.
—¿Qué pasó esa noche?
—Vimos la patrullera pasar. Nos quedamos quietos y callados. Apagamos el motor. Después, la Guardia Civil encendió la luz. Y nos iluminó. Se acercó mucho y nos dio un golpe.
—¿Cayeron todos al agua?
—Sí, todos.
—¿Cuánto tiempo estuvieron en el agua?
—15 minutos más o menos.
—¿Quién te rescató?
— Me tiraron una cuerda. Sé nadar... y aguanté.
—¿No lanzaron salvavidas?
—No, yo no los vi.

Al lado de Ossama viajaba Boujamâa y tras él Alí F. Al caer al agua, Ossama vio cómo Alí intentaba aguantar con uno de los hoy desaparecidos que parecía no moverse. Le miró. Alí le dijo que siguiese, que llegase a la cuerda y subiese. Probablemente fueran sus últimas palabras. Su cadáver lo vomitó el mar pocas horas después. [...]

En la patera viajaban 25 personas. Sobrevivieron 17. [...] Quince de los sobrevivientes están en un Centro de Internamiento de Extranjeros con orden de expulsión de España. Los dos menores, en otro centro junto a otros niños que llegaron en patera "en busca de un futuro" que no encontraron.

Txema Santana, "Pasaje en patera a la muerte".
En: *El País,* 12.01.2013

Lee la entrevista a Ossama K. y decide cuál es la solución correcta.

a) Ossama K. es un joven marroquí ...
   A) ... que quiere irse a las Islas Canarias.
   B) ... que cruzó el mar entre Marruecos y las Islas Canarias en una patera.
   C) .. al que devolvieron de las Islas Canarias a Marruecos.

b) En el viaje en patera ...
   A) ... uno de los marroquíes, Ossama, cayó al agua.
   B) ... los 25 marroquíes cayeron al agua cuando vieron un barco.
   C) ... la patera tuvo un accidente con un barco de la Guardia Civil.

c) Alí, otro marroquí en la patera, ...
   A) ... murió en el mar.
   B) ... tiró una cuerda[1] a Ossama para ayudarle.
   C) ... fue rescatado por la Guardia Civil.

d) De los marroquíes en la patera ...
   A) ... murieron 6.
   B) ... murieron 8.
   C) ... murieron 15.

1 la cuerda das Seil

E2 Comprensión auditiva

55-52 Escucha el texto sobre los inmigrantes centroamericanos en los Estados Unidos y decide si las frases son correctas o falsas.

	c	f
a) En los EE. UU. hay más de 3 millones de inmigrantes de Centroamérica.	●	●
b) Más de 40 % de ellos son ilegales.	●	●
c) La mayoría de los inmigrantes viene de Nicaragua y Guatemala.	●	●
d) Más de un 50 % de los inmigrantes vive en el sur de los EE. UU.	●	●
e) Un 20 % de los inmigrantes vive en Los Ángeles.	●	●
f) En los últimos 10 años, casi 400.000 inmigrantes consiguieron[1] un pasaporte estadounidense.	●	●
g) El paro es uno de los problemas graves de los inmigrantes.	●	●
h) Casi la mitad de los inmigrantes de Centroamérica es pobre.	●	●

E3 Producción oral

Elige uno de los siguientes ejercicios.

a) **El futuro de nuestro planeta**
Te preocupa mucho el medio ambiente y no te parece bien que en tu instituto haya muchas personas a las que nuestro planeta les da completamente igual. Tienes 15 minutos para preparar una charla de 5 minutos en la que convences a tus compañeros de que es muy importante cuidar el medio ambiente y en la que les explicas cómo hacerlo. Al final tienes que hablar 5 minutos en clase.

b) **Las diferentes caras de Latinoamérica**
Tienes 15 minutos para preparar una charla de 5 minutos sobre las diferentes caras de Latinoamérica. Primero elige 5 aspectos sobre los que quieres hablar. Luego toma apuntes para cada aspecto. Al final tienes que hablar 5 minutos en clase.

E4 Producción escrita

1. Redacta un artículo de prensa sobre lo que Ossama cuenta en la entrevista de E1.
2. Imagínate que vives en Centroamérica. ¿Te irías a vivir a los Estados Unidos? Escribe un pequeño comentario para un periódico centroamericano en el que explicas tu opinión.

caras de Latinoamérica: alumnos cubanos

1 conseguir erhalten

E5 Gramática

Decide cuál es la solución correcta.

a) Si los conquistadores no hubieran creído que había mucho oro en el nuevo continente ...
   A) ... no hubieran intentado conquistarlo.
   B) ... no habían intentado conquistarlo.
   C) ... no intentaron conquistarlo.

b) Ken Good es un antropólogo norteamericano, ...
   A) ... que mujer es yanomami.
   B) ... cuyo mujer es yanomami.
   C) ... cuya mujer es yanomami.

c) En un congreso sobre la situación en Latinoamérica, las mujeres pidieron ...
   A) ... que todos tuvieran los mismos derechos.
   B) ... que todos tengan los mismos derechos.
   C) ... que todos tenían los mismos derechos.

d) Jair: "Nunca me iría de Colombia, porque aquí vive toda mi familia, ...
   A) ... pero viajara más."
   B) ... pero viajaría más."
   C) ... pero viajaba más."

e) Mi madre me dijo que no ...
   A) ... juegue mucho con el ordenador.
   B) ... jugaba mucho con el ordenador.
   C) ... jugara mucho con el ordenador.

f) ¡Tranquila! No te ...
   A) ... preocupes.
   B) ... preocupas.
   C) ... preocupa.

g) La entrevistadora quiso saber ...
   A) ... cuántos años tengo.
   B) ... cuántos años tenía.
   C) ... cuántos años tuviera.

h) Me preguntó ...
   A) ... qué me gustaría Alemania.
   B) ... si me gustaría Alemania.
   C) ... si me gustaba Alemania.

1 Resumen, Comentario, Opinión
Zusammenfassung, Texterschließung, Stellungnahme

Ein resumen ist das, was du aus dem Deutschunterreicht als Textzusammenfassung bzw. Inhaltsangabe kennst. Achte dabei besonders darauf, die vorgegebene Wortzahl nicht zu überschreiten! Ein resumen darf keine Nacherzählung werden!
Den comentario kennst du als Texterschließungsaufgabe: Hier geht es – anders als im resumen – nicht mehr allein darum, einen Text zusammenzufassen oder – im Gegensatz zur opinión – die eigene Meinung mit Argumenten zu untermauern, sondern es soll eine kritische Auseinandersetzung mit einem vorgegebenen Text, einem Zitat oder einer Karikatur erfolgen.

Resumen y comentario: palabras útiles

La introducción:
El texto titulado ... / que lleva el título ...
El texto escrito en ... por ... trata de ...
El tema principal del texto es ...
En este texto, el autor ...

La intención del autor y el procedimiento:
El autor expone / explica / describe / defiende la tesis / ilustra / intenta convencer al lector / justifica / critica / informa sobre / ataca / analiza / confirma / modifica / basa su argumentación en / valora ...

La estructura del texto:
al comienzo, al principio, primero, en primer lugar
luego, entonces, después, a continuación, en segundo lugar, además
al final, para terminar, por último, en conclusión

El orden de los argumentos:
En cuanto a / acerca de / con referencia a ...
Es decir ... / Lo que quiero decir es que ...
a causa de / por eso / ya que
en comparación con
a pesar de / sin embargo / mientras que
por un / otro lado, por una / otra parte

Die opinión kennst du als Stellungnahme: Hier sollst du zu einem vorgegebenen Thema Stellung beziehen und dafür gute Argumente in einer sinnvollen Reihenfolge klar formuliert darlegen.

Opinión: palabras útiles

Desde mi punto de vista ...
Soy de la opinión que ...
En mi opinión ...
Me parece que ...
Me parece bien / lógico / mal / increíble que ... (immer Subjuntivo!)
Opino / creo / pienso que ...
Estoy seguro/-a de que ...
Supongo que ...
(No) dudo que ... (immer Subjuntivo!)

¡Ojo! Verneint man Verben der Meinungsäußerung, braucht man den Subjuntivo!

Para mí, lo más / menos importante es que ...
A mi modo de ver ...

Está bien / claro / demostrado / comprobado (que ...)
Es verdad / evidente / cierto / obvio (que ...)

Comparto tu opinión (sin embargo ...)
Estoy de acuerdo con ...
Por una parte tienes razón, aunque ...
En parte tienes razón, pero ...
Estoy completamente en contra de ...

❷ Analizar textos literarios
Analyse literarischer Texte

Grundsätzlich seid ihr mit der Analyse eines literarischen Textes vertraut, selbst wenn sie in der Fremdsprache erfolgen soll. Hier findet ihr viel hilfreiches Vokabular, das ihr für die Literaturanalyse braucht.

Clasificación de los textos:

Se trata de
- (un pasaje / un extracto / un capítulo de) una novela, un cuento, un relato
- (un pasaje / un extracto / una estrofa / unas líneas de) un poema, una canción
- (un pasaje / un acto / una escena de) una obra de teatro, un drama, una comedia

El desarrollo de la acción:

el argumento, la acción principal, acciones secundarias, el hilo del argumento
el momento culminante / el punto crítico
la tensión aumenta / disminuye

Lugar y tiempo:

La acción se localiza / se desarolla / transcurre en ... (¡tiempo o espacio!)
El ambiente social / político se caracteriza por ...

Personajes:

la caracterización de los personajes / caracteres / protagonistas
el comportamiento / la actitud de ... ante ...
la relación armónica / conflictiva entre los protagonistas...
desempeñar / jugar un papel importante
ser una persona introvertida, pensativa, agradable, humilde, impulsiva, ambiciosa, vaga, generosa, confusa, torpe, inocente, cruel, egoísta, traidora, rencorosa, sabia, impaciente, antipática, misteriosa, cortés, amable, ...

Perspectiva y técnica narrativa:

El texto está escrito desde la perspectiva / el punto de vista de ...
el cambio de perspectiva
el / la narrador/-a omnisciente / el Yo narrador / el Yo lírico
El narrador se muestra (im)parcial / (no) interviene directamente
el estilo directo / indirecto / el monólogo interior

Análisis lingüístico:

el registro culto, coloquial, literario
el lenguaje sencillo, complicado, preciso
el autor emplea / utiliza / usa expresiones / frases cortas / largas / ordinarias / inacabadas ...

Recursos estilísticos:

la metáfora, la imagen, la comparación,
la perífrasis, la aliteración, la anáfora,
la hipérbole, la elipsis, la enumeración,
la repetición, la exclamación, la interrupción

3 Analizar textos del periódico
Analyse von Zeitungsartikeln

Grundsätzlich besitzt du bereits das Werkzeug, um Zeitungstexte zu analysieren. Das Vorgehen unterscheidet sich im Prinzip nicht von dem, das du bei anderen Textverständnis und -analyseaufgaben anwenden musst (vgl. die entsprechenden Strategieseiten). Was du allerdings benötigst, ist das spezifische „Presse-Vokabular":

Tipos de prensa:
la prensa especializada
la prensa sensacionalista
la prensa del corazón

la prensa local
la prensa regional
la prensa nacional
la prensa internacional

En España son muy comunes los periódicos en las lenguas regionales.

Clasificación de textos:
un artículo puede ser:
- un editorial (Leitartikel),
- un reportaje,
- un comentario,
- una glosa,
- una columna,
- una reseña de un libro,
- una crítica de una película,
- una carta al director (Leserbrief)

Cada artículo tiene un titular.

Periódicos importantes de España:
El País: www.elpais.com
ABC: www.abc.es
El Mundo: www.elmundo.es
La Vanguardia: www.lavanguardia.com

4 Hablar de una película
Über einen Film sprechen

Um eine Inhaltsangabe, eine Analyse oder einen Kommentar zu einem Film zu verfassen, brauchst du spezifisches „Film-Vokabular":

El tipo de película
La película es
- una comedia.
- un drama.
- un documental.

Se trata de
- una película de suspense.
- una película de acción.
- una película de amor.
- una película de terror.

El lugar, la acción, la época
La película está ambientada / se desarrolla en Barcelona en los años 60 / en España durante la Guerra Civil.
La escena muestra a los personajes principales en ...

Los personajes
El protagonista de la película se llama ...
Uno de los personajes más / menos importantes es ...

La opinión personal
La película es divertida / aburrida / fácil de entender / pesada / apasionante / fascinante / interesante / ...
La película te atrapa (ist spannend).
(No) me ha gustado porque ...

5 Corregir tus errores
Methoden der Selbstkorrektur

Eigene Texte korrigieren in vier Schritten

Beim Verfassen von fremdsprachlichen Texten unterlaufen einem leicht Fehler.
Die Fragen auf dieser Seite sollen dich auf typische Fehler aufmerksam machen, damit du deine Texte künftig gezielter Korrektur lesen kannst. Ergänze auf einer eigenen Liste weitere Punkte, um für dich typische Fehler zu vermeiden.

Erster Schritt: Das Überprüfen der Konkordanz

Damit dein Text verständlich ist, ist es unerlässlich, dass die Bezüge stimmen.

- Stehen Nomen und Verben, die sich aufeinander beziehen, alle im Singular bzw. Plural? **La** gent**e** est**á** content**a**. **Las** cancion**es** de Shakira me gust**an**.
- Ist das Genus eines Wortes richtig gewählt? Oft enden maskuline Wörter auf **-o**, feminine auf **-a**, **-ión** oder **-dad**. Viele Wörter griechischer Herkunft, die auf -a enden, sind aber maskulin, wie el tema, el día. Bei Kurzformen hilft der Blick auf die „Langfassung" des Wortes: la foto(grafía), la moto(cicleta).
- Stimmen Genus und Numerus von Adjektiv / Partizip und dessen Bezugswort überein? **una** fald**a** amarill**a**, **un** dí**a** frí**o**. Bei femininen Wörtern, die mit betontem a- beginnen, steht im Singular der männliche Artikel, das Adjektiv behält aber die weibliche Form: **el** agu**a** frí**a**.

Zweiter Schritt: Das Überprüfen der Verbformen und -zeiten

- Habe ich das Verb „sein" (ser, estar und hay) richtig übersetzt?
- Habe ich das a gesetzt, wenn es sich beim Akkusativobjekt um eine Person handelt? Llamo **a** mi hermana, esperamos **a** nuestros padres.
- Sind meine Vergangenheitszeiten richtig gewählt? Lies noch einmal nach, wann genau pretérito imperfecto und indefinido verwendet werden.
- Habe ich an die Verwendung des Subjuntivo gedacht? Überprüfe alle Sätze mit **que** und achte darauf, ob das einleitende Verb oder die Präposition die Verwendung des Subjuntivo auslöst: pedir que + Subjuntivo, para que + Subjuntivo.

Dritter Schritt: Das Überprüfen bestimmter Ausdrücke

- Habe ich muy und mucho richtig verwendet?
- Habe ich korrekt zwischen por und para unterschieden?
- Habe ich si (konditional) und cuando (temporal) richtig verwendet?

Vierter Schritt: Das Überprüfen der Rechtschreibung

- Habe ich auf Schreibumstellungen zur Ausspracheerleichterung geachtet?: español e inglés, una u otra cosa
- Habe ich alle nötigen Akzente gesetzt? Prüfe noch einmal die Akzentregeln.

6 Trabajar con el diccionario monolingüe

Arbeiten mit dem einsprachigen Wörterbuch

Mit dem einsprachigen Wörterbuch arbeiten in fünf Schritten

Der Gebrauch des einsprachigen Wörterbuchs ist bei vielen Schulaufgaben und Tests erlaubt. Das bedeutet eine große Erleichterung: Es kann dir helfen

- unbekannte Wörter beim Textverständnis zu erschließen,
- Synonyme für eine abwechslungsreichere Textproduktion zu finden,
- Fehler im schriftlichen Sprachgebrauch zu korrigieren,
- mit Hilfe der Anwendungsbeispiele die verschiedenen Bedeutungen von Wörtern in unterschiedlichen Kontexten zu erfassen,
- wichtige grammatikalische Informationen zu erhalten,
- die Stilebene eines Wortes zu erkennen,
- Ausdrücke und Wendungen zu verstehen und zu lernen.

Um das Wörterbuch nun sinnvoll einzusetzen, müssen folgende Schritte beachtet werden.

Erster Schritt: Überprüfung der Notwendigkeit des Einsatzes

Noch ehe du zum Wörterbuch greifst, solltest du dir überlegen, ob du es für deine Zwecke wirklich brauchst. Das Nachschlagen von Wörtern und Begriffen kostet Zeit, oft ist es besser, den Kontext zu betrachten und die fehlende Vokabel so zu erschließen, bzw. bei der Textproduktion bekannten Wortschatz zu verwenden und so „Fehlgriffe" zu vermeiden. Falls du dich für den Gebrauch des Wörterbuchs entscheidest, lege fest, wie viel Zeit du dafür aufwenden willst, die Bedeutung eines Wortes zu erfassen. Oft musst du hierfür weitere, dir nicht bekannte Worte aus der Erklärung suchen. Gerade in Prüfungssituationen kann das zu lange dauern.

Zweiter Schritt: Vertrautmachen mit dem Register

Schaue dir die Erläuterungen am Anfang des Wörterbuchs genau an. Du musst die Informationen zur Nutzung und die Abkürzungen kennen, um das Wörterbuch effektiv einsetzen zu können.

Dritter Schritt: Nachschlagen des gesuchten Wortes

Schlage nun das fehlende Wort nach. Bleibe aber nicht bei dem ersten Eintrag stehen, sondern betrachte die Angaben zu allen Kontexten. Nur so ist sicher gestellt, dass du die richtigen Erkenntnisse gewonnen hast.

Vierter Schritt: Die Wortfamilie im Hinterkopf haben

Findest du ein Wort nicht, suche nach einem ähnlichen aus der gleichen Familie. Häufig sind Adjektive nicht eingetragen, das dazugehörige Verb kann aber Aufschluss über die Bedeutung geben.

Fünfter Schritt: Den Gebrauch regelmäßig üben

Benutze das Wörterbuch regelmäßig zu Hause, um Übung im Gebrauch zu bekommen. Nur so ist ein effektiver Einsatz in Prüfungssituationen gewährleistet.

Tipp: Das Wörterbuch kann auch eine Lernhilfe sein: Mit ihm kannst du dein Vokabular und dein Ausdrucks-Repertoire erweitern! Viel Spaß!

7 Escribir una solicitud
Eine Bewerbung schreiben

Eine Bewerbung schreiben in drei Schritten
Du suchst einen Ferienjob? Du willst ein Praktikum oder ein freiwilliges soziales Jahr machen? Warum nicht in Spanien? Hier findest du Hilfestellungen, um deinen Lebenslauf auf Spanisch zu verfassen.

Erster Schritt: Vorüberlegungen
Ehe du zu schreiben beginnst, musst du dir einige Fragen stellen:
- Warum will ich in Spanien arbeiten?
- Warum will ich mich auf genau diesen Job / dieses Praktikum bewerben?
- Warum bin ich geeignet, um diesen Job / dieses Praktikum zu machen?

Die Beantwortung dieser Fragen hilft dir, ein überzeugendes Anschreiben zu verfassen. Mache dir bereits Stichpunkte auf Spanisch zu den einzelnen Fragen.

Zweiter Schritt: Der Lebenslauf (el currículum vitae)
Bereite nun deinen tabellarischen Lebenslauf vor (siehe rechts!). Dieser enthält viele unveränderliche Punkte, die du nicht an die „Stelle", auf die du dich bewirbst, anpassen musst. Bei den Fragen nach Hobbys, Fähigkeiten und Erfahrungen („Otros datos de interés") jedoch kannst du dir überlegen, welche deiner Kapazitäten für die jeweilige Ausschreibung besonders relevant sind.

Dritter Schritt: Das Anschreiben (la carta de presentación)
Ein wichtiger Punkt für eine erfolgreiche Bewerbung ist ein gelungenes Anschreiben. Begründe hier,
- warum dich genau dieser Job besonders interessiert.
- warum genau du für diesen Job geeignet bist.

Gehe dabei kurz auf deinen Werdegang / deine Vorerfahrungen ein, die für die Stelle entscheidend sein könnten. Übertreibe bei dem Anschreiben nicht, zeige aber ehrliches Interesse und Begeisterung.

Die Gestaltung des Lebenslaufs:

Datos personales: nombre y apellido, fecha de nacimiento, lugar de nacimiento, estado civil (casado/-a, soltero/-a, viudo/-a), nacionalidad, dirección, teléfono, correo electrónico

Nombre y apellido:	Carolin Siewers
Fecha de nacimiento:	17 de marzo de 1995
Lugar de nacimiento:	Erlangen
Estado civil:	...
...	

Formación: años, escuela, instituto, estudios, diplomas, prácticas, cursos de formación

2000 – 2004	Escuela primaria en Erlangen (Löschgeschule)
2004 – 2012	Instituto "Ohm-Gymnasium" en Erlangen, Alemania

Experencia profesional: años, nombre del empleador, funciones

Idiomas: lengua materna, otros: nivel básico, intermedio, avanzado, fluido

Informática: programas, aplicaciones

Otros datos de interés: deportes, clubes, asociaciones, conocimientos específicos etc.

Fecha y firma

Die Gestaltung des Anschreibens:

Tanja Maier
Marienstr. 34
21073 Hamburg

Escuela de idiomas "La Molina"
A la atención de la Sra. Galán
Avenida de Salamanca, 133
47014 Valladolid

Hamburg, 11/05/2013

Solicitud de trabajo como profesora de alemán

Estimada Sra. Galán:

He leido con interés su anuncio publicado en el periódico El País del 09/05/2013 y ***desearía presentarme*** a la plaza que solicitan de profesora de alemán.

Como ***podrán comprobar*** en mi CV ***he finalizado*** mi formación como profesora de alemán y español / mis estudios de Filología Alemana y de Hispánicas. Ahora me gustaría ***adquirir experiencia laboral*** en el extranjero. Podría empezar a trabajar el 01/07/2013.

Siempre me ha gustado la enseñanza de idiomas, ***he realizado*** varias prácticas en colegios e institutos privados. Al final de mis estudios he trabajado como profesora de alemán para extranjeros en Siemens. ***Poseo*** buenos ***conocimientos*** de métodos de enseñanza y un nivel alto de inglés y español. ***Estoy familiarizada***, además, con el uso de nuevos medios en clase, ya que he participado en primavera en un curso sobre este tema. Por eso creo que mi formación y mi experiencia ***se ajustan muy bien al perfil*** que están buscando.

En caso de serles útil pueden ponerse en contacto conmigo. Les estaría muy agradecida si tuvieran a bien invitarme a realizar una entrevista personal.

Reciban un cordial saludo, / Atentamente,

Tanja Maier

Anexo: currículum vitae

Competencias 1 (S. 72–75)

E1 a) C, b) B, c) A, d) B, e) C

E2 1. + 2. Individuelle Antworten.

E3 Individuelle Antworten.

E4 a) correcto, b) falso: Es una importante ciudad de turismo. c) correcto, d) correcto, e) falso: Hay hoteles secillos y otros muy modernos. f) falso: Van en todas las estaciones. g) falso: Está en el centro del país, en un valle entre las montañas. h) falso: La mayoría va en autobús. i) correcto, j) correcto, k) falso: Hay turismo en todas las estaciones.

E5 1. interesa – parece – se preocupe – es – se vuelvan – separa – usa – quiere – plantará – puedan – empiece
2. a) B, b) C, c) C, d) A, e) C, f) C, g) B

Competencias 2 (S. 140–143)

E1 1. el Museo del Prado – al Museo del Prado – al Retiro – al Rastro – el Templo de Debod – el Templo de Debod
2. a) en el Retiro; b) en el Museo del Prado; c) el sábado; d) Antiguamente fue la capital de España. Era una ciudad donde los cristianos, musulmanes y judíos vivían juntos. e) 7 días; f) la tortilla

E2 a) correcto, b) correcto, c) falso: Juan dice que ha habido mucho tiempo libre en el hotel, en la playa y en Port Aventura. d) falso: Enrique no está contento porque no han visitado el Camp Nou. e) correcto, f) falso: María Dolores piensa volver en 25 o 30 años, cuando la Sagrada Familia esté terminada.

E3 Individuelle Antworten.

E4 Individuelle Antworten.
Tú: Mi amiga pregunta adónde vamos. – Jair schlägt vor, in einem Einkaufszentrum essen zu gehen. Im Moment gibt es viel Gewalt in Cali, aber in den Einkaufszentren ist viel Polizei, daher ist es dort sicher. Wir fahren mit dem Taxi, okay? – Ricarda quiere saber qué número le has dicho al taxista. – Jair sagt, das sei der Sicherheitscode. Wenn man ein Taxi ruft, bekommt man diesen am Telefon mitgeteilt; außerdem erfährt man schon am Telefon die Nummer des Taxis, damit man sich keine Sorgen machen muss. – Ricarda dice que por suerte en Alemania no necesitamos todo eso. – Ricarda pregunta por las comidas típicas de Cali. – Jair sagt, typisch für Cali sei alles, was aus Mais hergestellt wird, und ein Gericht namens Sancocho. Den gibt es mit Fleisch oder mit Fisch, der dann auf einem Holzfeuer in einem großen Topf zusammen mit Yuca, Kartoffeln und Banane gekocht wird. Jair findet Sancocho richtig lecker! Außerdem möchte er wissen, ob dir Cali und seine Einwohner gefallen. – Ricarda dice que Cali le encanta, pero que siente mucho no saber bailar salsa, porque aquí todos lo bailan. Y dice que siempre hace muchísimo calor. Además todavía no se ha acostumbrado a que Cali no es tan seguro como Alemania y que hay que tener más cuidado.

E5 a) A, b) B, c) B, d) C, e) C, f) A, g) B, h) C, i) C, j) A

Competencias – Autoevaluación final
(S. 196–198)

E1 a) B, b) C, c) A, d) B

E2 a) falso: Hay unos 2,9 millones de inmigrantes de Centroamérica. b) correcto, c) falso: La mayoría viene de El Salvador y Guatemala. d) correcto, e) correcto, f) correcto, g) correcto, h) falso: El 20% de los inmigrantes centroamericanos es pobre.

E3 Individuelle Antworten.

E4 1. + 2. Individuelle Antworten.

E5 a) A, b) C, c) A, d) B, e) C, f) A, g) B, h) C

Mit *Contigo 2* schließt du den Sprachlehrgang ab und kannst deine Zielsprache Spanisch schon recht gut: Du kennst alle wichtigen Grammatikbereiche, verfügst über einen differenzierten Wortschatz und weißt, wie Spanischsprecher miteinander kommunizieren. Zugleich hast du viele Bereiche und Themen aus der spanischsprachigen Welt kennengelernt.
Um dir dein Wissen (und auch eventuelle Lücken) bewusst zu machen und es nachhaltig abzusichern, musst du selbst aktiv werden und nach deinen eigenen Interessenschwerpunkten mit der Zielsprache umgehen.

Eine gute Möglichkeit ist dabei das Anlegen eines Portfolios: Du legst eine Mappe zu *Contigo 2* an, in der du eigene Arbeiten zu den *etapas* sammelst und so deinen Lernfortschritt, aber auch deine Überlegungen zu den Themen in den *etapas* dokumentierst.
Deine Arbeiten können verschieden sein:
- Kreatives Schreiben: Tagebucheinträge einer Figur, Stellungnahme, ...
- Künstlerisch: Erstellen einer Collage, Konzeption eines Bühnenbildes, ...
- Recherche: Hintergrundinformationen, Personen in Kurzbiografien vorstellen, ...

Wichtig ist, dass du selbst etwas erarbeitest! Du solltest dabei auf eine ansprechende, kreative, ordentliche Aufmachung achten.

Propuestas para trabajos de tu *Portfolio:*

Etapa 1

Paso 1: – Escribe un blog sobre un viaje que hiciste y que te gustó mucho. Claro que también tienes que añadir fotos.

Paso 2: – Elige otra ciudad en Argentina que te interesa y busca información: ¿qué persona famosa nació en esta ciudad? ¿qué música se escucha allí? ¿hay una comida típica? ¿qué es lo que se puede hacer? Luego escribe un texto informativo.
- Elige una canción en español que te gusta mucho, imprime la letra y pégala en tu portfolio. Resume el contenido de la canción en tus palabras, después describe cómo son la música y la voz del / de la cantante. Por último, explica por qué te gusta.

Paso 3: – Un chico argentino que está de intercambio en tu clase quiere comer algo típico alemán. Tu le propones ir a hacer la compra con él y luego preparar juntos una comida que sea típica alemana. Escribe el diálogo y explica qué vais a comprar, qué comida vais a preparar y cómo se prepara esta comida.

Etapa 2

Paso 1: – Escribe un horóscopo para tu signo y para el de tu mejor amigo/-a que dice que van a pasar las cosas más geniales.
- Elige una de las viñetas de la página 31, descríbela y coméntala.

Paso 2: – Busca gráficos de las poblaciones de México, Honduras, Colombia, Chile y Uruguay. Imprímelos y escribe un pequeño texto para compararlos. ¿Qué te llama la atención?

Paso 3: – ¿Qué crees, qué profesión tendrás en 20 años? Escribe un texto sobre un día típico en tu trabajo. ¿A qué hora entras? ¿Qué haces? ¿Con quién trabajas? ¿Qué tecnología usas? ¿Cuántas horas trabajas?

Etapa 3

Paso 1: – ¿Hay un grupo de personas en tu ciudad que necesitaría ayuda? Escribe un texto en el que describes la situación y haces planes para ayudar. No olvides utilizar el subjuntivo.

Paso 2: – Haz una encuesta a 15 personas. Elige 5 personas entre 5 y 10 años, 5 personas entre 10 y 20 años y 5 personas entre 20 y 30 años. Pregúntales cuánto tiempo y para qué usan Internet por semana. Después prepara un mini-póster en el que se pueden ver los resultados de tu encuesta y un pequeño texto con una explicación.

Paso 3: – Escribe una carta a una persona que, para ti, en algún momento ha sido un héroe. Explica por qué es o por qué fue un héroe para ti.

Paso 4: – Aquí puedes elegir uno de los poemas o microrrelatos que has escrito.

Etapa 4

Paso 1: – Elige otra ciudad en España que te interesa y planea un viaje a esta ciudad. Busca un hotel o un albergue que tenga una buena relación precio-calidad y haz una lista de las cosas que quieres ver y hacer y apunta los precios. ¿Hay autobuses o un metro para moverse en la ciudad? Haz una presentación en clase.

Paso 2: – En Internet busca otro cuadro que se puede ver en el Museo del Prado e imprímelo. Pégalo en tu portfolio, después descríbelo. Explica también por qué te gusta.

Paso 3: – ¿Cómo hacéis en vuestro colegio para organizar una excursión o un viaje con toda la clase? Escribe una carta a Javier en la que se lo explicas.

Paso 4: – Busca información en Internet sobre el Tibidabo. Luego escribe un texto informativo sobre cómo llegar, lo que se puede hacer y cuánto cuesta.

Etapa 5

Aquí puedes poner el trabajo que habéis hecho para vuestro proyecto.

Etapa 6

Paso 1: – Elige un nombre de la lista de los latinoamericanos famosos, busca datos y fotos sobre esa persona y escribe su biografía.

Paso 2: – Haz un dominó con nombres de ciudades y sus gentilicios: Lima – limeños, Buenos Aires – porteños, Valencia – valencianos, ...
- Busca información sobre otra ciudad de Latinoamérica. Escribe una bonita ponencia y preséntala a la clase.
- La ciudad del futuro. ¿Cómo te la imaginas? Escribe un texto.

Paso 3: – Prepara un *collage* de fiestas de tu país o región que pueden ser interesantes para un español o latinoamericano. Preséntalo.
- La fiesta más bonita de mi vida. ¿Cuándo fue? ¿Cuál fue la razón de esta fiesta? ¿Con quién estabas? ¿Por qué fue la más bonita para ti?

Paso 4: – Piensa en algo importante que ha pasado en tu ciudad o en tu país. Escríbele un e-mail a un/-a amigo/-a español/-a y cuéntale qué ha pasado. Cuéntale también dónde estabas tú, con quién estabas y qué estabas haciendo cuando esto pasó.
- Elige una de las fotos del último ejercicio del paso e inventa una historia bonita alrededor de la misma.

Etapa 7

Paso 1: – Imagínate que eres una monja / un monje en esta época: has leído el texto de fray Bartolomé y le escribes una carta, ¿qué le pones?
– Haz un mapa de los pueblos precolombinos y pon símbolos para que sea más bonito y más claro.

Paso 2: – Comercio justo con América Latina: ve a una tienda "Eine Welt" e infórmate. Escribe luego un texto informativo.

Paso 3: – Dibuja algo (un dios, un animal u otra cosa) siguiendo el estilo azteca. Preséntalo.
– Malinche fue, para muchos, una traidora a su pueblo. Imagínate que ella nos escribe una carta. ¿Qué nos pondría?

Paso 4: – Haz un pequeño diccionario de palabras importantes para comparar la vida de los yanomamis con la nuestra.
– Infórmate sobre los diferentes idiomas indígenas. ¿Cuántos hay, dónde se hablan, cuántos los hablan, ... ? ¿Te interesaría aprender alguno? ¿Cuál? ¿Por qué? Averigua dónde podrías aprenderlo.

Etapa 8

Paso 1: – Profesiones en el sector turístico: Haz una lista de estas profesiones y elige una para hacer una buena presentación. Investiga diferentes aspectos, por ejemplo: ¿Qué formación se necesita? ¿Cuánto se gana? ¿Cuál es el perfil necesario para ejercer esta profesión?, etc.

Paso 2: – Inmigrantes ilegales en Alemania. Escribe un artículo para un periódico de un colegio español o latinoamericano sobre este tema.
– En las próximas vacaciones de verano quieres trabajar unas semanas en España para ganar un poco de dinero y disfrutar del sol. ¿Qué te gustaría hacer? ¿Adónde irías? Elige una empresa en la que podrías trabajar y escribe una solicitud y un currículum vitae.
– Has ganado doscientos mil euros en la lotería y quieres donar parte de este dinero a algunas ONG. ¿A cuáles les vas a dar dinero y por qué? Escribe un texto.

Paso 3: – Escríbele un e-mail a un/-a amigo/-a español/-a y cuéntale todo lo que hiciste durante las últimas vacaciones de verano.
– Una isla alemana. Elige una isla, prepara una presentación para un/-a compañero/-a español/ a o latinoamericano/-a y explícale lo que se puede hacer allí.
– Tienes que escribir un folleto turístico sobre tu ciudad / región. Escribe una lista con los cinco lugares más interesantes para visitar. Explica por qué los recomiendas y pon algunos consejos para los turistas.

Frases útiles

Para hablar de gramática Grammatikalische Ausdrücke

el adjetivo	das Adjektiv	la preposición	die Präposition
el adverbio	das Adverb	el presente	das Präsens
el artículo	der Artikel	el pretérito imperfecto	das Imperfekt
el comparativo	der Komparativ	el pretérito indefinido	das Indefinido
femenino	feminin	el pretérito perfecto	das Perfekt
el futuro	das Futur	el pronombre reflexivo / relativo / posesivo / personal	das Reflexiv- / Relativ- / Possessiv- / Personalpronomen
el gerundio	das Gerundium	el singular	der Singular
el imperativo	der Imperativ	el subjuntivo	der Subjuntivo
el infinitivo	der Infinitiv	el superlativo	der Superlativ
el marcador temporal	die Zeitangabe	el sustantivo	das Substantiv
masculino	maskulin	el verbo regular / irregular	das regelmäßige / unregelmäßige Verb
la negación	die Verneinung, Negation		
el objeto directo / indirecto	das direkte / indirekte Objekt		
el plural	der Plural		

Para trabajar en clase Arbeitsanweisungen

en español		auf Deutsch	
Adivina/-d		Errate/-t	
Busca/-d	· en el diccionario · en el mapa	Suche / Sucht	· im Wörterbuch · auf der Landkarte
Cambia/-d	· los roles · las palabras subrayadas por ...	(Ver-)Tausche / (Ver-)Tauscht	· die Rollen · die unterstrichenen Wörter gegen ... aus
Comenta/-d	· la imagen · la afirmación	Kommentiere / Kommentiert	· das Bild · die Aussage
¿Cómo se dice ... en español?		Was heißt ... auf Spanisch?	
¿Cómo se forma ...?		Wie bildet man ...?	
Compara/-d	· otra vez · con los compañeros	Vergleiche / Vergleicht	· nochmals · mit den Mitschülern
Completa/-d	· la tabla · los espacios vacíos	Vervollständige / Vervollständigt	· die Tabelle · die Lücken
Comprueba / Comprobad	· con el modelo · si es correcto	Überprüfe / Überprüft	· anhand des Modells · ob es stimmt
Contesta/-d	las siguientes preguntas	Beantworte/-t	die folgenden Fragen
Controla/-d	en clase	Überprüfe / Überprüft	im Klassenverband
Corrige / Corregid	las afirmaciones falsas	Berichtige / Berichtigt	die falschen Aussagen
Decide / Decidid	cuál es la información correcta	Entscheide/-t	welche Information richtig ist
Describe / Describid	la imagen / el dibujo	Beschreibe/-schreibt	das Bild

en español		auf Deutsch	
Dibuja/-d	en la pizarra	Zeichne/-t	an die Tafel
Dicta/-d	las sílabas	Diktiere / Diktiert	die Silben
Elige / Elegid	un título para el texto	Wähle / Wählt	einen Texttitel
En parejas / en grupos		Zu zweit / in Gruppen	
Escribe / Escribid	· los contrarios · la solución · en el cuaderno las expresiones que faltan	Schreibe / Schreibt	· die Gegenteile · die Lösung · die fehlenden Ausdrücke ins Heft
Escucha/-d	el CD / la canción	Höre dir / Hört euch	die CD / das Lied an
Forma/-d grupos de cuatro / cinco personas.		Bilde/-t Vierer-/Fünfergruppen.	
Formula/-d	· una regla · frases completas	Formuliere / Formuliert	· eine Regel · vollständige Sätze
Habla/-d	sobre los errores	Sprich / Sprecht	über die Fehler
Haz / Haced	· una encuesta · un mapa mental · una lluvia de ideas	Mache / Macht	· eine Umfrage · ein Mind map · ein Brainstorming
Imagina/-d	una situación	Stelle dir / Stellt euch	eine Situation vor
Infórmate / Informaos	sobre ...	Informiere dich / Informiert euch	über ...
Interpreta/-d	el diálogo	Führe / Führt	den Dialog auf
Investiga/-d	en Internet	Recherchiere / Recherchiert	im Internet
Justifica/-d	tu / vuestra opinión	Begründe/-t	deine / eure Meinung
Lee/-d	en voz alta / en silencio	Lies / Lest	laut vor / still
Marca/-d	la respuesta correcta	Kennzeichne/-t	die richtige Antwort
Mira/-d	la gramática	Betrachte/-t	die Grammatik
Opina/-d si ...		Nimm / Nehmt dazu Stellung, ob ...	
Ordena/-d	las siguientes frases	Ordne / Ordnet	die folgenden Sätze
Piensa / Pensad	en un ejemplo	Überlege dir / Überlegt euch	ein Beispiel
Pregunta/-d	al / a la profesor/-a	Frage / Fragt	eure/-n Lehrer/-in
Presenta/-d		Stelle / Stellt ... vor	
¿Qué número corresponde a esa foto?		Welche Nummer gehört zu diesem Foto?	
¿Qué significa ... en el contexto?		Was bedeutet ... im Kontext?	
Relaciona/-d	las palabras con las definiciones correspondientes	Bringe / Bringt	die Wörter mit den zugehörigen Definitionen in Verbindung
Subraya/-d	los errores	Unterstreiche / -streicht	die Fehler
Traduce / Traducid	al español / al alemán	Übersetze / Übersetzt	ins Spanische / ins Deutsche
Usa/-d, Utiliza/-d	las siguientes formas	Verwende/-t	die folgenden Formen

Vocabulario

Im folgenden Vokabelverzeichnis sind alle neuen Lernwörter in der Reihenfolge aufgeführt, in der sie im Buch vorkommen. In der linken Spalte findet ihr das neue spanische Wort oder einen neuen spanischen Ausdruck. Die deutsche Entsprechung dazu steht in der mittleren Spalte. In der rechten Spalte findet ihr dann Beispielsätze, verwandte Wörter aus anderen Sprachen, Begriffe aus der gleichen Wortfamilie und Wörter mit der gleichen oder der entgegengesetzten Bedeutung, also Lernhilfen, um die neuen Wörter leichter zu behalten. Die neuen Wörter der fakultativen Pasos oder Etapas sind hier nicht enthalten, da ihr sie nicht zu lernen braucht.

Symbole und Abkürzungen:

abr.	abreviatura / Kurzform
adj.	adjetivo / Adjektiv
f.	femenino / Femininum
inf.	infinitivo / Infinitiv
irr.	irregular / unregelmäßig
loc.	locución / feststehender Ausdruck
Pl.	plural / Plural
Sg.	singular / Singular
sust.	sustantivo / Substantiv
temp.	temporal / zeitlich
-i-, -ie-, -ue-	Verb mit Stammwechsel
jdm.	jemandem
jdn.	jemanden
etw.	etwas
sin.	sinónimo / Synonym
ant.	antónimo / Antonym
FAM.	familia léxica / Wortfamilie
L	Lateinisch
E	Englisch
F	Französisch

Etapa 1 *Argentina: viajando por la Ruta 40*

el lago	See	*E* lake *F* lac • La vista del lago es maravillosa.
el camping	Campingplatz	Pasamos la noche en un camping.
E1 la carretera	Landstraße, Bundesstraße	La carretera no está en buen estado.
a lo largo de	entlang	A lo largo de la costa hay muchos hoteles.
los Andes	Anden	La Ruta 40 pasa por los Andes.
E2 recorrer	durchqueren, bereisen, zurücklegen *(Strecke)*	*L* recurrere *FAM.* correr • Ha recorrido el país de norte a sur.
la fantasía	Fantasie	Usa tu fantasía.
el resumen	Zusammenfassung	*F* résumé • Escribe un resumen del texto.

Paso 1 La mágica Ruta 40

mágico/-a	magisch, zauberhaft	*E* magic *F* magique • Me encanta la isla, es mágica.

planear	planen	*FAM.* el plan • Estoy planeando el viaje.
fascinar	faszinieren, beeindrucken	Me fascinan las historias que nos cuenta.
de momento	im Moment	De momento no estoy muy bien.
a que no	wetten, dass nicht	¿A que no sabes qué me dijo?
encantado/-a	begeistert, sehr erfreut	*F* enchanté *FAM.* encantarle • —Hola, soy Tita. —Encantada de conocerte, Tita.
E1 la nacionalidad	Nationalität, Staatsangehörigkeit	*E* nationality *F* nationalité • Juego al fútbol con chicos de diferentes nacionalidades.
E5 el / la mecánico/-a	(Auto-)Mechaniker/-in	Tuve que llevar el coche al mécánico.
E6 el recorrido	(Rund-)Reise, Strecke	*FAM.* recorrer • Es un recorrido de cinco minutos.
el suelo	Boden, Fußboden	Hay pocas sillas, nos sentamos en el suelo.
los apuntes, tomar apuntes	Aufzeichnungen; Notizen machen	*FAM.* apuntar • ¿Puedo ver tus apuntes de la última clase?
feliz	glücklich	*L* felix *FAM.* felicitar *sin.* contento • Contigo estoy feliz.
el taller	Werkstatt	Desde el año pasado trabaja en un taller.
reparar	reparieren	El mecánico repara el coche.
precioso/-a	toll, entzückend	*E* precious *F* précieux *FAM.* el precio *sin.* maravilloso • ¡Qué cuadro tan precioso!
el desierto	Wüste	*E* desert *F* désert • Este paisaje es como un desierto.
vacío/-a	leer	La habitación está vacía, no hay nadie.
E12 la taza	Tasse	Te preparo una taza de té.

Paso 2 Buenos Aires

E1 pintoresco/-a	malerisch, idyllisch	*F* pittoresque *FAM.* pintar • Vive en un pueblo muy pintoresco.
el rascacielos	Wolkenkratzer, Hochhaus	*L* raderc + caelum • En las ciudades modernas hay muchos rascacielos.
callejero/-a	Straßen-	*FAM.* la calle • Un perro callejero me ha seguido hasta aquí.
cosmopolita	kosmopolitisch, weltoffen	Es un lugar cosmopolita, allí viven muchos extranjeros con diferentes culturas.
el barrio	Stadtteil, Stadtviertel	Mi barrio favorito tiene muchos parques.
dar un paseo	spazieren gehen	Si no llueve vamos a dar un paseo.
T1 el tercio	Drittel *(vom Ganzen)*	*L* tertius *F* tiers • 1/3 = un tercio
activo/-a	aktiv, lebhaft	*E* active *F* actif • Siempre está haciendo algo, es muy activa.

	elegante	elegant	*F* élégant • Me compré un vestido elegante para la fiesta.
	el ambiente	Stimmung, Atmosphäre	Me gusta el ambiente familiar del hotel.
	la personalidad	Persönlichkeit	*E* personality *F* personnalité *FAM.* la persona • Tiene una personalidad muy especial.
	ofrecer *irr.*	anbieten	*L* offerre *E* to offer *F* offrir • Te ofrezco un café, ¿quieres?
	la carne	Fleisch	*L* caro • La carne argentina es la mejor.
	bailar	tanzen	¿Te gusta bailar?
	la avenida	Allee	Los domingos hay pocos coches en la avenida.
	ancho/-a	weit, breit	El Río de la Plata es muy ancho.
T2	el bosque	Wald	En otoño el bosque es muy bonito.
	el cruasán	Croissant, Hörnchen	*F* croissant • El típico desayuno francés es con cruasáns.
	el río	Fluss	¿Vamos a nadar al río?
	la cueva	Höhle	*E / F* cave • En Andalucía hay familias que viven en cuevas. Son muy frescas en verano.
	la pintura	Malerei, Bild, Gemälde; *auch:* Farbe	*E* picture *FAM.* pintoresco • ¡Me encanta esta pintura!
	la vaca	Kuh, Rind	*F* vache • En Argentina los campos son enormes y hay muchas vacas.
	el árbol	Baum	*L* arbor *F* arbre • En el jardín de mi casa hay muchos árboles.
	de acuerdo	einverstanden, abgemacht	*F* d'accord • No estoy de acuerdo con su opinión.
E10	la cuadra	*in Arg.:* 100 Meter	Mi colegio está a siete cuadras de casa.
E11	el parque nacional	Nationalpark	No permiten hacer picnic en el parque nacional.

Paso 3 Comemos juntos un asado

	el asado, hacer un asado	Grillfleisch; grillen	Los argentinos comen mucha carne, sobre todo en el asado.
E1	la autopista	Autobahn	Si tomamos la autopista llegamos antes.
E3	la salsa	Soße, Dip	¿Compras la salsa de tomates o la haces tú?
	picante	scharf, pikant, würzig	La cocina mexicana es muy picante.
	la pimienta	Pfeffer	¡Qué picante!, tiene demasiada pimienta.
	el vinagre	Essig	*E* vinegar *F* vinaigre • Mezcla el aceite, el vinagre y la sal.

E4 el / la jefe/-a	Chef/-in, Vorgesetzte/-r	Mi jefe es muy simpático.
significar	bedeuten	*F* signifier • ¿Qué significa esta palabra?
E7 bienvenido/-a	willkommen	*F* bienvenu • ¡Bienvenido Antonio, bienvenida Susana!
internacional	international	El restaurante ofrece comida internacional.
pintar	(an)malen, anstreichen	*FAM.* la pintura • Tengo que pintar mi habitación y no sé de qué color.
la empanada	*gefüllte Teigtasche*	Comemos las empanadas con las manos.
el mate	Matetee	El mate es la bebida nacional de Argentina.
nacional	national, National-	*FAM.* el parque nacional *ant.* internacional
la ruina	Ruine	Visitamos las ruinas de un pueblo indígena.

Etapa 2 *¿Qué será?*

E1 el signo	Zeichen, Sternzeichen, Symbol	*L* signum *E* sign *F* signe • ¿De qué signo eres?
la característica	Eigenschaft, Merkmal	*E* characteristic • ¿Cuáles son las características de una dictadura?
el horóscopo	Horoskop	¿Crees en los horóscopos?
la nota	Schulnote, Zensur	El año pasado tuve una muy buena nota en Español.
pronto	bald	¿Vienes pronto? Así podemos comer juntos.
discutir	diskutieren, debattieren, *auch:* streiten	¿Por qué siempre tienes que discutir con tu hermana?
el favor	Gefallen	*E* favour *F* faveur *FAM.* por favor • ¿Puedes hacerme un favor?
escolar	Schul-, schulisch	*E* school • En España, el año escolar empieza en verano, como en Alemania.

Paso 1 ¿Qué pasará con el medio ambiente?

el medio ambiente	Umwelt	*FAM.* el ambiente • Tenemos que cuidar el medio ambiente.
T presentar	vorstellen, präsentieren	*E* to present *F* présenter • ¿Me presentas a tu primo?
mundial	Welt-	*F* mondial *FAM.* el mundo • La Primera Guerra Mundial fue de 1914 a 1918.
el peligro	Gefahr	*L* periculus *FAM.* peligroso • Tenemos que ayudarlo, está en peligro.
el desarrollo demográfico	Bevölkerungsentwicklung	¿Has buscado las estadísticas sobre el desarrollo demográfico?
el paro	Arbeitslosigkeit	Hay muchos jóvenes que están en el paro.
social	sozial, gesellschaftlich	El paro es un problema social muy grave.

E4	la viñeta	Einzelbild eines Comics	*F* vignette • La mejor viñeta recibirá un premio.
E5	la planta	Pflanze	*E* plant *F* plante • Es una planta típica de la región.
E6	separar	trennen	*L* separare *E* to separate *F* séparer • ¿Separas la basura?
	la basura	Müll, Abfall	¡Cuánta basura han recogido!
	plantar	(an)pflanzen	*FAM.* la planta • Quiero plantar unos árboles.
	apagar	ausschalten, löschen	Creo que no apagué la luz de la cocina.
	la luz	Licht	*L* lux
	calentar (-ie-)	erwärmen, erhitzen	*FAM.* caliente • Calienta el agua para hacer té.
	la electricidad	Elektrizität	La vieja nevera necesita mucha electricidad.
E7	a partir de	ab, von ... an	A partir de mañana cuidaré el medio ambiente.

Paso 2 ¿Cuántos seremos y cómo viviremos?

T	el gráfico	Grafik, Schaubild	Tengo que hacer un gráfico de la inmigración en España.
	participar	teilnehmen	*E* to participate • ¿Participas en el partido?
	la estadística	Statistik	La estadística muestra que la población de las ciudades ha crecido en los últimos años.
	interpretar	interpretieren, deuten; *auch:* darstellen *(als Schauspieler)*	*E* to interpret *F* interpréter *FAM.* el intérprete • ¿Sabes interpretar el gráfico?
	la mayoría	Mehrheit	*E* majority *F* majorité *sin.* la mayor parte • La gran mayoría de la población sabe leer.
E1	subir	(ein-, auf-)steigen, heraufklettern	Subo al autobús y me voy.
	bajar	sinken; aus-, absteigen; *(aus dem Internet)* herunterladen	*FAM.* bajo • Tengo que bajar del autobús en la próxima estación.
	el cuarto	Viertel *(vom Ganzen)*	*E* quarter *F* quart • ¼ = un cuarto (litro, kilo, ...)
	la mitad	Hälfte *(vom Ganzen)*	Este cuesta solo la mitad.
	el ... por ciento	... Prozent	*L* per centum *E* per cent • El quince por ciento de los jóvenes está sin trabajo.
E2	incluido/-a	inklusive, inbegriffen	*E* inclusive *F* inclusif • El precio es con desayuno incluido.
	el Ayuntamiento	Rathaus; Gemeinde, Stadtverwaltung	El Ayuntamiento decidió construir un instituto.

E4	sonar (-ue-)	klingeln, läuten	Suena el teléfono.
	el marido	Ehemann	*F* mari *ant.* la mujer • El marido de mi amiga es comerciante.
	recoger	abholen	A las ocho Paco viene a recogerme.
E6	la naturaleza	Natur	*L* natura *E/F* nature • En el parque nacional la naturaleza es impresionante.
	el / la pesimista, pesimista	Pessimist/-in, pessimistisch	Mario, ¿por qué eres tan pesimista?

Paso 3 El mundo del trabajo

	la posibilidad	Möglichkeit	*E* possibility *F* possibilité *FAM.* posible *sin.* la oportunidad • Su trabajo le da la posibilidad de viajar mucho.
	la manera	Art und Weise	No sé cómo, pero de alguna manera lo haré.
	el idealismo	Idealismus	*FAM.* ideal • Lo hace sin recibir dinero, solo por idealismo.
	ahora mismo	genau jetzt, in diesem Moment; *auch:* gleich	*FAM.* ahora • Ahora mismo les traigo las bebidas.
	el / la parado/-a, parado/-a	Arbeitslose/-r, arbeitslos	*FAM.* el paro • Julio está parado, pero seguramente pronto encontrará un trabajo.
E2	el / la bombero/-a	Feuerwehrmann/-frau	*F* pompier • Los bomberos fueron al lugar del accidente.
	el / la cocinero/-a	Koch / Köchin	*FAM.* la cocina • Ana es cocinera en un restaurante.
	el / la dentista	Zahnarzt/-ärztin	*E* dentist • No me gusta nada ir al dentista.
	el / la enfermero/-a	Krankenpfleger/-in	*F* infirmier *FAM.* enfermo • El enfermero trabaja en el hospital.
	el / la fotógrafo/-a	Fotograf/-in	*FAM.* la foto • Pedro se casó con una fotógrafa.
	el / la panadero/-a	Bäcker/-in	*FAM.* el pan • El panadero empieza a trabajar a las cinco de la mañana.
	el / la pintor/-a	Maler/-in	*FAM.* pintar • Salvador Dalí fue un pintor famoso.
E4	de mayor	als Erwachsener	*FAM.* mayor • ¿Qué quieres ser de mayor?
E5	los demás	die anderen, übrigen	¿Dónde están los demás?
	la propina	Trinkgeld	¿Cuánto le damos al camarero de propina?
	al aire libre	draußen, im Freien	*FAM.* el aire, libre • La fiesta de cumpleaños es al aire libre.
E8	expresar	ausdrücken, formulieren	*E* to express • Sabe expresar muy bien su opinión.
	la hipótesis	Vermutung, Hypothese	La investigación empieza con una hipótesis.

Etapa 3 *¡Me encanta!*

Paso 1 El concierto de hip hop solidario

	el hip hop	Hip Hop	A Esteban le gusta la música hip hop.
	solidario/-a	solidarisch	Aprendes muchas cosas haciendo un trabajo solidario.
E1	el terremoto	Erdbeben	*FAM.* la tierra, mover • Anoche hubo un fuerte terremoto en Chile.
T2	sortear	verlosen, auslosen	*L* sors *F* sort • Van a sortear un coche entre los empleados.
	la entrada	Eintrittskarte, Eingang	*E* entrance *F* entrée *FAM.* entrar • Tengo dos entradas para el concierto.
	la revista	Zeitschrift	¿Compraste la revista escolar?
	la causa justa	guter Zweck	*L* causa + iustus • Quiero trabajar por una causa justa.
	la empresa	Unternehmen, Betrieb, Firma	La empresa ha mejorado las condiciones de trabajo.
	la ayuda	Hilfe, Unterstützung	*L* adiuvare *F* aide *FAM.* ayudar • Necesito tu ayuda.
	la pasada, ¡qué pasada! *loc.*	Hit, Wahnsinn *(ugs.)*; Wie großartig!	—¿Y, qué tal la película? —¡Una pasada!
	recomendar (-ie-)	empfehlen	*E* recommend *F* recommander • Le recomiendo que practique deporte.
	alucinante	unglaublich, fantastisch	La película muestra paisajes alucinantes.
	crítico/-a	kritisch	¿Por qué eres tan crítico? La ponencia no me pareció mala.
	molar mogollón *loc.*	total toll sein *(ugs.)*	Ir en bici mola mogollón.
	aconsejar	empfehlen, raten	*sin.* recomendar • Mis padres me aconsejan que siga estudiando.
E7	el consejo	Rat, Ratschlag	*L* consilium *F* conseil *FAM.* aconsejar • ¿Puedo darte un consejo?
	la duda	Zweifel	*L* dubium *E* doubt *F* doute • Dice que va a hacerlo, pero tengo mis dudas.
E10	probable	wahrscheinlich	*E/F* probable • Es probable que llueva mañana.
	el autógrafo	Autogramm	Le pedí un autógrafo, pero no lo recibí.
E11	el móvil	Handy, Mobiltelefon	¿Cuál es tu número de móvil?
	el mensaje (de texto)	Nachricht, Textnachricht, SMS	*E/F* message • Hoy he recibido dos mensajes de texto.

Expresiones para comentar algo / Ausdrücke um etwas zu kommentieren:
Um ein Gespräch interessant zu gestalten, können dir die folgenden Einwürfe nützlich sein:

– um deine Freude oder Begeisterung über das Gehörte auszudrücken:

¡Alucinante!	Fantastisch!
¡Genial!	Toll!
¡Impresionante!	Beeindruckend!
¡Maravilloso!	Wunderbar!
¡Mola mogollón!	Das ist total toll!
¡Qué guay!	Toll!
¡Qué interesante!	Wie interessant!
¡Qué pasada!	Großartig!
¡Qué suerte!	Was für ein Glück!

– um dein Missfallen oder Bedauern auszudrücken:

¡Qué horrible!	Wie schrecklich!
¡Qué lío!	Was für ein Durcheinander!
¡Qué mala pata!	Was für ein Pech!
¡Qué mala suerte!	Was für ein Pech!
¡Qué peligroso!	Wie gefährlich!
¡Qué rollo!	Wie langweilig!
¡Qué susto!	Was für ein Schreck!

E14	la mentira, ser mentira	Lüge; gelogen sein	*ant.* la verdad • Dice que tuvo una buena nota, pero es mentira.
	raro/-a	seltsam, merkwürdig	*L* rarus *E/F* rare *sin.* extraño • ¡Qué raro!
E15	la atención	Achtung; Aufmerksamkeit	*E/F* attention • ¡Atención, esto es importante!
	el/la locutor/-a	Moderator/-in, Sprecher/-in	El locutor leyó las noticias.

Paso 2 Y a ti, ¿qué te gusta hacer?

T1	el coro	Chor	Canto en el coro de mi colegio.
	el comentario	Kommentar	*E* commentary *F* commentaire *FAM* comentar • Sus comentarios son muy críticos.
	la razón, tener razón	Grund, Recht; Recht haben	*L* ratio *F* raison • Tienes razón, me he equivocado.
	lógico/-a	logisch, selbstverständlich	*E* logical *F* logique • Su hipótesis no es lógica.
	la reina	Königin	*L* regina *FAM.* el rey, el reino • La reina vive en el palacio.
	en serio	ehrlich, ernsthaft	*FAM.* serio • No te creo, ¿lo dices en serio?
	el/la presumido/-a, presumido/-a	Angeber/-in; eingebildet	Se cree genial, pero es un presumido.
E1	contestar	antworten, beantworten	¿Por qué no contestas mi pregunta?
E2	la actitud	Haltung, Einstellung	No me gustó su actitud después del partido.
E3	convencer	überzeugen	*L* convincere *E* to convince *F* convaincre • Me convenció, voy a participar en el torneo.

E4	la ventaja	Vorteil	*E* advantage *F* avantage • Aprender un idioma extranjero tiene muchas ventajas.
	la desventaja	Nachteil	*E* disadvantage *F* désavantage *ant.* la ventaja • Esa solución tenía muchas desventajas.
T2	conectarse a Internet, estar conectado/-a	ins Internet gehen, verbunden sein	Me conecto a Internet para chatear con mis amigos.
E5	los medios	Medien	¿Cuál de estos medios prefieres: la tele o la radio?
	el resultado	Ergebnis	*E* result *F* résultat • ¿Conoces el resultado de las elecciones?
	adicto/-a	süchtig, abhängig	*E* addicted • Clara es adicta al café, bebe cinco tazas al día.
	el objetivo	Ziel, Zweck, Absicht	El objetivo de mi grupo es ayudar a familias que viven en la miseria.
E6	mandar	schicken, absenden	*L* mandare • Cuando viajo mando postales.
	la factura	Rechnung	Pagué la factura de la electricidad.
	dormirse (-ue-)	einschlafen	*L* dormire *F* dormir *FAM.* dormir • Pocas veces me duermo antes de las 10:30.
	el chocolate	Schokolade	Me encanta el chocolate.
T3	mientras + *indicativo*; mientras + *subjuntivo*	während; solange	Mientras como caramelos, estoy contento. Mientras tenga caramelos estoy contento.
	divertido/-a	lustig, unterhaltsam	*FAM.* divertirse • ¡Qué libro tan divertido!
E12	complicado/-a	kompliziert	*sin.* difícil *ant.* fácil • Este ejercicio no es complicado.

Paso 3 Mis héroes

	el héroe / la heroína	Held/-in	*E* hero *F* héros • Al final de la película la heroína muere.
T1	la sociedad	Gesellschaft	*L* societas *E* society *F* société *FAM.* social • ¿Es posible una sociedad más solidaria?
	el modelo	Modell, Vorbild	Tenéis que hacerlo como el modelo.
	la solución	Lösung	*E/F* solution • Creo que tengo la solución para tu problema.
	sin embargo	trotzdem, dennoch	Sin embargo te quiere.
	irreal	unwirklich, unecht	*ant.* real • Es todo tan extraño, parece irreal.
	el hueso, de carne y hueso	Knochen; aus Fleisch und Blut	El perro de la foto, ¿es de carne y hueso?
	la cualidad	Eigenschaft, Fähigkeit	*E* quality *F* qualité • Por sus cualidades es una madre modelo.

	a cambio	im Gegenzug	*FAM.* cambiar • ¿Qué me das a cambio?
	reírse (-i-), reírse de alguien	lachen; jdn. auslachen	*L* ridere *F* rire *FAM.* la sonrisa • Parece tonta, se ríe de todo sin motivo.
	volar (-ue-)	fliegen	Mañana vuelo a Argentina.
E4	¡que aproveche! *loc.*	Guten Appetit!	
	¡que te mejores! *loc.*	Gute Besserung!	*FAM.* mejorar
E5	deber, no deber	müssen; nicht dürfen	*L* debere *F* devoir • No debes decir mentiras.
	las palomitas	Popcorn	Siempre comemos palomitas en el cine.
E7	sentarse (-ie-)	sich (hin)setzen	*FAM.* estar sentado • Siéntate aquí.
T2	el / la protagonista	Hauptfigur, Hauptdarsteller/-in	*E* protagonist *F* protagoniste • El protagonista del cuento es un rey loco.
	el cambio	Wechsel, Wandel	*FAM.* cambiar
	la discriminación	Diskriminierung	Hay que hacer algo contra la discriminación.
E15	discriminar	diskriminieren	*FAM.* la discriminación
	para que + *subjuntivo*	damit	*FAM.* para • Te llamaré esta noche para que podamos quedar el viernes.
	la necesidad	Bedürfnis, Notwendigkeit	*FAM.* necesitar • Siento la necesidad de contarte todo.
E16	sin que + *subjuntivo*	ohne dass	*FAM.* sin • No pasa un día sin que piense en ella.
	respetar	respektieren	Hay que respetar las opiniones de los demás.
	a fin de + *inf.*, a fin de que + *subjuntivo*	um zu, damit	*sin.* para • Mis padres hacen todo lo que pueden a fin de que yo esté contento.
E19	en caso de + *inf.*, en caso de que + *subjuntivo*	falls	*sin.* si • En caso de que no puedas venir, llámame.

Paso 4 Olvido el mundo leyendo

T1	el relato	Kurzgeschichte, Erzählung	¡Qué pasada es este relato!
	inquietante	beunruhigend, unheimlich	*F* inquiétant • Las noticias sobre el medio ambiente son inquietantes.
	perdonar(le) algo a alguien	jdm. verzeihen, jdn. entschuldigen	*F* pardonner *FAM.* perdón • Aunque me duele lo que hiciste, te perdono.
	el / la autor/-a	Autor/-in	*L* auctor *E* author *F* auteur • El autor del relato es un médico famoso.

E1	el / la narrador/-a	Erzähler/-in	*L/E* narrator *F* narrateur • Luis es un narrador genial.
	gemelo/-a	(eineiige/-r) Zwillings-	Tengo una hermana gemela.
E3	tratar de	handeln von	El relato trata de la migración de una familia.
	inesperado/-a	unerwartet	*F* inespéré *FAM.* esperar • La muerte del héroe fue inesperada.
	misterioso/-a	mysteriös, geheimnisvoll	*E* mysterious *F* mystérieux • En su diario escribe palabras misteriosas.
	el argumento	Handlung; Argument	¿Cuál es el argumento de la película?
	el comienzo, al comienzo	Anfang, Beginn; anfangs	Al comienzo no nos llevábamos bien.
	comenzar (-ie-)	anfangen, beginnen	*E* to commence *F* commencer • Mañana comienzo con el trabajo.
E4	impresionar	beeindrucken	*E* to impress *F* impressionner *FAM.* impresionante • ¡Qué bien! Me has impresionado.
E5	la novela	Roman	*E* novel • ¿Cuál es tu novela favorita?
T3	el microrrelato	Kürzestgeschichte	*FAM.* el relato • Los microrrelatos no deben tener más de 35 palabras.

Expresiones para hablar sobre un texto literario / Ausdrücke um über einen literarischen Text zu sprechen:

– um einen Text zu beschreiben:

El tema del cuento es …	Das Thema der Geschichte ist …
La novela trata de …	Der Roman handelt von …
El argumento es …	Die Handlung ist …
el / la autor/-a	der / die Autor/-in
el / la narrador/-a	der / die Erzähler/-in
los personajes	die Figuren
el / la protagonista	der / die Protagonist/-in
El comienzo / final es …	Der Anfang / Das Ende ist …
El texto comienza / termina con …	Der Text beginnt / endet mit …

– um deine persönliche Wertung abzugeben:

Me gustó mucho / bastante.	Es hat mir sehr gut / ziemlich gut gefallen.
No me gustó mucho / nada.	Es hat mir nicht (besonders) gefallen.
Me encantó.	Ich war begeistert.
Me pareció genial / fantástico / interesante.	Ich fand es super / fantastisch / interessant.
Me pareció horrible / aburrido / un rollo.	Ich fand es schrecklich / langweilig.

Etapa 4 *El viaje de fin de curso*

el fin	Ende, Ziel	*sin.* el final • ¿Adónde vais en el viaje de fin de curso?
el curso	Klasse, Schuljahr, Kurs	Este verano haré un curso de español en Salamanca.

Paso 1 Preparando el viaje de fin de curso

T1

la reunión	Versammlung, Sitzung	*E* reunion *F* réunion *FAM.* unir *sin.* el encuentro • Hubo una reunión de padres para hablar sobre el viaje.
el / la alumno/-a	Schüler/-in	*sin.* el estudiante • Los alumnos hicieron muchas preguntas.
acompañar	begleiten, mitkommen	*F* accompagner *FAM.* el compañero • ¿Te acompaño a casa?
tocarle a alguien	dran, an der Reihe sein	*FAM.* tocar • Dame el dado, ahora me toca a mí.
estar de acuerdo	sich einig sein	*FAM.* de acuerdo • Tienes razón, estoy de acuerdo contigo.
impaciente	ungeduldig	*E/F* impatient • No estés impaciente, ya te lo contaré.
contratar	beauftragen, einstellen	Contratamos a un nuevo empleado.
la agencia (de viajes)	Agentur, Reisebüro	*E* agency *F* agence • Compré el vuelo en una agencia de viajes.

T2

el folleto	Prospekt	En el folleto están incluidas las estadísticas actuales sobre migración.
calcular	(er-, aus-)rechnen	*E* to calculate *F* calculer • Calcula cuánto costará el viaje.
no me digas	sag bloß; was du nicht sagst	¡No me digas que vas a ir de viaje! ¡Qué suerte!

Las notas / Die Schulnoten

0-4 suspenso	ungenügend, mangelhaft, durchgefallen	8 notable	gut
5 aprobado	ausreichend	9 sobresaliente	sehr gut
6-7 bien	befriedigend	10 matrícula de honor	ausgezeichnet

E5

la cena	Abendessen	*FAM.* cenar *ant.* el desayuno • Durante la cena hablamos de muchas cosas.
la presentación	Vortrag, Präsentation	*FAM.* presentar *sin.* la ponencia • Haz una presentación en clase.

E7 llamarle la atención a alguien	jdn. zurechtweisen	*FAM.* la atención • El profesor nos llamó la atención porque estábamos charlando.
dibujar	zeichnen, malen	*sin.* pintar • Dibuja un árbol y una casa.

Paso 2 ¿Vamos a Madrid?

elegir (-i-)	wählen, aussuchen	*FAM.* la elección • Elige uno de los dos ejercicios.
el punto	Punkt	Desde este punto puedes ver el mar.
encontrarse (-ue-)	sich befinden	*F* se trouver *FAM.* encontrar • Sevilla se encuentra en Andalucía.
el estadio	Stadion	¿Has ido al estadio de fútbol?
el monumento	Monument, Denkmal	*E/F* monument • Fue útil leer la guía antes de visitar los monumentos.
el/la escritor/-a	Schriftsteller/-in	*L* scriptor *FAM.* escribir • La escritora acaba de publicar una novela.
el arte	Kunst	*L* ars *E/F* art • Qué extraño… ¿Y eso es arte?
el/la turista	Tourist/-in	En verano llegan muchos turistas alemanes.
E1 la atracción (turística)	Sehenswürdigkeit	*FAM.* el turismo • El Rastro es una atracción turística.
exagerar	übertreiben	*F* exagérer • No exageres, la película fue buena, pero tampoco tanto.
tranquilizarse	sich beruhigen	*FAM.* tranquilo • Tranquilízate, mi perro no es peligroso.
único/-a	einzig, einzigartig	*E/F* unique • Eres mi única amiga.
ponerse de acuerdo	sich einig sein	*FAM.* estar de acuerdo • Tenemos que ponernos de acuerdo adónde vamos.
E2 el símbolo	Symbol, Sinnbild	El corazón es el símbolo del amor.
representar	repräsentieren, darstellen, aufführen	*E* te represent *F* représenter *FAM.* presentar • Los actores representan una obra.
sacar una buena / mala nota	eine gute / schlechte Note haben	¡No me digas que sacaste una buena nota! ¡Qué guay!
el paraíso	Paradies	¡Qué lugar tan hermoso! Es un paraíso.
el infierno	Hölle	*ant.* el paraíso • Los cristianos creen que la gente mala va al infierno.
el/la dios/-a, Dios	Gott/Göttin	*L* deus *F* dieu • Ellos tenían un dios del sol y otro de la guerra.
arriba	oben	*sin.* encima • Mira allí arriba, el gato se ha subido al árbol.
el pez	Fisch	*sin.* el pescado • Mis mascotas son peces de muchos colores.

Paso 3 ¿Vamos a Barcelona?

T1 la moda	Mode	Sara va siempre a la moda.
la forma	Form, Art, Sorte	*L* forma • Me gusta la forma de la ventana.
de pequeño/-a	als er/sie ein Kind war	De pequeña le encantaba escuchar relatos.
así que	daher, deshalb	*sin.* por eso • No vino a verme, así que no pude hablar con él.
la arquitectura	Architektur	La arquitectura árabe es característica de la ciudad.
el estilo	Stil	*E/F* style • En el monumento hay una mezcla de estilos.
el elemento	Element	*E* element • Cada elemento es importante.
redondo/-a	rund	¿Qué les parece si construimos una piscina redonda?
crear	erschaffen	*L* creare *E* to create *F* créer • Es posible crear algo nuevo.
el banco	(Park-)Bank, Geldinstitut	*E* bank *F* banque • Tenemos poco dinero en el banco.
el azulejo	Fliese	Los azulejos de la cocina son blancos.
la columna	Säule	*E* column • En el interior de la iglesia hay muchas columnas.
la obra	Werk, Kunstwerk	*L* opus *F* œuvre • La catedral es una maravillosa obra de arte.
la fachada	Fassade	Están pintando la fachada del ayuntamiento.
E4 el total	Gesamtheit	El total de turistas en Barcelona en 2008 fue más de seis millones.
E6 el plano	Plan, Bauplan	*E/F* plan • No sé cómo ir, tengo que mirar el plano del metro.
el albergue (juvenil)	Pension, (Jugend-)Herberge	*F* auberge • Pasamos la noche en un albergue muy agradable.
el póster	Poster	En mi habitación tengo posters de Shakira.
T3 según	laut, nach, gemäß	Según el reglamento, eso no está permitido.
la Constitución	Verfassung	*E/F* constitution • La Constitución Española es de 1978.
la lengua	Sprache	*L* lingua *E* language *F* langue *sin.* el idioma • ¿Cuántas lenguas extranjeras hablas?
junto con	zusammen mit	*FAM.* juntos • La vi junto con su nuevo amigo.
prohibir	verbieten	*L* prohibere *E* to prohibit • La ley prohibe llevar armas.
en público	in der Öffentlichkeit	*E* in public *F* en public *FAM.* público • Pilar disfruta cantando en público.
publicar	veröffentlichen	*F* publier *FAM.* público • Quiero publicar el resultado de mis investigaciones.

	reconocer *irr.*	(wieder-, an-)erkennen	*F* reconnaître *FAM.* conocer • Soy Julia, ¿no me reconoces?
	el derecho	Recht	*F* droit • Todas las personas tienen derecho a ser libres.
	propio/-a	eigene/-r	*L* proprius *F* propre • Por fin vivimos en casa propia.
	bilingüe	zweisprachig	*FAM.* la lengua • Crecer bilingüe es una gran ventaja.
E10	la decisión	Entscheidung	*E* decision / *F* décision *FAM.* decidir • Hay que tomar una decisión.

Paso 4 ¡Por fin en Barcelona!

	por fin	endlich	*FAM.* el fin • Por fin te encuentro.
T	el paseo	Spaziergang, Spazierweg	*FAM.* dar un paseo • ¿Te gustó el paseo por la costa?
	el interior, en el interior	das Innere; drinnen, innen	*L* intus *F* intérieur • Los pueblos en el interior del país son pobres.
	el ascensor	Aufzug, Fahrstuhl	*F* ascenseur • Subimos en ascensor.
	la corona	Krone, *hier:* Spitze	Desde la corona del edificio la vista es maravillosa.
	gótico/-a	gotisch	¿Qué te pareció la iglesia gótica?
	el servicio / los servicios	Toilette, WC	Perdona, ¿dónde están los servicios?
	tardar	dauern, Zeit brauchen	Vuelve rápido, por favor, no tardes tanto.
	exacto/-a	exakt, genau	*E/F* exact • Tu explicación fue muy exacta, ahora sí lo entiendo.
	desaparecer *irr.*	verschwinden	*F* disparaître *FAM.* parecer • El perro que ayer nos siguió hasta casa ha desaparecido.
	el incendio	Brand, Feuer	*L* incendium *F* incendie • Hay que hacer algo para evitar los incendios de bosques.
	tomar fotos	Fotos machen	¿Tomaste muchas fotos durante la excursión?
	descansar	sich ausruhen, erholen	*FAM.* cansado • Las vacaciones son para descansar.
E4	el reglamento	Regelwerk, (Haus-)Ordnung	El reglamento de la empresa no lo permite.
	la regla	Regel, Norm	*FAM.* el reglamento • Su problema es que no conoce las reglas.
	el/la adulto/-a	Erwachsene/-r	Los adultos prepararon juegos para los niños.

Etapa 6 *Latinoamérica*

E1	algún/-uno/-una	(irgend-)ein/-e	*L* aliqui *ant.* ningún/-uno/-una • ¿Hay algún polideportivo por aquí?
E2	el / la político/-a	Politiker/-in	*FAM.* la política • Algunos políticos hablan sin decir nada.
	el / la científico/-a	Wissenschaftler/-in	*FAM.* la ciencia • Los científicos presentaron sus investigaciones.
	el actor / la actriz	Schauspieler/-in	*E* actor, actress *F* acteur, actrice *FAM.* la acción • La actriz ganó premios importantes.
E3	Centroamérica	Mittelamerika	En Centroamérica puedes hacer turismo de aventura.
	limitar con	grenzen an	*E* to limit *F* limiter • Uruguay limita con Argentina y Brasil.
	Hispanoamérica	Hispanoamerika	Gabriel García Márquez es uno de los escritores más famosos de Hispanoamérica.
	definir	definieren	No sé cómo definir mi situación.
	pertenecer (a) *irr.*	gehören (zu)	La casa no nos pertenece, la alquilamos.
	el conjunto	Gesamtheit, Gruppe	*FAM.* juntos • El conjunto de datos es demasiado grande.

Paso 1 América Latina hoy

T	el / la entrevistador/-a	Interviewer/-in	*FAM.* la entrevista • La entrevistadora preparó preguntas interesantes.
	la mezcla	Mischung	*E* mixture *FAM.* mezclar • ¿Para qué es esa mezcla?
	el / la esclavo/-a	Sklave/-in	*E* slave *F* esclave • Los esclavos no tenían ningún derecho.
	la alimentación	Ernährung	Tu alimentación, ¿es sana?
	la pobreza	Armut	*E* poverty *F* pauvreté *FAM.* pobre • La pobreza no les permite una alimentación sana.
	orgulloso/-a	stolz	*F* orgueilleux • Juan se siente orgulloso por la nota de su examen.
	la realidad, en realidad	Wirklichkeit, in Wirklichkeit	*E* reality *F* réalité *FAM.* real • En realidad no tengo ganas de ir.
	ya que	da, weil	Lo llamé por teléfono ya que no nos vimos.
	describir	beschreiben	*E* to describe *F* décrire *FAM.* escribir • Y ahora describe lo que ha pasado.
	la comparación, en comparación con	Vergleich, verglichen mit	*L* comparatio *FAM.* comparar • En comparación con Alemania, Argentina es siete veces más grande.
	la niñez	Kindheit	*FAM.* el niño • Pasé mi niñez en un pueblo muy tranquilo.

cualquier/-a	irgendein, jeder, welcher auch immer	Cualquiera lo puede haber hecho. • No lo encuentro, puede estar en cualquier lado.
lleno/-a	voll	*L* plenus • La botella está llena.
el juguete	Spielzeug	*FAM.* jugar • ¿Recuerdas cuál era tu juguete favorito?
varios/-as	mehrere	*E* various • Tengo varios proyectos.
la economía	Wirtschaft	*E* economy *F* économie • El turismo es importante en la economía española.
la seguridad	Sicherheit	*L* securitas *E* security *F* sécurité *FAM.* seguro • Tengo la seguridad de que estoy aprendiendo bien el español.
la educación	Erziehung, Bildung	*E* education *F* éducation • Con una buena educación tienes más posibilidades.
el descubrimiento	Entdeckung	*E* discovery *F* découverte *FAM.* descubrir • El descubrimiento de América fue en 1492.
influir en *irr.*	beeinflussen	*E* to influence *F* influer • Los viajes del pintor influyeron en sus cuadros.
la conquista	Eroberung	Para la conquista los españoles usaron caballos, que los indígenas no conocían.
desarrollar(se)	(sich) entwickeln	Todo se desarrolló como esperábamos.
la llegada	Ankunft	*FAM.* llegar *ant.* la salida • Hacemos una fiesta por la llegada de la primavera.
el sistema	System	El sistema de educación me parece muy bueno.
E6 el carácter	Charakter, Persönlichkeit	*sin.* la personalidad • ¿Puedes describir el carácter de tu mejor amigo?
el (aspecto) físico	Aussehen, Äußeres	Y ahora describe su aspecto físico: ¿es rubio o moreno?, ¿alto o bajo?
E10 el precio	Preis, Kaufpreis	*L* pretium *E* price *F* prix • ¿Me puede decir el precio de esta camiseta?
E11 el / la artista	Künstler/-in	*E* artist *F* artiste *FAM.* el arte • Entre mis artistas favoritos hay varios pintores del siglo XX.
la intención	Absicht, Intention	*E/F* intention • No fue mi intención decírtelo.
la postura	Haltung, Einstellung	¿Cuál es tu postura en este tema?

Paso 2 Lima, una ciudad en cifras

la cifra	Zahl, Ziffer	¿Cuántas cifras tiene tu número de teléfono?
T1 la impresión	Eindruck	*E/F* impression • Nos contó las impresiones de su viaje por Ecuador.

E2	llamar la atención	Aufmerksamkeit erregen, auffallen	Me llama la atención verte aquí.
E3	la minoría	Minderheit	*E* minority *F* minorité *FAM.* menor *ant.* la mayoría • Una minoría no participó en las elecciones.
	esto	das hier	*ant.* eso • —¿Qué quieres, esto? —No, prefiero eso, por favor.
E4	la conclusión	Schlussfolgerung	*L* conclusio *E/F* conclusion • ¿A qué conclusión llegaste?
E5	el porcentaje	Prozentsatz	El porcentaje de niños que trabajan es alto en Perú.
	el / la limeño/-a	Einwohner/-in Limas	Los limeños disfrutan de las playas.
T2	la multa	Strafzahlung, Geldstrafe	*L* multa • Tuvo que pagar una multa.
	empezar por *+ inf.* (-ie-)	damit beginnen, etw. zu tun	¡Qué lío! Empieza por ordenar tu habitación.
	en lugar de	anstelle von	*FAM.* el lugar • Juega al aire libre en lugar de ver televisión.
	la falta	Fehler, Fehlen	*FAM.* faltar • La falta de agua es un problema.
	la corrupción	Korruption	Las nuevas medidas tratan de evitar la corrupción.
	solucionar	lösen	*FAM.* la solución • Quiero solucionar el problema ahora.
	la inseguridad	Unsicherheit	*E* insecurity *F* insécurité *ant.* la seguridad • Hay un ambiente de inseguridad.
	ahorrar	sparen	Estoy ahorrando para comprarme un coche.
	roto/-a	kaputt	¿Por qué guardas esa maleta rota?
	principal	Haupt-, wichtigste/-r	*E/F* principal • Esta es la avenida principal.
	el tráfico	Verkehr	*E* traffic *F* trafic • El tráfico en la autopista es enorme.
	la contaminación	(Umwelt-) Verschmutzung	*E/F* contamination • La contaminación del medio ambiente nos preocupa.
E7	la cara	Gesicht	Lo que más me gusta de su cara es su boca.
E11	convivir	zusammenleben	*L* convivere *FAM.* vivir • En mi casa convivimos tres generaciones.
	limpio/-a	sauber	*FAM.* limpiar • Ya no tengo ropa limpia.
	ordenar	aufräumen, ordnen, befehlen	*FAM.* la orden • Tengo que ordenar mi habitación.

Paso 3 América Latina: un continente y muchas culturas

E1	la calavera	Totenkopf	Los niños reciben calaveras de azúcar.
	el altar	Altar, Schrein	Ponen muchas flores en el altar.
	la vela	Kerze, *auch:* Segel	En el cementerio había muchas velas.
	el cementerio	Friedhof	*E* cemetery *F* cimetière • Van al cementerio para recordar a sus muertos.
T	dedicar	widmen, aufwenden	*E* to dedicate *F* dédier *FAM.* dedicarse a • El poeta le dedicó su último libro a su mujer.
	la perspectiva	Blickwinkel	*E/F* perspective • Desde la perspectiva del europeo eso es difícil de entender.
	aprovechar	(aus-)nutzen	Hay que aprovechar todas las oportunidades.
	el/la familiar	Verwandte/-r	*FAM.* la familia • ¿Invitas a tus familiares?
	relacionar	in Verbindung setzen	*FAM.* la relación • ¿Me puedes relacionar con jóvenes latinoamericanos?
	el significado	Bedeutung	*L* significatio *E* significance *F* signification *FAM.* significar • No conozco el significado de algunas de las palabras.
	los aztecas	Azteken	Los aztecas fundaron la ciudad de Tenochtitlán en el siglo XIV.
	los mayas	Maya	Las ruinas de los mayas son una atracción turística.
	el ritual	Ritual	Algunos rituales son un poco extraños.
	ambos/-as	beide	*L* ambo • Ella y yo ambas somos morenas.
	el objeto	Objekt, Gegenstand	En el mercadillo puedes comprar objetos típicos.
	la artesanía	Handwerk	*L* artificium *FAM.* el arte • Los indígenas venden sus productos de artesanía.
	tanto … como	sowohl … als auch	Es una fiesta tanto para los niños como para los adultos.
E2	la similitud	Ähnlichkeit	*L* similitudo *E/F* similitude *ant.* la diferencia • La similitud entre los dos es increíble.
E3	guatemalteco/-a	aus Guatemala	Las mujeres guatemaltecas llevan vestidos de muchos colores.
E9	la capacidad	Fähigkeit	*E* capability *F* capacité • Laura tiene una gran capacidad para aprender.

Paso 4 Las dos caras de América Latina

E1	el / la diseñador/-a	Zeichner/-in, Designer/-in	Hay muchos diseñadores en Barcelona.
	el reto	Herausforderung	Este nuevo proyecto es un reto difícil.
	diseñar	zeichnen, entwerfen	*FAM.* el diseñador • Quiero diseñar mi futuro piso.
	la pelea	Streit	Lo insultó y así empezó la pelea.
	en medio de	mitten in	En medio de la pelea llegó el policía.
	el crimen	Verbrechen	*E/F* crime • No hay testigos del crimen.
	el / la sospechoso/-a	Verdächtige/-r	Un vecino es el sospechoso.
	informar	berichten, mitteilen, informieren	*L* informare *FAM.* el informe • La policía informa sobre el peligro.
	la fuente	Quelle	*L* fons • Lo sé de buena fuente.
	ocurrir	sich ereignen	*E* to occur • El accidente ocurrió delante de mi casa.
	la esquina	(Straßen-)Ecke	La farmacia está en la próxima esquina.
	a raíz de	aufgrund von	A raíz del ataque tuvo que quedarse varios días en el hospital.
	herir (-ie-)	verletzen	Los insultos hieren.
	la bala	Pistolenkugel	Una bala lo hirió en la pierna.
	el ataque	Angriff	Nadie esperaba el ataque.
	la víctima	Opfer	*L* victima *E* victim *F* victime • Hubo varias víctimas.
	identificar	identifizieren	*E* to identify *F* identifier • Los familiares tuvieron que identificar a la víctima.
	la consecuencia	Folge, Konsequenz	*E* consequence *F* conséquence • Los edificios destruidos son consecuencia del ataque.
E4	la violencia	Gewalt	*L* violentia *E/F* violence • No podemos permitir violencia en el instituto.
	la causa	Ursache	*L* causa *E/F* cause • La violencia tiene muchas causas.
E6	el titular	Überschrift, Schlagzeile	*FAM.* el título • ¿Leíste los titulares de hoy?
	la vergüenza	Schande, Schmach	Da vergüenza cómo está tu habitación, deberías ordenarla un poco.
E7	el / la participante	Teilnehmer/-in	*FAM.* participar • Los participantes de la competición tienen que ser mayores de 18 años.
	alegrarse de (que)	sich freuen über	*FAM.* alegre • Me alegro de que hayas venido. • Me alegro de verte.
	luchar	kämpfen	Hay que luchar por los derechos de los niños.

Etapa 7 *¿Conquista o invasión?*

	la invasión	Invasion	*E/F* invasion • El ejército comenzó con la invasión del país vecino.
E1	tener algo en común	etw. gemeinsam haben	Él y yo no tenemos mucho en común.
E2	el videoclip	Videoclip, Musikvideo	Mira el videoclip de la canción y analízalo.
	el espejo	Spiegel	Mírate en el espejo, tienes algo en la cara.

Paso 1 El encuentro

	el encuentro	Treffen, Zusammentreffen	*F* rencontre *FAM.* encontrar • El encuentro con mis compañeros fue muy divertido.
T1	el sueño, tener sueño	Traum, Schlaf; müde sein	*L* somnus • Mi sueño es ir de vacaciones a Canadá. • Tengo mucho sueño.
	el oro	Gold	*F* or • En el museo hay una colección de objetos de oro.
	desnudo/-a	nackt	De la cueva salieron hombres casi desnudos.
	poco a poco	nach und nach	Poco a poco te devolveré todo.
	el / la nativo/-a	Ureinwohner/-in	*E/F* native • Los nativos nos miraban con curiosidad.
E1	resumir	zusammenfassen	*FAM.* el resumen • Resume el texto.
	el conquistador	Eroberer	*FAM.* la conquista • Los conquistadores recibieron regalos de los indígenas.
E2	la descripción	Beschreibung	*E/F* description • La descripción del sospechoso es muy exacta.
	el lenguaje corporal	Körpersprache	*FAM.* el cuerpo • Por su lenguaje corporal se ve que tiene miedo.
E4	como si *+ subj. imp.*	als ob	Él hace como si no te escuchara.
	incluso	sogar	Ha llovido incluso en el desierto.
E5	monolingüe	einsprachig	*FAM.* la lengua *ant.* bilingüe • Busca la palabra en el diccionario monolingüe.
	referirse a (-ie-)	sich beziehen auf	No entiendo, ¿a qué te refieres?
E7	el territorio	Gebiet	*E* territory *F* territoire • El territorio les pertenecía.
	la condición física	Kondition, Fitness	Su condición física era buena.
E8	desconocido/-a	unbekannt	*FAM.* conocer *ant.* conocido • Un autor hasta ahora desconocido ganó el primer premio.

T3 precolombino/-a, el/la precolombino/-a	präkolumbisch, *hier:* Indigene/-r	Los precolombinos nunca habían visto a un hombre blanco.
la tradición	Tradition	*E/F* tradition • El Día de los Muertos es una tradición mexicana.
inventar	erfinden	*E* to invent *F* inventer • He inventado un coche que puede volar.
cultural	kulturell	*FAM.* la cultura • ¿Vamos al centro cultural?
la humanidad	Menschheit	*E* humanity *F* humanité • La humanidad tiene que aprender a vivir sin guerras.
la construcción	Bau	*E/F* construction *FAM.* construir • La construcción de la catedral duró dos siglos.
la escritura	Schrift	*F* écriture *FAM.* escribir • Los mayas tuvieron una escritura muy desarrollada.
E14 la esperanza	Hoffnung	*FAM.* esperar • Tengo la esperanza de que me escriba.
la desilusión	Enttäuschung	*F* désillusion • No vino. ¡Qué desilusión!

Paso 2 Influencias mutuas: patatas por azúcar

la influencia	Einfluss	*E/F* influence *FAM.* influir en • Se ve la influencia de sus padres en sus opiniones.
mutuo/-a	gegenseitig	*L* mutuus *E* mutual *F* mutuel • La ayuda mutua es buena para los dos.
el azúcar	Zucker	*E* sugar *F* sucre • Bebo el café sin azúcar.
T1 el alimento	Nahrungsmittel	*L* alimenta • Compra alimentos de la región.
el contacto	Kontakt	Tuve contacto con ella hasta su muerte.
el ámbito	Gebiet	*E* ambit • Eso pertenece a mi ámbito privado.
común	häufig, gemeinsam, verbreitet	*L* communis *E* common *F* commun • Tenemos gustos comunes. • Eso es muy común.
originario/-a de	stammend aus	*FAM.* el origen • Tú no eres originario de España, ¿verdad?
cultivar	anbauen	*E* to cultivate *F* cultiver • Los aztecas cultivaban el maíz.
consumir	konsumieren, essen	Es sano consumir muchas frutas y verduras.
variado/-a	abwechslungsreich	*FAM.* varios • En Chile encuentras paisajes muy variados.
T2 resistir	widerstehen, aushalten, sich widersetzen	*L* resistere *E* to resist *F* résister • Tuvo que resistir el calor y la sed durante la excursión.
la raíz	Wurzel	*L* radix *F* racine *FAM.* a raíz de • La zanahoria es una raíz.
el secreto	Geheimnis	*E/F* secret • No se lo cuentes, es un secreto.
frito/-a	frittiert	¿Comemos el pescado con patatas fritas?

Paso 3 La historia continúa: la conquista de México

	continuar	weitermachen, -gehen	*E* to continue *F* continuer • Es importante continuar el proyecto.
E2	confundir	verwechseln	*E* to confound *F* confondre • Confundí los paquetes de regalos.
	la confusión	Verwirrung, Verwechslung	*E/F* confusion *FAM.* confundir • ¡Qué confusión después del accidente!
E3	la culpa	Schuld	*L* culpa • Siento mucho lo que pasó, pero no fue culpa mía.
T2	cumplirse	wahr werden	La profecía se cumplió.
	la profecía	Prophezeiung, Weissagung	*E* prophecy *F* prophétie • No creo en las profecías.
	jamás	niemals	*F* jamais *sin.* nunca • Jamás había ocurrido.
	la enfermedad	Krankheit	*L* infirmitas *FAM.* enfermo • Su enfermedad era un secreto.
	decidido/-a	entschieden, entschlossen	*FAM.* decidir • Estaba decidido a resistir.
	vencer	besiegen, schlagen	*L* vincere *F* vaincre • Su intención era vencer.
E8	cerrar (-ie-)	schließen, zumachen	Cierra la puerta, por favor.
E13	la emancipación	Emanzipation, Befreiung	Con la emancipación de la mujer, ahora hay más mujeres que trabajan que hace 50 años.
	la independencia	Unabhängigkeit	*E* independence *F* indépendance • En el 2010, Argentina celebró sus 200 años de independencia.
	independiente	unabhängig	*E* independent *F* indépendant • Mi hermanita tiene 12 años pero es muy independiente.

Paso 4 El paraíso perdido

E3	el cuestionario	Fragebogen	*FAM.* la encuesta • Completa el cuestionario.
E5	cuyo/-a/-os/-as	dessen / deren	*L* cuius • Estoy leyendo una novela cuyo autor es paraguayo.
	la hamaca	Hängematte, Schaukel	*E* hammock • Sueño con una hamaca en una playa muy tranquila.
	colgar (-ue-)	hängen	Cuelgo la hamaca en el jardín.
	la pared	Wand	*L* paries • No me gusta la pared desnuda, voy a colgar unos cuadros.
	el / la antropólogo/-a	Anthropologe/-in	Mi tío es antropólogo.
	pacífico/-a	friedlich	*E* pacific *F* pacifique • Es un hombre pacífico.
	la choza	Hütte	Viven en chozas pequeñas.

compartir	teilen	*L* partiri *FAM.* la parte • Comparten lo poco que tienen.
el casamiento	Hochzeit, Heirat	*FAM.* casarse • Un casamiento es la fiesta más grande, todo el pueblo participa.
E6 acostumbrarse, acostumbrado/-a	sich gewöhnen, gewöhnt	*E* accustomed *F* accoutumé *FAM.* la costumbre • No es fácil acostumbrarse a la nueva situación.
E7 enamorarse, enamorado/-a	sich verlieben, verliebt	*F* amoureux *FAM.* el amor • Estar enamorado es maravilloso.

Etapa 8 *¿Conquista o invasión?*

formar	bilden	*FAM.* la forma • ¿Cómo se forma el plural?
el islote	Eiland, kleine Insel	*FAM.* la isla • Han construido un puente para llegar al islote.
habitar, habitado/-a	bewohnen, bewohnt	*L* habitare • El islote está habitado.

Paso 1 Canarias, siete islas entre dos continentes

T el turismo	Tourismus	*FAM.* el turista • En verano hay mucho turismo en la isla.
firme	fest	*L* firmus *E* firm • Me lo dijo con voz firme.
el / la aborigen	Ureinwohner/-in	*E* aborigine *F* aborigène • Los turistas toman fotografías de los aborígenes.
a causa de	aufgrund von	*FAM.* la causa • A causa de la lluvia no podremos ir a la playa.
excelente	hervorragend	*E/F* excellent • ¿Aprobaste Matemáticas? ¡Excelente!
intentar	versuchen	*F* tenter • Los extranjeros intentan hablar con los nativos.
aparecer *irr.*	auftauchen	*L* apparere *E* appear *F* apparaître • De pronto aparece un grupo cantando.
el / la tinerfeño/-a	Einwohner/-in von Teneriffa	Los tinerfeños preparan sus comidas típicas.
defender(se) (-ie-)	(sich) verteidigen	*L* defendere *E* to defend *F* défendre • Se defendían de los ataques de otros pueblos.
la batalla	Schlacht	*E* battle *F* bataille • Murió en la batalla.
firmar	unterschreiben	No pudo firmar porque no sabe escribir.
atacar	angreifen	*E* to attack *F* attaquer • ¿Por qué atacas sin motivo?
E1 comentar	kommentieren	No quiero comentar tus críticas.

E2 la mirada	Blick	*FAM.* mirar • Por su mirada me doy cuenta de que está contenta.
el / la guerrero/-a	Krieger/-in	*F* guerrier *FAM.* la guerra • Los guerreros llevaban armas y una bandera.
el metal	Metall	Los indígenas trabajaban muy bien el metal.
E4 armado/-a	bewaffnet	*E* armed *F* armé • ¿Un policía siempre está armado?
atento/-a	aufmerksam	*L* attentus *E* attentive *F* attentif • Escuchamos atentos las explicaciones.
saludar	grüßen, begrüßen	*L* salutare *F* saluer • ¿Por qué no me saludas?
tradicional	traditionell	*FAM.* la tradición • En España se celebran muchas fiestas tradicionales.
ocuparse de	sich kümmern um	Tú pon la mesa, yo me ocupo de la comida.
la salud	Gesundheit	*FAM.* sano • Hay programas para mejorar la salud de los habitantes.
E8 el sitio	Ort, Platz	*sin.* el lugar • No quiero que toques eso, ponlo en su sitio.
como	da, weil	Como hace buen tiempo voy a ir en bici.
funcionar	funktionieren	*E* to function *F* fonctionner • ¿Cómo funciona el reproductor de mp3?
salvaje	wild	*F* sauvage • En la selva hay animales salvajes.
el / la campesino/-a	Landwirt/-in, Bauer / Bäuerin	*FAM.* el campo • Mis abuelos eran campesinos: tenían campos y muchos animales.
el lenguaje	Sprache, Ausdrucksweise	*E* language *F* langage *FAM.* la lengua • Mi abuela dice que no comprende el lenguaje de los jóvenes.
comunicarse con	kommunizieren, sich verständigen mit	*E* to communicate • Intento comunicarme con él, pero no contesta el móvil.

Paso 2 ¿Un paraíso para todos? Inmigrantes en las Islas Canarias

E2 llorar	weinen	El niño llora porque ha perdido su juguete.
E3 indispensable	unabdingbar	*F* indispensable • Una buena condición física es indispensable para la competición.
integrar(se)	(sich) integrieren	Los inmigrantes deben integrarse.
temer que *+ subj.*	fürchten, dass	*L* timere • Él teme que lo ataquen.
T rescatar	retten	*E* to rescue • La policía rescató a las víctimas.
subsahariano/-a, el / la subsahariano/-a	zentralafrikanisch, Zentralafrikaner/-in	Los subsaharianos llegan a España con grandes sueños.
magrebí, el / la magrebí	maghrebinisch, Einwohner/-in des Maghreb	Tú eres de Marruecos, ¿hablas el árabe magrebí?

	el nivel, el nivel de vida	Niveau, Lebensstandard	Los alemanes tienen un nivel de vida muy bueno.
E4	el orden	Reihenfolge, Ordnung	*L* ordo *E* order *F* ordre *FAM.* ordenar • Me gusta mi piso cuando todo está en orden.
E8	el instrumento	(Musik-)Instrument	Me gustaría saber tocar un instrumento.
	la melodía	Melodie	Esa melodía me suena conocida.
	dinámico/-a	dynamisch, anpackend	Carlos es muy dinámico.
E9	la organización no gubernamental, *abr.* la ONG	Nichtregierungs-organisation, gemeinnützige Organisation	*E* NGO • Es una buena experiencia trabajar en una ONG.
	el registro	Verzeichnis, Register	La biblioteca tiene un registro de autores.
	realizar	durchführen	*FAM.* real • Está realizando con éxito un programa de televisión.
	el / la consumidor/-a	Verbraucher/-in, Konsument/-in	*E* consumer *F* consommateur *FAM.* comsumir • Los consumidores deben ser críticos.
	la integración	Integration, Einbindung	*FAM.* integrar • Nuestro objetivo es la integración de los inmigrantes.
	el Tercer Mundo	Dritte Welt	Hay mucha pobreza en algunos países del Tercer Mundo.
	el / la voluntario/-a	Freiwillige/-r	*E* voluntarius *E* voluntary *F* volontaire • En su tiempo libre trabaja como voluntario.
	el tipo	Typ, Sorte	*FAM.* típico • ¡Qué tipo tan presumido!

Paso 3 Las Islas Canarias: un paraíso para muchos

E1	dirigirse a	sich richten an	*FAM.* la dirección • El proyecto se dirige a los jóvenes en paro.
	analizar	analysieren	*E* to analyse *F* analyser • Hay que analizar todas las posibilidades.
	prometer	versprechen	*L* promittere *E* to promise *F* promettre *FAM.* meter • No podemos prometerlo.
	atraer *irr.*	anziehen, anlocken	*L* atrahere *E* to attract *FAM.* traer • Queremos atraer empresas extranjeras.
E2	tomar sol	sich sonnen	Tengo muchas ganas de tomar sol.
	el vuelo	Flug	*L* volatus *F* vol • Durante el vuelo, dormí.
	la marcha	Nachtleben	Ven a conocer la marcha de Madrid.
	el senderismo, hacer senderismo	Wandern, wandern	Hacer senderismo no es nada aburrido.
	la tienda de campaña	Zelt	Dormíamos en una tienda de campaña.
	el surf	Surfen	El surf es un deporte alucinante.
	bucear	tauchen	Nunca he buceado, pero me gustaría hacerlo.

E3	la discusión	Diskussion	*E/F* discussion *FAM.* discutir • La discusión fue larga, pero llegamos a una conclusión.
	limitar	beschränken	*E* to limit *F* limiter *FAM.* limitar con • Limito las horas que dedico a navegar en Internet.
	a favor	pro, dafür	Estoy a favor del cambio.
	en contra	contra, dagegen	*L* contra • Los ciudadanos están en contra de la construcción del aeropuerto.
E4	ecológico/-a	ökologisch	*E* ecologic *F* écologique • Todos están a favor del programa ecológico.
	la palabra clave	Schlüsselbegriff, Stichwort	Apunta palabras clave.
	la fundación	Stiftung	*E* foundation *F* fondation • La fundación tiene el objetivo de ayudar a los pobres.
T1	sostenible	nachhaltig	*E* sustainable • La arquitectura sostenible es una característica del barrio.

Diccionario
español – alemán

A

a, al hin, zu, nach I 2.1 T
a. C. vor Christus I 10. E4
a caballo zu Pferd I 9. E1
a cambio im Gegenzug II 3.3 T1
a causa de aufgrund von II 8.1 T
a favor dafür II 8.3 E3
a fin de (que) um zu, damit II 3.3 E16
a la derecha rechts I 5.3 E1
a la izquierda links I 5.3 E1
a pie zu Fuß I 7. E1
a lo largo de entlang II 1. E1
a partir de ab, von … an II 2.1 E7
¿a qué hora? Um wieviel Uhr? I 3.1 E2
a que no wetten, dass nicht II 1.1 T
a raíz de aufgrund von II 6.4 T
a veces manchmal I 2.3 T2
a ver mal sehen I 3.2 T
el/la aborigen Ureinwohner/-in II 8.1 T
el abrazo Umarmung I 9.1 T2
el abril April I 7.1 E5
abrir öffnen I 6.3 T
absurdo/-a absurd I 8.3 E6
el/la abuelo/-a, los abuelos Großvater/-mutter/-eltern I 1.3 E5
aburrido/-a langweilig, gelangweilt I 2.3 T
aburrirse sich langweilen I 7.3 T2
acabar de etw. gerade getan haben I 8.4 T
el accidente Unfall I 8.1
la acción Tat, Handlung I 11.1 E2
el aceite Öl I 5. E1
acompañar begleiten, mitkommen II 4.1 T1
aconsejar empfehlen, raten II 3.1 T2
acostarse zu Bett gehen I 3.1 T
la actividad Aktivität I 3.3 T1
acostumbrado/-a gewöhnt II 7.4 E6
acostumbrarse sich gewöhnen II 7.4 E6
la actitud Haltung, Einstellung II 3.2 E2
activo/-a aktiv, lebhaft II 1.2 T1
el actor / la actriz Schauspieler/-in II 6. E2
actual aktuell I 3.4 T1
el acueducto Aquädukt I 10.
además außerdem I 1.2 E5
adicto/-a süchtig, abhängig II 3.2 E5
¡adiós! Tschüß! E0 T
adivinar raten I 7. E1
¿adónde? Wohin? I 1.3 E5
el/la adulto/-a Erwachsene/-r II 4.4 E4
el aeropuerto Flughafen I 9.3 T1
la agencia (de viajes) Agentur, Reisebüro II 4.1 T1
el agosto August I 7.1 E5
agradable angenehm I 7.2 T
el agua Wasser I 5. E1
el agua mineral Mineralwasser I 5. E1
ahora jetzt E0 E1
ahora mismo genau jetzt, gleich II 2.3 T
ahorrar sparen II 6.2 T2
el ajo Knoblauch I 5. E1
al aire libre draußen, im Freien II 2.3 E5
al comienzo anfangs II 3.4 E3
al final (de) am Ende I 3.2 T
al lado neben I 5.3 E1
al mismo tiempo gleichzeitig I 11.1 E2
al norte de nördlich von I 1.3 E5
al oeste de westlich von I 7.1 T
al principio zu Anfang I 9.3 T1
el albergue Pension, Herberge II 4.3 E6
el albergue juvenil Jugendherberge II 4.3 E6
alegrarse de (que) sich freuen über II 6.4 E7
alegre fröhlich I 11.3 E1
el alemán das Deutsche I 1.2 T
alemán/-ana deutsch I 1.2 T
el/la alemán/-ana Deutsche/-r I 1.2 T
algo etwas I 3.4 T1
alguien jemand I 7.2 E1
algún/-uno/-una irgendein/-e II 6. E1
algunos/-as einige I 4.2 T
el alimento Nahrungsmittel II 7.2 T1
la alimentación Ernährung II 6.1 T
allí dort(hin) I 5.3 E2
alquilar (ver-)mieten I 11.2 T
el altar Altar II 6.3 E1
alto/-a groß, hoch I 1.2 E5
alucinante unglaublich, fantastisch II 3.1 T2
el/la alumno/-a Schüler/-in II 4.1 T1
el ama de casa *f.* Hausfrau I 11.1 T
amar lieben I 10.3 T
amarillo/-a gelb I 6. E1
el ambiente Stimmung, Atmosphäre II 1.2 T1
el ámbito Gebiet II 7.2 T1
ambos/-as beide II 6.3 T
la ambulancia Krankenwagen I 8. E1
el/la amigo/-a Freund/-in I 1.2 T
analizar analysieren II 8.3 E1
ancho/-a weit, breit II 1.2 T1
andaluz/-a andalusisch I 11.2 T
el/la andaluz/-a Andalusier/-in I 11.2 T
el anfiteatro Amphitheater I 10.1 E5
el animal Tier I 9.3 E4
el año Jahr I 2.2 E6
anoche gestern Abend I 8.2 E7
anteayer vorgestern I 8.2 E7
antes (de) vorher, vor I 3.2 T
antes de Cristo vor Christus I 10. E4
antiguo/-a alt I 7.3 T2
el/la antropólogo/-a Anthropologe/-in II 7.4 E5
apagar ausschalten, löschen II 2.1 E6
aparecer auftauchen II 8.1 T
el apellido Nachname I 2.
apetecerle algo a alguien Lust haben zu I 4.3 T
aprender lernen I 4.1 T
el aprobado Ausreichend II 4.1 T2
aprovechar nutzen, ausnutzen II 6.3 T
apuntar notieren I 4.2 T
apuntarse a sich anmelden I 4.2 T
los apuntes Aufzeichnungen, Notizen II 1.1 E6
aquel/-lla/-os/-as diese/-r/-s (dort) I 5.2 T
aquí hier I 1.3 E6
árabe arabisch I 10. E1
el/la árabe Araber/-in I 10. E1
el árbol Baum II 1.2 T2
argentino/-a argentinisch I 1.2 T
el/la argentino/-a Argentinier/-in I 1.2 T
el argumento Handlung, Argument II 3.4 E3
el arma *f.* Waffe I 10.4 T
armado/-a bewaffnet II 8.1 E4
el armario (Kleider-)Schrank I 6.4 E4
la arquitectura Architektur II 4.3 T1
arrancar anspringen *(Motor)* I 8.1 T
arriba oben II 4.2 E2
el arroz Reis I 5.1 T
el arte Kunst II 4.2 T
la artesanía Handwerk II 6.3 T
el artículo Artikel I 3.4 T1
el/la artista Künstler/-in II 6.1 E11
el asado Grillfleisch II 1.3
el ascensor Fahrstuhl, Aufzug II 4.4 T
así so I 2.5 T1
así que daher, deshalb II 4.3 T1
el asiento Sitz I 8. E1
el asiento trasero Rücksitz I 8. E1
la asignatura Schulfach I 3.2 T
el aspecto Aspekt I 9.3 T1
el aspecto físico Aussehen, Äußeres II 6.1 E6
atacar angreifen II 8.1 T
el ataque Angriff II 6.4 T
la atención Achtung, Aufmerksamkeit II 3.1 E15

atento/-a aufmerksam II 8.1 E4
la atracción (turística) Sehenswürdigkeit II 4.2 E1
atraer anziehen, anlocken II 8.3 E1
aunque obwohl, auch wenn I 10.2 E2
el autobús Bus I 5.3 E7
el autógrafo Autogramm II 3.1 E10
la autopista Autobahn II 1.3 E1
el/la autor/-a Autor/-in II 3.4 T1
la autoridad Autorität, Behörde I 10.1 E1
la avenida Allee II 1.2 T1
el avión Flugzeug I 7. E1
ayer gestern I 7.3 T2
la ayuda Hilfe, Unterstützung II 3.1 T2
ayudar a helfen I 1.3 E5
el Ayuntamiento Rathaus, Gemeinde, Stadtverwaltung II 2.2 E2
el azafrán Safran I 5.1 T
los aztecas Azteken II 6.3 T
el azúcar Zucker II 7.2
azul blau I 6. E1
el azulejo Fliese II 4.3 T1

B

bailar tanzen II 1.2 T1
bajar sinken, aus-, absteigen, herunterladen II 2.2 E1
bajo/-a klein, niedrig I 1.2 E5
bajo cero unter Null I 7.1 E2
la bala Pistolenkugel II 6.4 T
el baloncesto Basketball I 4.2 T
el banco (Park-)Bank, Geldinstitut II 4.3 T1
la bandera Fahne I 11.2 T
el baño Bad I 3.1 T
el bar Café, Bar I 4.3 E2
barato/-a billig I 5.2 T
el barco Schiff I 10.4 E2
la barra Stange, Laib I 5.2 E6
la barriga Bauch I 6.3 E1
el barrio Stadtteil, Stadtviertel II 1.2 E1
bastante genug, ziemlich I 2.4 E5
la basura Müll, Abfall II 2.1 E6
la batalla Schlacht II 8.1 T
beber trinken I 2.1 T
la bebida Getränk I 1.4 T
el beso Kuss I 3.4 T1
la bicicleta Fahrrad I 6.4 E4
bien gut I E0 T
el bien Befriedigend II 4.1 T2
bienvenido/-a willkommen II 1.3 E7
bilingüe zweisprachig II 4.3 T3
el billete Fahrkarte I 5.3 E7
la biografía Biographie I 9.2 E13
el/la bisabuelo/-a Urgroßvater/-mutter I 2.2 T
blanco/-a weiß I 6. E1
el blog Blog I 9.2 E7
la boca Mund I 6.3 E1
el bocadillo belegtes Brötchen I 2.1 T
el bolígrafo, el boli Kugelschreiber I 3.2 T
el/la bombero/-a Feuerwehrmann/-frau II 2.3 E2
bonito/-a schön I 6.1 T2
el bosque Wald II 1.2 T2
las botas Stiefel I 6. E1
la botella Flasche I 5.2 E6
el brazo Arm I 6.3 E1
bucear tauchen II 8.3 E2
buenas noches Guten Abend! Gute Nacht! I E0 E1
buenas tardes Guten Tag / Abend! I E0 T
bueno gut, na dann, na ja I E0 E5
bueno/-a gut, nett, lieb I 1.2 E5
buenos días Guten Morgen / Tag! I E0 E1
buscar suchen I 3.2 T

C

el caballo Pferd I 9. E1
la cabeza Kopf I 6.3 E1
cada jede/-r/-s I 3.1 E6
cada uno/-a jede/-r I 3.2 E8
caerse fallen I 8. E1
el café Kaffee I 2.1 T
la cafetería Cafeteria I 3.3 T1
la calavera Totenkopf II 6.3 E1
calcular (er-, aus-)rechnen II 4.1 T2
calentar erwärmen, erhitzen II 2.1 E6
la calle Straße I 2.2 E9
callejero/-a Straßen- II 1.2 E1
el calor Wärme, Hitze I 7.1 T
la cama Bett I 2.3 T
el/la camarero/-a Kellner/-in I 4.4 T
cambiar ändern, umstellen I 8.1 E6
el cambio Wechsel, Wandel II 3.3 T2
caminar gehen, wandern I 7.3 T2
el camino Weg I 5.3 E4
la camisa Hemd I 6. E1
la camiseta T-Shirt I 6. E1
el/la campesino/-a Landwirt/-in II 8.1 E8
el camping Campingplatz II 1.
el campo Feld, Land I 11.2 T
la cancha Sportplatz, Spielfeld I 4.2 T
cansado/-a müde I 3.1 T
el/la cantante Sänger/-in I 8.4 E12
la cantidad Menge I 5.2 E6
la capacidad Fähigkeit II 6.3 E9
la capital Hauptstadt I 1.2 T
la cara Gesicht II 6.2 E7
el carácter Charakter, Persönlichkeit II 6.1 E6
la característica Eigenschaft, Merkmal II 2. E1
el caramelo Bonbon I 4.2 E3
la carne Fleisch II 1.2 T1
caro/-a teuer I 5.2 T
la carrera Rennen I 8.1 T
la carretera Landstraße, Bundesstraße II 1. E1
la carta Brief I 2.3 T
la casa Haus I 1.3 T
casado/-a verheiratet I 11.1 E5
el casamiento Hochzeit, Heirat II 7.4 E5
casarse (con) heiraten I 9.1 E5
el casco (Sturz-)Helm I 8. E1
casi fast I 4.1 T
el castellano das Kastilische I 10.3 T
castellano/-a kastilisch I 10.3 T
el catalán das Katalanische I 1.3 E5
catalán/-ana katalanisch I 1.3 E5
el/la catalán/-ana Katalane/-in I 1.3 E5
la catedral Kathedrale I 7.3 T2
católico/-a katholisch I 10.3 T
la causa Ursache II 6.4 E4
la causa justa guter Zweck II 3.1 T2
la cebolla Zwiebel I 5. E1
el cedé, el CD CD I 2.2 E6
celebrar feiern I 7.1 E6
celeste hellblau I 6.2 E1
el cementerio Friedhof II 6.3 E1
la cena Abendessen II 4.1 E5
cenar zu Abend essen I 4.3 T
el céntimo Cent I 5.2 T
el centro Mitte, Zentrum I 1.2 T
Centroamérica Mittelamerika II 6. E3
cerca (de) nah I 7.1 T
cerrar schließen, zumachen II 7.3 E8
el cesto (del perro) (Hunde-)Korb I 2.3 T1
el chándal Trainingsanzug I 6.2 T2
la chaqueta Jacke, Sakko I 6. E1
charlar plaudern I 1.3 E5
chatear chatten I 2.3 T1
el/la chico/-a Kind, Junge / Mädchen I E0 T
el chocolate Schokolade II 3.2 E6
la choza Hütte II 7.4 E5
Ciencias de la Naturaleza Naturwissenschaften I 3.2 T
las ciencias (naturales) (Natur-)Wissenschaften I 10.2 T
Ciencias Sociales, Geografía e Historia Sozialwissenschaften, Erdkunde und Geschichte I 3.2 T
el/la científico/-a Wissenschaftler/-in II 6. E2
la cifra Ziffer, Zahl II 6.2
el cine Kino I 4.1 T
la ciudad Stadt I 1.2 T
el/la ciudadano/-a Bürger/-in I 9.1 E7
clandestino/-a heimlich I 11.1 E4
claro, claro/-a na klar; hell I 2.5 T
la clase, las clases Klasse, Unterricht I 3.2 T
el/la cliente Kunde/-in I 5.2 E8
el clima Klima I 1.4 T
el coche Auto I 6.4 E1
la cocina Küche I 6.4 E1
cocinar kochen I 5.2 E9
el/la cocinero/-a Koch / Köchin II 2.3 E2
el codo Ellenbogen I 8.2 T

el cole(gio) Schule I 2.1 T
colgar hängen II 7.4 E5
el color Farbe I 6.
la columna Säule II 4.3 T1
el comedor Esszimmer I 6.4 E1
comentar kommentieren II 8.1 E1
el comentario Kommentar II 3.2 T1
comenzar anfangen, beginnen II 3.4 E3
comer essen I 2.1 T
el/la comerciante Geschäftsmann/-frau I 11.1 T
la comida Essen I 1.4 T
el comienzo Anfang, Beginn II 3.4 E3
como (so) wie I 1.2 T
¿cómo? Wie? I 1.2 E5
como da, weil II 8.1 E8
como si als ob II 7.1 E4
la comparación Vergleich II 6.1 T
compartir teilen II 7.4 E5
la competición Wettkampf I 5.4 T
complicado/-a kompliziert II 3.2 E12
la compra (Ein-)Kauf I 5.
comprar kaufen I 3.4 T1
común gemeinsam, verbreitet II 7.2 T1
comunicarse con kommunizieren mit II 8.1 E8
la comunidad autónoma autonome Region I 1.2 T
con mit I 1.3 T
el concierto Konzert I 4.3 E7
la conclusión Schlussfolgerung II 6.2 E4
la condición Zustand, Bedingung I 11.2 T
la condición física Kondition, Fitness II 7.1 E7
conducir fahren, lenken I 8.4 E5
conectarse a Internet ins Internet gehen II 3.2 T2
confundir verwechseln II 7.3 E2
la confusión Verwirrung, Verwechslung II 7.3 E2
el conjunto Gesamtheit, Gruppe II 6. E3
conmigo mit mir I 4.3 E4
conocer kennen, kennenlernen I 4.3 E7
la conquista Eroberung II 6.1 T
el conquistador Eroberer II 7.1 E1
conquistar erobern I 10.1 T1
la consecuencia Folge II 6.4 T
el consejo Rat, Ratschlag II 3.1 E7
la Constitución Verfassung II 4.3 T3
la construcción Bau II 7.1 T3
construir erbauen I 11.3 E2
el/la consumidor/-a Verbraucher/-in, Konsument/-in II 8.2 E9
consumir konsumieren, essen II 7.2 T1
el contacto Kontakt II 7.2 T1
la contaminación Verschmutzung II 6.2 T2
contar erzählen I 7.2 T
contento/-a zufrieden I 2.3 T2
contestar (be-)antworten II 3.2 E1
contigo mit dir I 4.3 E8
el continente Kontinent I 10.3 E6
continuar weitermachen, weitergehen II 7.3
contratar beauftragen, einstellen II 4.1 T1
convencer überzeugen II 3.2 E3
convivir zusammenleben II 6.2 E11
el coro Chor II 3.2 T1
la corona Krone, Spitze II 4.4 T
correcto/-a richtig, wahr I 1.3 E8
correr rennen I 6.3 E9
la corrupción Korruption II 6.2 T2
corto/-a kurz I 6.2 E8
la cosa Ding, Sache I 2.3 E4
cosmopolita weltoffen II 1.2 E1
la costa Küste I 1.2 E8
costar kosten I 5.2 T
la costumbre Brauch I 9.1 T2
crear erschaffen II 4.3 T1
crecer (auf-)wachsen I 9.1 E7
creer que glauben, dass I 3.1 T
el crimen Verbrechen II 6.4 T
cristiano/-a christlich I 10.2 T
el/la cristiano/-a Christ/-in I 10.2 T
crítico/-a kritisch II 3.1 T2
el cruasán Croissant, Hörnchen II 1.2 T2
cruzar überqueren I 5.3 E3
el cuaderno Heft I 3.2 T
la cuadra *Arg.*: 100 Meter II 1.2 E10
el cuadro Gemälde, Bild I 10.4 E3
¿cuál/-es? Welche/-r/-s? I 6.1 T2
la cualidad Eigenschaft, Fähigkeit II 3.3 T1
cualquier/-a irgendein, jeder, welcher auch immer II 6.1 T
cuando wenn I 2.3 T
¿cuándo? Wann? I 2.3 E8
¿cuánto/-a/-os/-as? Wie viel/-e? I 2.1 E4
¿cuánto es? Wieviel kostet es? I 5.2 T
el cuarto Viertel II 2.2 E1
el cuarto de baño Bad I 3.1 T
el cuerpo Körper I 6.3 E1
el cuestionario Fragebogen II 7.4 E3
la cueva Höhle II 1.2 T2
cuidar aufpassen auf I 4.
el culo Hintern I 6.3 E1
la culpa Schuld II 7.3 E3
cultivar anbauen II 7.2 T1
la cultura Kultur I 10. E4
cultural kulturell II 7.1 T3
el cumpleaños Geburtstag I 4.3 E2
cumplirse wahr werden II 7.3 T2
la curiosidad Neugierde I 11.1 T
el curso Klasse, Schuljahr, Kurs II 4.
cuyo/-a/-os/-as dessen / deren II 7.4 E5

D

d. C. nach Christus I 10. E4
el dado Würfel I 3.1 E3
dar geben I 6.1 E6
dar un paseo spazieren gehen II 1.2 E1
dar una orden befehlen I 6.3 E5
los datos Angaben I 4.2 T
de, del von, aus I 1.2 T
de… a … von … bis … I 3.2 E5
de acuerdo einverstanden, abgemacht II 1.2 T2
de carne y hueso aus Fleisch und Blut II 3.3 T1
¿de dónde? Woher? I 1.2 T
de mayor als Erwachsene/-r II 2.3 E4
de momento im Moment II 1.1 T
de nada bitte sehr I 5.2 T
de pequeño/-a als Kind II 4.3 T1
de pronto plötzlich I 8.1 T
de repente plötzlich I 8.1 T
de vuelta zurück I 7.3 T1
debajo de unter I 9.3 T3
deber müssen, sollen II 3.3 E5
los deberes Hausaufgaben I 2.3 T
decidido/-a entschieden, entschlossen II 7.3 T2
decidir entscheiden I 8.2 E7
decir sagen I 5.4 T
la decisión Entscheidung II 4.3 E10
dedicar widmen, aufwenden II 6.3 T
dedicarse a + *inf.* sich beschäftigen mit, Beruf ausüben I 11.1 T
el dedo Finger I 6.3 E1
defender(se) (sich) verteidigen II 8.1 T
definir definieren II 6. E3
dejar (zurück-)lassen I 9.2 E11
dejar de aufhören etw. zu tun I 8.4 E9
delante de vor I 5.3 E1
los demás die anderen, die übrigen II 2.3 E5
demasiado zu (viel / sehr) I 6.2 T1
el/la dentista Zahnarzt/-ärztin II 1.3 E2
el/la dependiente/-a Verkäufer/-in I 5.2 T
el deporte Sport I 3.2 E11
el/la deportista Sportler/-in I 8.2 T
deprimirse deprimiert sein I 6.2 T1
la derecha rechte Seite I 5.3 E1
el derecho Recht II 4.3 T3
derrotar besiegen I 8.2 T
desaparecer verschwinden II 4.4 T
desarrollar(se) (sich) entwickeln II 6.1 T
el desarrollo demográfico Bevölkerungsentwicklung II 2.2 T
desayunar frühstücken I 3.2 T
el desayuno Frühstück I 2.1 T
descansar sich ausruhen, erholen II 4.4 T
desconocido/-a unbekannt II 7.1 E8
describir beschreiben II 6.1 T
la descripción Beschreibung II 7.1 E2
el descubrimiento Entdeckung II 6.1 T
descubrir entdecken I 10.3 E2
desde von … aus I 7.2 T
desde (las …) von, ab, seit I 3.2 E5
el desierto Wüste II 1.1 E6
la desilusión Enttäuschung II 7.1 E14

desnudo/-a nackt II 7.1 T1
el despertador Wecker I 3.1 T
despertar a alguien (auf-)wecken I 8.1 T
despertarse aufwachen I 3.2 T
después (de) danach, nach I 3.1 T
después de Cristo nach Christus I 10. E4
la desventaja Nachteil II 3.2 E4
detener verhaften I 11.1 E5
detrás de hinter I 5.3 E1
devolver zurückgeben I 4.3 E2
el día Tag I 2.1 T
el dialecto Dialekt I 10.1 T1
el diario Tagebuch I 4.1 T
diario/-a täglich, alltäglich I 9.2 E8
dibujar zeichnen, malen II 4.1 E7
el diciembre Dezember I 7.1 E5
la dictadura Diktatur I 10.4 T
la diferencia Unterschied I 1.4 T
diferente verschieden I 1.4 T
difícil schwer I 2.2 E9
¿dígame? Ja, bitte? I 4.3 T
dinámico/-a dynamisch, anpackend II 8.2 E8
el dinero Geld I 4.3 T
el/la dios/-a, Dios Gott / Göttin II 4.2 E2
la dirección Adresse I 2.5 E8
dirigirse a sich richten an II 8.3 E1
la discoteca Diskothek I 9.1 T2
la discriminación Diskriminierung II 3.3 T2
discriminar diskriminieren II 3.3 E15
la discusión Diskussion II 8.3 E3
discutir diskutieren, streiten II 2. E1
el/la diseñador/-a Zeichner/-in, Designer/-in II 6.4 E1
diseñar zeichnen, entwerfen II 6.4 E1
disfrutar de genießen I 7.3 T2
la distancia Entfernung I 9.1 E5
divertido/-a lustig, unterhaltsam II 3.2 T3
divertirse Spaß haben I 9.3 T1
la docena Dutzend I 5.2 E6
el/la doctor/-a Arzt / Ärztin I 6.3 T
el documento nacional de identidad (DNI) Personalausweis I 2.5 E8
doler weh tun I 6.3 T
el domingo Sonntag I 3.2 E3
¿dónde? Wo? I 1.2 T
donde wo I 2.3 T2
dorado/-a golden I 6.2 E1
dormir schlafen I 4.2 E3
dormirse einschlafen II 3.2 E6
el dormitorio Schlafzimmer I 6.4 E1
ducharse duschen I 3.1 T
la duda Zweifel II 3.1 E7
el/la dueño/-a Besitzer/-in I 8.1 E4
durante während I 7.2 E10
durar dauern I 2.4 T
duro/-a hart, schwierig I 11.2 T
el DVD DVD I 7.2 E4

E

echar de menos vermissen I 7.2 T
ecológico/-a ökologisch II 8.3 E4
la economía Wirtschaft II 6.1 T
económico/-a wirtschaftlich I 10.3 E4
la edad Alter I 9.1 E7
el edificio Gebäude I 9.1 T1
la educación Erziehung, Bildung II 6.1 T
Educación Física Sportunterricht I 3.2 T
Educación para la Ciudadanía y Derechos Humanos Staatsbürgerkunde I 3.2 T
Educación Plástica y Visual Kunstunterricht I 3.2 T
los EE. UU. USA I 9.1 E5
él/ella/ellos/ellas er/sie I 1.2 T
el/la/los/las der, die, das I 1.2 E8
la elección Auswahl I 10.4 T
las elecciones Wahlen I 10.4 T
la electricidad Elekrizität II 2.1 E6
elegante elegant II 1.2 T1
elegir wählen, aussuchen II 4.2 T
el elemento Element II 4.3 T1
el e-mail E-Mail I 2.5 E10
la emancipación Emanzipation, Befreiung II 7.3 E13
el/la emigrante Auswanderer/-in I 11.3
emigrar auswandern I 9.1 E7
emocionante aufregend I 8.1 T
la empanada gefüllte Teigtasche II 1.3 E7
empezar beginnen I 3.2 E8
empezar por beginnen, etw. zu tun II 6.2 T2
el/la empleado/-a Angestellte/-r I 4.2 T
la empresa Unternehmen, Betrieb, Firma II 3.1 T2
en in I 1.2 T
en casa zu Hause I 1.3 T
en caso de (que) falls II 3.3 E19
en comparación con verglichen mit II 6.1 T
en contra dagegen II 8.3 E3
en el interior innen II 4.4 T
en especial besonders I 7.2 E4
en general im Allgemeinen I 6.2 T1
en lugar de anstelle von II 6.2 T2
en medio de mitten in II 6.4 T
en público in der Öffentlichkeit II 4.3 T3
en punto Punkt, genau I 3.
en realidad in Wirklichkeit II 6.1 T
en serio ernsthaft II 3.2 T1
enamorado/-a verliebt II 7.4 E7
enamorarse sich verlieben II 7.4 E7
encantado/-a begeistert, sehr erfreut II 1.1 T
encantarle algo a alguien sehr mögen I 4.2 E8
encender anmachen I 8. E1
encima de über I 6.1 E3
encontrar finden I 9.3 T1
encontrarse sich befinden II 4.2 T
encontrarse con treffen I 9.3 T1
el encuentro Treffen, Zusammentreffen II 7.1
la encuesta Umfrage I 3.3 E6
el enemigo Feind I 10.1 E1
el enero Januar I 7.1 E5
enfadar verärgern I 8.3 E6
enfadarse sich ärgern I 8.3 E6
la enfermedad Krankheit II 7.3 T2
el/la enfermero/-a Krankenpfleger/-in II 2.3 E2
enfermo/-a krank I 2.3 T
enfrente (de) gegenüber I 5.3 E1
enorme riesig I 7.2 T
la ensalada Salat I 5. E1
enseñar zeigen, beibringen I 4.2 T
entender verstehen I 3.2 T
entonces dann, damals I 10.1 T2
la entrada Eintrittskarte, Eingang II 3.1 T2
entrar en hereinkommen, betreten I 8.2 T
entre zwischen I 1.4 T
entregar überreichen, (ab-)geben I 8.2 T
el/la entrenador/-a Trainer/-in I 8.2 T
entrenarse trainieren I 4.1 T
la entrevista Interview I 9.1 E5
el/la entrevistador/-a Interviewer/-in II 6.1 T
la época Zeitraum I 10.1 E7
el equipo Team I 4.2 T
equivocado/-a falsch, verwählt I 9.2 E7
equivocarse sich irren I 11.3 E2
es decir das heißt I 11.2 T
el/la esclavo/-a Sklave/-in II 6.1 T
escolar Schul-, schulisch II 2. E1
escribir schreiben I 2.5 E10
el/la escritor/-a Schriftsteller/-in II 4.2 T
la escritura Schrift II 7.1 T3
escuchar (zu-)hören I 2.3 T
la escuela Schule I 10.1 E1
ese/-a/-os/-as diese/-r/-s (da) I 5.2 T
eso das I 4.1 E2
la espalda Rücken I 6.3 E1
el español das Spanische I 1.2 T
el/la español/-a Spanier/-in I 1.2 T
español/-a spanisch I 1.2 T
especial besonders I 2.5 T
esperar a warten I 1.3 T
el espejo Spiegel II 7. E2
la esperanza Hoffnung II 7.1 E14
esquiar Ski fahren I 7.1 T
la esquina Straßenecke II 6.4 T
la estación Bahnhof, Haltestelle I 5.3 E7
la estación Jahreszeit I 7.1 E2
el estadio Stadion II 4.2 T
la estadística Statistik II 2.2 T
el estado Zustand, Staat I 11.1 E2

los Estados Unidos Vereinigte Staaten von Amerika I 9.2 E5
estadounidense US-amerikanisch I 9.1 T2
el / la estadounidense US-Amerikaner/-in I 9.1 T2
el estanco Tabakwarenladen, Kiosk I 5.2 E1
estar sein, sich befinden I 1.3 T
estar bien / mal gesund / krank sein, sich gut / schlecht fühlen I 2.4 T
estar conectado/-a verbunden sein II 3.2 T2
estar de acuerdo sich einig sein II 4.1 T1
estar despejado/-a wolkenlos sein I 7.1 E2
estar mejor jdm. besser gehen I 2.4 T
estar nublado bewölkt sein I 7.1 T
estar sentado/-a sitzen I 7.2 T
estar unido/-a verbunden sein I 10.2 T
este/-a/-os/-as diese/-r I 3.2 T
el estilo Stil II 4.3 T1
esto das hier II 6.2 E3
el estuche Etui, Federmappe I 3.2 T
el / la estudiante Student/-in, Schüler/-in I 1.2 T
estudiar lernen, studieren I 1.3 E5
los estudios (Hochschul-)Studium I 9.2 E13
la etapa Etappe I 10.1 T1
el euro Euro I 3.3 T1
el euskera das Baskische I 1.4 T
euskera baskisch I 1.4 T
exacto/-a exakt, genau II 4.4 T
exagerar übertreiben II 4.2 E1
el examen Prüfung I 2.3 E5
excelente hervorragend II 8.1 T
la excursión Ausflug I 4.3 E7
existir existieren I 9.3 T1
el éxito Erfolg I 8.4 E11
la experiencia Erlebnis, Erfahrung I 7.3 T1
explicar erklären I 5.4 T
expresar ausdrücken, formulieren II 2.3 E8
el extranjero Ausland I 1.3 E5
extraño/-a seltsam I 8.1 T
extremado/-a extrem I 6.2 T1

F

la fachada Fassade II 4.3 T1
fácil leicht I 2.2 E9
la factura Rechnung II 3.2 E6
la falda Rock I 6. E1
falso/-a falsch I 1.3 E8
la falta Fehlen, Fehler II 6.2 T2
faltar fehlen I 3.2 T
la familia Familie I 2.
familiar familiär, Familien- I 11. E1
el / la familiar Verwandte/-r II 6.3 T
famoso/-a berühmt I 8.2 T
la fantasía Fantasie II 1. E2
la farmacia Apotheke I 9.2 E7
fascinar faszinieren, beeindrucken II 1.1 T
el favor Gefallen II 2. E1
favorito/-a Lieblings- I 2.4 E1
el febrero Februar I 7.1 E5
la fecha Datum I 7.1 E7
felicitar a alguien gratulieren I 6.3 E3
feliz glücklich II 1.1 E6
feo/-a hässlich I 2.2 E9
la fiebre Fieber I 6.3 T
la fiesta Feier I 5.4 E11
el fin Ende, Ziel II 4.
el fin de semana Wochenende I 4.2 E5
el final Ende I 3.2 T
firmar unterschreiben II 8.1 T
firme fest II 8.1 T
el físico Aussehen, Äußeres II 6.1 E6
la flor Blume I 3.3 T1
el folleto Prospekt II 4.1 T2
la forma Form, Art, Sorte II 4.3 T1
formar bilden II 8.
el foro Forum I 10.1 E5
la foto(grafía) Foto I 2.2 T
el / la fotógrafo/-a Fotograf/-in II 2.3 E2
fracturarse algo sich etw. brechen I 8.1 T
el francés das Französische I 1.2 E5
francés /-esa französisch I 1.2 E5
el / la francés /-esa Franzose / Französin I 1.2 E5
fresco/-a frisch I 7.1 T
frío/-a kalt I 2.5 T
el frío Kälte I 6.1 E3
frito/-a frittiert II 7.2 T1
la frontera Grenze I 9.3 T1
la fruta Obst, Frucht I 5.1 T
la fuente Quelle II 6.4 T
fuerte stark, laut I 8.1 E4
funcionar funktionieren II 8.1 E8
la fundación Stiftung II 8.3 E4
el fútbol Fußball I 3.3 T1
el / la futbolista Fußballspieler/-in I 8.4 E11
el futuro Zukunft I 11.1

G

el gallego das Galicische I 1.4 T
gallego/-a galicisch I 1.4 T
ganar gewinnen, verdienen I 8.2 T
el garaje Garage I 6.4 E1
la garganta Kehle, Hals I 6.3 E1
el / la gato/-a Kater / Katze I 2.2 E9
gemelo/-a Zwillings- II 3.4 E1
la generación Generation I 9.2 E7
general allgemein, gewöhnlich I 6.2 T1
genial genial I 2.3 T1
la gente Leute I 2.4 T
el gimnasio Fitnessstudio, Turnhalle I 4.1 T
girar abbiegen I 5.3 E3
gitano/-a Sinti-, Roma- I 11.2 T
el / la gitano/-a Sinti, Roma I 11.2 T
gordo/-a dick I 2.2 T
gótico/-a gotisch II 4.4 T
gracias danke I E0 T
gracias a dank I 7.2 T
gracioso/-a witzig I 2.2 E9
el grado Grad (Celsius) I 7.1 E2
el gráfico Grafik, Schaubild II 2.2 T
el gramo Gramm I 5.2 E6
grande groß I 1.3 E6
gratis gratis I 4.4 T
la gripe Grippe I 2.4 T
gris grau I 6. E1
el grupo Gruppe, Band I 8.4 E12
guapo/-a hübsch I 2.2 E9
guatemalteco/-a aus Guatemala II 6.3 E3
guay toll I 9.1 E4
la guerra Krieg I 10.4 T
la guerra civil Bürgerkrieg I 10.4 T
el / la guerrero/-a Krieger/-in II 8.1 E2
la guía turística Reiseführer I 10.2 E6
la guitarra Gitarre I 4.
gustar gefallen I 3.3 E1
el gusto Geschmack I 6.

H

haber hielo glatt sein I 7.1 E2
haber niebla neblig sein I 7.1 E2
haber tormenta gewittern I 7.1 E2
la habitación Zimmer I 2.3 T1
habitado/-a bewohnt II 8.
el / la habitante Einwohner/-in I 3.3 T1
habitar bewohnen II 8.
hablar sprechen I 1.3 E5
hablar por teléfono telefonieren I 2.3 T2
hace vor I 7.3 T
hacer machen I 2.3 T
hacer buen / mal tiempo gutes / schlechtes Wetter sein I 6.1 T1
hacer calor heiß sein I 7.1 T
hacer fresco kühl sein I 7.1 T
hacer frío kalt sein I 6.1 E3
hacer la compra einkaufen gehen I 5.
hacer la maleta Koffer packen I 6.1 T1
hacer senderismo wandern II 8.3 E2
hacer un asado grillen II 1.3
hacer (un) picnic picknicken I 9 E1
hacer sol sonnig sein I 7.1 T
hacer viento windig sein I 7.1 T
hacerle ilusión algo a alguien sich auf etw. freuen I 6.1 T1
hacia zu … hin, gen, nach I 11.3 E1
la hamaca Hängematte, Schaukel II 7.4 E5
el hambre Hunger I 2.3 T
hasta bis I 3.1 E5
hasta ahora bis jetzt, Bis gleich! I 1.3 T
hasta luego Bis bald! I E0 T
hasta mañana Bis morgen! I E0 T

hay es gibt I 1.4
hay que man muss I 2.3 T2
el hecho Ereignis, Tatsache I 10.4 E7
herir verletzen II 6.4 T
el / la hermano/-a, los hermanos Bruder / Schwester, Geschwister I 1.3 E5
hermoso/-a wunderschön I 4.3 E7
el héroe / la heroína Held/-in II 3.3
el hielo (Glatt-)Eis I 7.1 E2
el / la hijo/-a, los hijos Sohn, Tochter, Kinder I 2.1 E1
el hip hop Hip Hop II 3.1
la hipótesis Vermutung, Hypothese II 2.3 E8
Hispanoamérica Hispanoamerika II 6. E3
la historia Geschichte I 3.4 T1
histórico/-a historisch I 10.3 E8
hola hallo I E0 T
el hombre Mann I 10.1 E1
la hora Stunde, Uhrzeit I 3.
el horario Stundenplan I 3.2 T
el horario de verano Sommerzeit I 8.1 T
el horóscopo Horoskop II 2. E1
horrible schrecklich I 8.3 E6
el hospital Krankenhaus I 8.1 T
el hotel Hotel I 7.3 T1
hoy heute I 2.3 T1
el huevo Ei I 5 E1
el hueso Knochen II 3.3 T1
la humanidad Menschheit II 7.1 T3

I

la ida Hinweg I 11.3
la idea Idee I 2.4 T
ideal ideal I 3.1 E7
el idealismo Idealismus II 2.3 T
identificar identifizieren II 6.4 T
el idioma Sprache I 1.4 T
el ídolo Idol I 8.1 T
igual gleich, egal I 11.3 E3
ilegal illegal I 9.3 T1
imaginar(se) sich etw. vorstellen I 9.3 T1
impaciente ungeduldig II 4.1 T1
el imperio Imperium I 10.1 T1
importante wichtig I 3.3 T1
importar(le algo a alguien) wichtig sein, ausmachen I 6.4 T
la impresión Eindruck II 6.2 T1
impresionante beeindruckend I 9.2 E4
impresionar beeindrucken II 3.4 E4
el incendio Brand, Feuer II 4.4 T
incluido/-a inklusive, inbegriffen II 2.2 E2
incluso sogar II 7.1 E4
increíble unglaublich I 7.3 T1
la indepencencia Unabhängigkeit II 7.3 E13
independiente unabhängig II 7.3 E13
la(s) India(s) Indien; Amerika I 10.3 T
indígena Indio- I 7.3 T1
indispensable unverzichtbar II 8.2 E3
inesperado/-a unerwartet II 3.4 E3
el infierno Hölle II 4.2 E2
la información Information I 3.3 T1
informar informieren, berichten, mitteilen II 6.4 T
el informe Bericht I 7.1 E4
el inglés das Englische I 1.2 E5
inglés/-esa englisch I 1.2 E5
el / la inglés/-esa Engländer/-in I 1.2 E5
la influencia Einfluss II 7.2
influir en beeinflussen II 6.1 T
inmediato/-a sofort I 8.1 T
la inmigración Einwanderung I 11.1 E1
el / la inmigrante Einwanderer/-in I 4.4 T
inmigrar einwandern I 11.1 E1
inolvidable unvergesslich I 7.3 T1
inquietante beunruhigend, unheimlich II 3.4 T1
la Inquisición Inquisition I 10.3 T
la inseguridad Unsicherheit II 6.2 T2
el instituto Gymnasium I 3.4
el instrumento (Musik-)Instrument II 8.2 E8
la integración Integration II 8.2 E9
integrar(se) (sich) integrieren II 8.2 E3
inteligente intelligent I 1.2 E5
la intención Absicht II 6.1 E11
intenso/-a intensiv I 6.2 T1
intentar versuchen II 8.1 T
interesante interessant I 1.2 E8
interesar(le algo a alguien) jdn. interessieren I 3.3 T1
interesarse por sich interessieren für I 10.1 T1
el interior Inneres II 4.4 T
interno/-a intern I 11.2
internacional international II 1.3 E7
interpretar interpretieren, deuten, darstellen II 2.2 T
el intérprete Dolmetscher I 5.4 E9
la invasión Invasion II 7.
inventar erfinden II 7.1 T3
la investigación Recherche, Forschung I 3.2 E14
el invierno Winter I 7.1 T
invitar einladen I 4.3 T
ir a gehen, fahren nach I 3.1 E4
ir de compras Einkaufsbummel machen I 5.
ir en bicicleta Fahrrad fahren I 6.4 E4
irle algo a alguien bien jdm. gut stehen I 6.1 T2
irreal unwirklich, unecht II 3.3 T1
irse weggehen I 3.1 T
la isla Insel I 1.2 E8
el islote Eiland, kleine Insel II 8.
la izquierda linke Seite I 5.3 E1

J

jamás niemals II 7.3 T2
el jardín Garten I 6.4 T
el / la jefe/-a Chef/-in, Vorgesetzte/-r II 1.3 E4
el jersey Pullover I 6. E1
¡jolín! ach herrje! I 8.1 T
joven jung I 4.3 E9
el / la joven Jugendliche/-r I 4.3 E9
judío/-a jüdisch I 10.
el / la judío/-a Jude / Jüdin I 10.
el juego Spiel I 3.2 E7
el juego de roles Rollenspiel I 4.1 E9
el jueves Donnerstag I 3.2 E3
jugar spielen I 2.5 T
el juguete Spielzeug II 6.1 T
el julio Juli I 7.1 E5
el junio Juni I 7.1 E5
junto con zusammen mit II 4.3 T3
juntos/-as zusammen, gemeinsam I 6.1 E6

K

el kilo Kilo I 2.5 T

L

el lado Seite I 5.3 E1
ladrar bellen I 2.5 T
el lago See II 1.
el lápiz Bleistift I 3.2 T
largo/-a lang I 5.4 E7
latín lateinisch I 10.1
el latín das Lateinische I 10.1
latino/-a lateinamerikanisch I 9.1 T2
el / la latino/-a Lateinamerikaner/-in I 9.1 T2
lavar waschen I 3.1 T
la leche Milch I 2.1 T
leer lesen I 2.1 T
legal legal I 11.1 E1
lejos (de) weit weg (von) I 9.1 T2
la lengua Sprache II 4.3 T3
Lengua Castellana y Literatura Spanische Sprache und Literatur I 3.2 T
el lenguaje Sprache, Ausdrucksweise II 8.1 E8
el lenguaje corporal Körpersprache II 7.1 E2
lento/-a langsam I 4.2 E5
la lesión Verletzung I 8.2 T
la letra Buchstabe, Handschrift, Liedtext I 10. E3
el levantamiento Aufstand I 10.4 T
levantar (hoch-)heben I 6.3 T
levantarse aufstehen I 3.1 T
la ley Gesetz I 11.2 T
la libertad Freiheit I 10.2 E2
libre frei I 3.1 T
el libro Buch I 2.2 E6
el / la limeño/-a Einwohner/-in Limas II 6.2 E5

limitar beschränken II 8.3 E3
limitar con grenzen an II 6. E3
limpiar putzen I 2.3 T2
limpio/-a sauber II 6.2 E11
el lío Durcheinander I 4.1 T
la literatura Literatur I 10.2 T
el litro Liter I 5.2 E6
la llamada telefónica Anruf, Telefongespräch I 4.3 E3
llamar a (an-)rufen I 2.3 T
llamar la atención Aufmerksamkeit erregen, auffallen II 6.2 E2
llamarle la atención a alguien jdn. zurechtweisen II 4.1 E7
llamarse heißen I E0 T
la llave Schlüssel I 8.2 E8
la llegada Ankunft II 6.1 T
llegar ankommen I 3.4 T1
lleno/-a voll II 6.1 T
llevar bringen, tragen, anhaben I 2.1 T
llevarse bien sich gut verstehen I 9.3 T1
llevarse un (buen) susto sich (sehr) erschrecken I 8.1 T
llover regnen I 7.1 T
la lluvia Regen I 7.1 E2
llorar weinen II 8.2 E2
lo mismo der-/die-/dasselbe I 7.3 E7
lo siento es tut mir leid I 4.3 T
loco/-a verrückt I 10.1 T2
el/la locutor/-a Sprecher/-in II 3.1 E15
lógico/-a logisch, selbstverständlich II 3.2 T1
luchar kämpfen II 6.4 E7
luego danach I 9.3 T1
el lugar Ort I 1.2 E8
el lunes Montag I 3.2 E3
la luz Licht II 2.1 E6

M

la madre Mutter I 2.
maduro/-a reif I 5.2 T
mágico/-a magisch, zauberhaft II 1.1
magrebí maghrebinisch II 8.2 T
el/la magrebí Bewohner/-in des Maghreb II 8.2 T
mal, malo/-a schlecht I 2.4 T
la mala pata Pech, Unglück I 8. E1
la mala suerte Pech, Unglück I 8.
la maleta Koffer I 6.1 T1
la mamá Mama I 1.3 T
la mañana Morgen I 2.1 T
mañana morgen I 2.1 T
mandar schicken, absenden II 3.2 E6
la manera Art, Weise II 2.3 T
la mano Hand I 6.3 E1
la manzana Apfel I 5.1 E1
el mapa Stadtplan, Landkarte I 5.3 E3
maquillarse sich schminken I 4.1 E6
el mar, el Mar Mediterráneo Meer, Mittelmeer I 1.2 E8
maravilloso/-a wunderbar I 7.3
la marca Marke I 6.2 E10
la marcha Nachtleben II 8.3 E2
el marido Ehemann II 2.2 E4
los mariscos Meeresfrüchte I 5. E1
marrón braun I 6. E1
el martes Dienstag I 3.2 E3
el marzo März I 7.1 E5
más mehr I 1.2 E8
matar töten I 10.3 T
el mate Matetee II 1.3 E7
Matemáticas Mathematik I 3.2 T
la matrícula de honor Ausgezeichnet II 4.1 T2
los mayas Maya II 6.3 T
el mayo Mai I 7.1 E5
mayor älter I 2.2 T
la mayoría Mehrheit II 2.2 T
el/la mecánico/-a (Auto-)Mechaniker/-in II 1.1 E5
la medicina Medizin I 9.1 E7
el/la médico/-a Arzt / Ärztin I 11.1 T
medio/-a halbe/-s/-r I 3.
el medio ambiente Umwelt II 2.1
el medio de transporte Fortbewegungsmittel I 7. E1
los medios Medien II 3.2 E5
mejor besser I 2.4 T
mejorar verbessern, sich bessern I 9.2 E9
el melocotón Pfirsich I 5.1 E1
la melodía Melodie II 8.2 E8
menor jünger, jüngster I 2.2 E9
menos weniger I 5. E2
menos cuarto Viertel vor I 3.
el mensaje (de texto) Nachricht, SMS II 3.1 E11
la mentira Lüge II 3.1 E11
el mercadillo Flohmarkt I 5.2 E5
el mercado Markt I 5.1 E1
el mes Monat I 3.3 T1
la mesa Tisch I 6.4 E4
el metal Metall II 8.1 E2
el metro Meter, U-Bahn I 8.1 T
la mezcla Mischung II 6.1 T
mezclar mischen I 6.3 E10
el microrrelato Kürzestgeschichte II 3.4 E8
el miedo Angst I 10.4 E2
el miércoles Mittwoch I 3.2 E3
la migración Migration I 11.2
mil Tausend I 5.4 E10
militar militärisch I 10.4 T
los militares Militärangehörige I 10.4 T
el millón Million I 3.3 T1
la minifalda Minirock I 6. E1
el minuto Minute I 3.1 T
mío/-a/-os/-as meine/-r I 9.3 T3
mira schau mal I 4.2 T
mirar schauen I 2.2 T
la miseria Elend, Armut I 11.2 T
mismo/-a gleich I 7.3 E7
misterioso/-a mysteriös, geheimnisvoll II 3.4 E3
mientras während, solange II 3.2 T3
la minoría Minderheit II 6.2 E3
la mirada Blick II 8.1 E2
la mitad Hälfte II 2.2 E1
la mochila Rucksack, Schultasche I 2.3 E4
la moda Mode II 4.3 T1
el modelo Modell, Vorbild II 3.3 T1
moderno/-a modern I 6.1 T2
molar mogollón toll sein II 3.1 T2
molestar stören I 8.3 E6
el momento Moment I 9.3 T1
el/la mono/-a Affe / Äffin I 9.3 T1
monolingüe einsprachig II 7.1 E5
la montaña Berg I 1.2 E8
montar a caballo reiten I 9. E1
montarse aufsteigen I 8. E1
el monumento Monument, Denkmal II 4.2 T
morder beißen I 2.5 T
moreno/-a dunkelhaarig I 1.2 E5
morir sterben I 9.3 T1
el/la moro/-a Maure/-in I 10.3 E4
mostrar zeigen I 8.1 T
el motivo Motiv, Grund I 11.1 E3
la moto, la motocicleta Motorrad, -roller I 8. E1
el motor Motor I 8. E1
el móvil Handy, Mobiltelefon II 3.1 E11
el mp3 Mp3-Spieler I 2.3 T
mucho viel, sehr I 1.2 E8
mucho/-a/-os/-as viel/-e I 1.4 T
la muerte Tod I 10.4 T
la mujer Frau I 10.1 E1
el/la mulato/-a Mulatte/-in I 9.2 E5
la multa Geldstrafe II 6.2 T2
mundial Welt- II 2.1 T
el mundo Welt I 3.4 T1
el museo Museum I 6.1 T1
la música Musik I 2.3 T
musulmán/-ana muslimisch I 10.2 T
el/la musulmán/-ana Moslem / Muslima I 10.2 T
mutuo/-a gegenseitig II 7.2
muy sehr I E0 T

N

nacer geboren werden I 8.2 T
nacional national II 1.3 E7
la nacionalidad Nationalität, Staatsangehörigkeit II 1.1 E1
nada nichts I 1.3 T
nadar schwimmen I 4.
nadie niemand I 7.2 T
la naranja Apfelsine I 4.4 T
naranja orange I 4.4 T
la nariz Nase I 2.5 T
el/la narrador/-a Erzähler/-in II 3.4 E1
el/la nativo/-a Ureinwohner/-in II 7.1 T1
natural natürlich I 6.2 E5
la naturaleza Natur II 2.2 E6
navegar (im Internet) surfen I 2.4 E5

necesario/-a nötig I 6.2 E5
la necesidad Notwendigkeit, Bedürfnis II 3.3 E15
necesitar brauchen I 2.5 T1
negativo/-a negativ I 7.2 E1
negro/-a schwarz I 6. E1
nervioso/-a nervös I 5.4 T
neutral neutral I 10.4 T
nevar schneien I 7.1 T
la nevera Kühlschrank I 2.3 T
ni … ni … weder … noch … I 10.1 T1
la niebla Nebel I 7.1 E2
el / la nieto/-a Enkel/-in I 4.2 E3
la nieve Schnee I 7.1 E2
la niñez Kindheit II 6.1 T
ningún/-uno/-una kein/-e/-r/-s I 7.2 T
el / la niño/-a Kind, Junge / Mädchen I 3.3 T1
el nivel Niveau II 8.2 T
el nivel de vida Lebensstandard II 8.2 T
no nein, nicht I 1.2 T
no deber nicht dürfen II 3.3 E5
no me digas sag bloß; was du nicht sagst II 4.1 T2
no pasa nada kein Problem I 8.1 T
no sé ich weiß es nicht I 3.4 T1
la noche Nacht I 4.1 T
el nombre Name, Vorname I 2.
normal normal I 2.2 E5
normalmente normalerweise I 5.1 T
el Norte Norden I 1.3 E5
nosotros/-as wir I 1.2 T
la nota Schulnote, Zensur II 2. E1
el notable Gut II 4.1 T2
la noticia Nachricht I 8.1 E4
la novela Roman II 3.4 E5
el noviembre November I 7.1 E5
el / la novio/-a (feste/-r) Freund/-in I 2.3 T
nublado/-a wolkig I 7.1 T
nuestro/-a/-os/-as unsere/-r I 9.3 T3
nuevo/-a neu I 2.1 E2
el número Zahl I 2.1 E4
nunca nie I 2.3 T2

O

o / u oder I 2.2 E5
el objetivo Ziel, Zweck, Absicht II 3.2 E5
el objeto Objekt, Gegenstand II 6.3 T
la obra Werk, Kunstwerk II 4.3 T1
el océano (Atlántico) Ozean, Atlantischer Ozean I 1.2 E8
el octubre Oktober I 7.1 E5
ocuparse de sich kümmern um II 8.1 E4
ocurrir sich ereignen II 6.4 T
el Oeste Westen I 7.1 T
oficial offiziell I 1.4 T
la oficina Büro I 4.2 T
ofrecer anbieten II 1.2 T1
oiga entschuldigen Sie I 5.3
ojalá hoffentlich I 10.2
el ojo Auge I 2.5 T
la ola Welle I 7.2 T
el olivo Olivenbaum I 1.4 T
olvidar vergessen I 7.2 T
la ONG NGO II 8.2 E9
la opinión Meinung I 5.4 E6
la oportunidad Gelegenheit I 11.1 E1
optimista optimistisch I 6.2 T1
el / la optimista Optimist/-in I 6.2 T1
el orden Reihenfolge, Ordnung II 8.2 E4
la orden Befehl I 6.3 E5
el ordenador Computer I 3.4 E3
ordenar aufräumen, ordnen, befehlen II 6.2 E11
la oreja Ohr I 2.5 T
la organización no gubernamental Nichtregierungsorganisation II 8.2 E9
organizar organisieren I 10.4 T
orgulloso/-a stolz II 6.1 T
el origen Herkunft I 10.2 E3
originario/-a de stammend aus II 7.2 T1
el oro Gold II 7.1 T1
oscuro/-a dunkel I 2.5 T
el otoño Herbst I 7.1 E2
otro/-a/-os/-as ein anderer, andere I 1.3 E5
oye hör mal I 4.4 E10

P

pacífico/-a friedlich II 7.4 E5
el padre, los padres Vater, Eltern I 2.
la paella Paella I 1.4 T
pagar bezahlen I 3.3 T1
el país Land I 1.2 T
el paisaje Landschaft I 7.2 T
la palabra Wort I 3.4 T1
la palabra clave Schlüsselbegriff, Stichwort II 8.3 E4
el palacio Schloss I 10.2 T
las palomitas Popcorn II 3.3 E5
el pan Brot I 5. E1
la panadería Bäckerei I 5.2 E1
el / la panadero/-a Bäcker/-in II 2.3 E2
los pantalones Hose I 6. E1
el papá Papa I 1.3 T
el papel Papier I 6.3 E10
la papelería Schreibwarengeschäft I 5.2 E1
el paquete Paket, Packung I 5.2 E6
para für, um zu I 2.3 T1
para que damit II 3.3 E15
el / la parado/-a Arbeitslose/-r II 2.3 T
parado/-a arbeitslos II 2.3 T
el paraíso Paradies II 4.2 E2
parecer scheinen I 6.1 E6
parecerle algo a alguien den Eindruck haben, glauben I 6.1 E6
parecido/-a ähnlich I 11.3 T
la pared Wand II 7.4 E5
el paro Arbeitslosigkeit II 2.3 T
el parque Park I 2.1 T
el parque nacional Nationalpark II 1.2 E11
la parte Teil I 6.3 E1
el / la participante Teilnehmer/-in II 6.4 E7
participar teilnehmen II 2.2 T
el partido Spiel, Match I 4.2 T
el partido (político) (politische) Partei I 10.4 T
la pasada Hit, Wahnsinn II 3.1 T2
el pasado Vergangenheit I 10.
pasado/-a vergangen/-e/-r/-s I 7.3 T2
el pasaporte Pass I 9.3 T1
pasar verbringen, los sein, vergehen I 6.3 E1
el paseo Spaziergang, -weg II 4.4 T
la pastilla Tablette I 6.3 T
la patata Kartoffel I 5. E1
la patera *Holzboot zur illegalen Einwanderung über das Meer* I 9.3 T1
la pausa Pause I 6.3 E9
pedir bitten, bestellen I 11.1 T
peinar kämmen I 4.1 E6
la pelea Streit II 6.4 T
la película Film I 4.3 E4
el peligro Gefahr II 2.1 T
peligroso/-a gefährlich I 2.4 T
el pelo Fell, Haar I 2.5 T
la Península Ibérica Iberische Halbinsel I 10. E4
pensar en denken an I 2.5 T
peor schlechter I 5.4
pequeño/-a klein I 1.2 E5
perder verlieren I 8.2 E8
perdón Verzeihung I 3.2 T
perdonar(le algo a alguien) jdm. verzeihen, jdn. entschuldigen II 3.4 T1
perfeccionista perfektionistisch I 6.2 T1
el / la perfeccionista Perfektionist/-in I 6.2 T1
perfecto/-a perfekt I 6.2 E5
el periódico Zeitung I 2.1 T
el / la periodista Journalist/-in I 9.1 E5
el permiso de residencia Aufenthaltsgenehmigung I 11.1 E1
permitir erlauben I 8.2 T
pero aber I 1.2 E5
el / la perro/-a Hund / Hündin I 1.2 E5
perseguir verfolgen I 10.3 T
la persona Person I 6.2 T1
el personaje Figur, Persönlichkeit I 10.3 E8
personal persönlich I 7.3 T1
la personalidad Persönlichkeit II 1.2 T1
la perspectiva Blickwinkel II 6.3 T
pertenecer a gehören zu II 6. E3
pesar wiegen I 2.5 T
la pescadería Fischladen I 5.2 E1
el pescado Fisch I 5.2 E1

pesimista pessimistisch II 2.2 E6
el / la pesimista Pessimist/-in II 2.2 E6
el pez Fisch II 4.2 E2
picante scharf, pikant, würzig II 1.3 E3
el pie Fuß I 6.3 E1
la piedra Stein I 8. E1
la pierna Bein I 6.1 E3
la pimienta Pfeffer II 1.3 E3
pintar (an)malen, anstreichen II 1.3 E7
el / la pintor/-a Maler/-in II 2.3 E2
pintoresco/-a malerisch, idyllisch II 1.2 E1
la pintura Malerei, Bild, Gemälde, Farbe II 1.2 T2
la piscina Schwimmbad, Pool I 4.2 T
el piso Wohnung I 6.4 E2
la pista de esquí Skipiste I 1.4 T
la pizza Pizza I 4.1 E11
el plan Plan I 4.3 T
planear planen II 1.1 T
el plano Plan, Bauplan II 4.3 E6
la planta Pflanze II 2.1 E5
plantar (an)pflanzen II 2.1 E6
el plátano Banane I 5. E1
el plato Teller, Gericht I 7.2 E3
la playa Strand I 1.2 E8
la plaza, la Plaza Mayor Platz, Hauptplatz I 1.3 T
la población Bevölkerung I 9.2 E5
pobre arm (dran) I 2.4 E5
la pobreza Armut II 6.1 T
poco/-a/-os/-as wenig/-e, kaum I 2.5 T
poco a poco nach und nach II 7.1 T1
poder können I 2.3 T
el poder Macht I 10.2 T
el poema Gedicht I 3.3 E6
la policía die Polizei I 11.1 E5
el / la policía der / die Polizist/-in I 11.1 E5
el polideportivo Sportzentrum I 4.2 T
la política Politik I 10.1 E9
politico/-a politisch I 9.1 E5
el / la politico/-a Politiker/-in II 6. E2
el pollo Hähnchen I 5.1 T
la ponencia Referat, Vortrag I 9.3 T1
poner legen, stellen I 5.2 T
ponerse sich etw. anziehen I 6.1
ponerse de acuerdo sich einig werden II 4.2 E1
por für, je, durch, wegen I 3.4 T1
el … por ciento … Prozent II 2.2 E1
por ejemplo zum Beispiel I 1.4 T
por eso deshalb I 4.2 T
por favor bitte I E0 E1
por fin endlich II 4.4
por la mañana morgens I 2.1 T
por la noche nachts, abends I 4.1 T
por la tarde nachmittags I 2.4 T
por lo menos wenigstens I 9.2 E11
por otro lado andererseits I 10.3 E4
¿por qué? Warum? I 1.3 T
por suerte zum Glück I 4.2 T
por supuesto selbstverständlich I 10.3 T
el porcentaje Prozentsatz II 6.2 E5
porque weil I 1.3 E6
la posibilidad Möglichkeit II 2.3 T
posible möglich I 1.3 T
la postal Postkarte I 5.2 E1
el póster Poster II 4.3 E6
el postre Dessert I 5.1 T
la postura Haltung, Einstellung II 6.1 E11
practicar üben, (Sport) treiben I 4.2
el precio Preis, Kaufpreis II 6.1 E10
precioso/-a toll, entzückend II 1.1 E6
el / la precolombino/-a Indigene/-r II 7.1 T3
precolombino/-a präkolumbisch II 7.1 T3
preferir lieber mögen I 3.4 T1
la pregunta Frage I 7.2 E3
preguntar fragen I 3.1 T
el premio Preis I 8.2 T
preocuparse (por) sich sorgen (um) I 4.4 T
preparar vorbereiten I 2.1 T
la presencia Anwesenheit I 8.2 T
la presentación Vortrag, Präsentation II 4.1 E5
presentar vorstellen, präsentieren II 2.1 T
presumido/-a eingebildet II 3.2 T1
el / la presumido/-a Angeber/-in II 3.2 T1
prevenir vorbeugen I 8.3
la previsión Vorhersage I 7.1 E4
la primavera Frühling I 7.1 E2
primero zuerst, erstens I 3.2 T
el / la primo/-a Cousin/-e I 2.
principal Haupt-, wichtigste/-r II 6.2 T2
el principio Anfang I 9.3 T1
privado/-a privat I 3.3 T1
el probador Umkleidekabine I 6.1 T2
probable wahrscheinlich II 3.1 E10
probarse algo anprobieren I 6.1 T2
el problema Problem I 2.4 E5
la profecia Prophezeiung, Weissagung II 7.3 T2
la profesión Beruf I 11.1 E2
el / la profe(sor/-a) Lehrer/-In I 3.2 T
prohibir verbieten II 4.3 T3
prometer versprechen II 8.3 E1
pronto bald II 2. E1
la propina Trinkgeld II 2.3 E5
propio/-a eigene/-r II 4.3 T3
proponer vorschlagen I 9.2 E7
el / la protagonista Hauptfigur, Hauptdarsteller/-in II 3.3 T2
proteger schützen I 10.1 E1
la provincia Provinz I 10.1 E7
próximo/-a nächste/-r I 4.3 E1
el proyecto Projekt I 3.4 T1
psíquico/-a psychisch I 9.2 E7
publicar veröffentlichen II 4.3 T3
público/-a öffentlich I 3.4
el pueblo Dorf, Volk I 1.3 E5
el puente Brücke I 9.1 T2
la puerta Tür I 8.4 E4
el puerto Hafen I 1.2 E8
pues also, na ja I 3.4 T1
el puesto Arbeits-, Listenplatz I 8.2 T
el punto Punkt II 4.2 T

Q

que der, die, das I 2.4 T
¿qué? Was (für)? I 1.4
¡qué …! Was für ein/-e …! I 2.3 T
¡que aproveche! Guten Appetit II 3.3 E4
¿qué hora es? Wie spät ist es? I 3.
¿qué pasa? Was ist los? I 2.4 T
¡qué pasada! Wie großartig! II 3.1 T2
¡qué rollo! Wie langweilig! I 11.1 T
qué rollo de + *sust*. Was für ein/-e langweilige/-r … I 11.1 T
¿qué tal? Wie geht's? I E0 T
¡que te mejores! Gute Besserung II 3.3 E4
¿qué te / os pongo? Was kann ich dir / euch bringen? I 4.4 T
quedar con alguien sich verabreden I 4.3 T
quedarse bleiben I 4.4 T
querer lieben, wollen I 2.4 E5
querido/-a Liebe/-r …, geliebt I 4.1 T
el queso Käse I 5. E1
¿quién/-es? Wer? I 1.2 T
quizás vielleicht I 2.3 T

R

la radio Radio I 7.1 E4
la raíz Wurzel II 7.2 T1
rápido/-a schnell I 3.2 T
raro/-a seltsam, merkwürdig II 3.1 E14
el rascacielos Wolkenkratzer, Hochhaus II 1.2 E1
el rato Weile I 8.4 T
la raza Rasse I 2.5 T
la razón Grund, Recht II 3.2 T1
real wirklich I 6.2 T1
la realidad Wirklichkeit II 6.1 T
realizar durchführen II 8.2 E9
la receta Rezept I 5.2 E9
recibir bekommen I 2.5 E10
recoger abholen, sammeln II 2.2 E4
recomendar empfehlen II 3.1 T2
reconocer wiedererkennen, anerkennen II 4.3 T3
la reconquista Wieder-, Zurückeroberung I 10.2 T
recordar sich erinnern an I 9.
recorrer durchqueren, bereisen, zurücklegen *(Strecke)* II 1. E2
el recorrido (Rund-)Reise, Strecke II 1.1 E6
el recreo (Schul-)Pause I 3.2 T
redondo/-a rund II 4.3 T1
referirse a sich beziehen auf II 7.1 E5
el regalo Geschenk I 7.2 E5
la región Region, Gebiet I 7.1 T

el registro Verzeichnis, Register	II 8.2 E9
la regla Regel, Norm	II 4.4 E4
el reglamento Regelwerk, Hausordnung	II 4.4 E4
regular mittelmäßig, durchschnittlich	I E0 T
la reina Königin	II 3.2 T1
el reino Reich, Königreich	I 10.2 T
reírse lachen	II 3.3 T1
reírse de alguien jdn. auslachen	II 3.3 T1
la relación Beziehung, Verhältnis	I 11. E2
relacionar in Verbindung setzen	II 6.3 T
el relato Kurzgeschichte, Erzählung	II 3.4 T1
Religión Católica Katholischer Religionsunterricht	I 3.2 E1
el remedio Medikament, Mittel	I 8.2
reparar reparieren	II 1.1 E6
el repaso Wiederholung	I 9.1 E3
repetir wiederholen	I 10. E3
representar repräsentieren, darstellen, aufführen	II 4.2 E2
el reproductor de mp3 Mp3-Spieler	I 2.3 T
los republicanos Befürworter der Republik	I 10.4 T
rescatar retten	II 8.2 T
la reserva Reservat	I 7.3 T1
resistir aushalten, sich widersetzen	II 7.2 T2
respetar respektieren	II 3.3 E16
la respuesta Antwort	I 7.2 E3
el restaurante Restaurant	I 1.3 T
el resultado Ergebnis	II 3.2 E5
el resumen Zusammenfassung	II 1. E2
resumir zusammenfassen	II 7.1 E1
el reto Herausforderung	II 6.4 E1
la reunión Versammlung, Sitzung	II 4.1 T1
la revista Zeitschrift	II 3.1 T2
la revolución Revolution	I 9.1 T2
el rey König	I 8.2 T
rico/-a reich, lecker	I 11.3 E2
el río Fluss	II 1.2 T2
el ritmo Rhythmus	I 8.4 E12
el ritual Ritual	II 6.3 T
la rodilla Knie	I 6.3 E1
rojo/-a rot	I 6. E1
romano/-a römisch	I 10.
el/la romano/-a Römer/-in	I 10.
la ropa Kleidung	I 6. E1
rosa rosa	I 6.2 E1
roto/-a kaputt	II 6.2 T2
rubio/-a blond	I 1.2 E5
el ruido Lärm	I 4.1 T
la ruina Ruine	II 1.3 E7

S

el sábado Samstag	I 3.2 E3
saber können, wissen	I 4.4 T
sabio/-a weise	I 10.2 E2
el/la sabio/-a Gelehrte/-r	I 10.2 E2
sacar herausnehmen, entfernen	I 10.3 T
sacar una buena/mala nota eine gute/schlechte Note haben	II 4.2 E2
la sal Salz	I 5.1 T
la salchicha Würstchen	I 2.5 T
salir herauskommen, ausgehen, erscheinen	I 3.4 T1
el salón Wohnzimmer	I 6.4 E1
la salsa Soße, Dip	II 1.3 E3
saltar springen	I 6.3 E910
la salud Gesundheit	II 8.1 E4
saludar grüßen, begrüßen	II 8.1 E4
salvaje wild	II 8.1 E8
sano/-a gesund	I 5. E2
el secreto Geheimnis	II 7.2 T1
seguir folgen, weitergehen	I 10.4 T
seguir + *gerundio* etw. weiterhin tun	I 9.2 T
seguir todo recto geradeaus gehen	I 5.3 E3
según laut, nach, gemäß	II 4.3 T3
la seguridad Sicherheit	II 6.1 T
seguro/-a sicher	I 7.1 T
el sello Briefmarke, Stempel	I 5.2 E1
la semana Woche	I 3.2 E3
el/la señor/-a Herr / Frau	I 2.2 T
el senderismo Wandern	II 8.3 E2
sentarse sich (hin-)setzen	II 3.3 E7
sentir fühlen	I 6.2 T1
separar trennen	II 2.1 E6
el septiembre September	I 7.1 E5
ser sein	I 1.2 T
ser de kommen aus	I E0 T
ser mentira gelogen sein	II 3.1 E14
serio/-a ernst	I 2.2 E9
los servicios Toilette, WC	II 4.4 T
sí ja	I 1.2 T
si falls, ob	I 4.1 T
la sidra Apfelwein	I 1.4 T
siempre immer	I 1.4 T
el siglo Jahrhundert	I 10. E4
el significado Bedeutung	II 6.3 T
significar bedeuten	II 1.3 E4
el signo Zeichen, Sternzeichen, Symbol	II 2. E1
siguiente folgende/-r	I 8.2 T
la sílaba Silbe	I 6.1 E3
la silla Stuhl	I 6.4 E4
el sillón Sessel	I 6.4 E4
el símbolo Symbol, Sinnbild	II 4.2 E2
la similitud Ähnlichkeit	II 6.3 E2
simpático/-a nett	I 1.2 E5
simple einfach	I 6.2 T1
sin ohne	I 4.2 E12
sin embargo trotzdem, dennoch	II 3.3 T1
sin que ohne dass	II 3.3 E16
sino sondern	I 4.3 E7
el sistema System	II 6.1 T
el sitio Ort, Platz	II 8.1 E8
la situación Situation	I 2.2 E9
sobre über	I 3.3 T1
sobre todo vor allem	I 9.1 T2
el sobresaliente Sehr gut	II 4.1 T2
social sozial, gesellschaftlich	II 2.1 T
la sociedad Gesellschaft	II 3.3 T1
el sol Sonne	I 7.1 T
solidario/-a solidarisch	II 3.1
solo nur	I 3.1 T
solo/-a allein, einsam	I 2.3 T
la solución Lösung	II 3.3 T1
solucionar lösen	II 6.2 T2
sonar klingeln, läuten	II 2.2 E4
soñar con träumen von	I 11.3 E2
el sonido Ton, Geräusch	I 8.4 E12
la sonrisa Lächeln	I 3.4 T1
la sopa Suppe	I 8.4 T
sortear verlosen, auslosen	II 3.1 T2
el/la sospechoso/-a Verdächtige/-r	II 6.4 T
sostenible nachhaltig	II 8.3 T1
subir (ein-, auf-)steigen, heraufklettern	II 2.2 E1
subsahariano/-a zentralafrikanisch	II 8.2 T
el/la subsahariano/-a Zentralafrikaner/-in	II 8.2 T
el suelo Boden, Fußboden	II 1.1 E6
el sueño Traum, Schlaf, Müdigkeit	II 7.1 T1
la suerte Glück	I 4.2 T
sufrir leiden, erdulden	I 11.2 T
sumar addieren	I 6.2 T1
la superficie Oberfläche	I 9.3 T1
el supermercado, el súper Supermarkt	I 5.1 T
el sur Süden	I 9.3 T1
el surf Surfen	II 8.3 E2
el suspenso Ungenügend, Mangelhaft, Durchgefallen	II 4.1 T2
suyo/-a/-os/-as seine/-r, ihre/-r	I 9.3 T3

T

la talla (Konfektions-)Größe	I 6.1 T2
el taller Werkstatt	II 1.1 E6
también auch	I 1.2 E5
tampoco auch nicht	I 3.3 E5
tan (como) so (wie)	I 5.4 E2
tanto/-a/-os/-as so viel/-e	I 7.1 T
tanto … como sowohl … als auch	II 6.3 T
las tapas Tapas	I 5.1 T
tardar dauern	II 4.4 T
tarde spät	I 1.3 T
la tarde Nachmittag	I 2.4 T
la taza Tasse	II 1.1 E12
el té Tee	I 5.4 T
el teatro Theater	I 4.4 E2
Tecnología Technik	I 3.2 T
la tecnología Technologie	I 3.3 T1
el teléfono Telefon	I 2.3 T2

la televisión, la tele Fernsehen I 2.1 T
el televisor Fernseher I 6.4 E4
el tema Thema I 4.4 E10
temer que fürchten, dass II 8.2 E3
la temperatura Temperatur I 7.3 T1
temprano/-a früh I 4.3 E7
tener haben I 2.2 E5
tener ... años ... Jahre alt sein I 2.2 E6
tener calor einem heiß sein I 7.1 T
tener en común etw. gemeinsam haben II 7. E1
tener frío frieren I 6.1 E3
tener ganas de Lust haben zu I 2.4 T
tener lugar stattfinden I 11. E2
tener que müssen I 2.3 E5
tener razón Recht haben II 3.2 T1
tener sueño müde sein II 7.1 T1
tener suerte Glück haben I 4.2 T
el tenis Tennis I 4.2 T
el/la tenista Tennisspieler/-in I 8.2 T
el Tercer Mundo Dritte Welt II 8.2 E9
el tercio Drittel II 1.2 T1
terminar aufhören, beenden I 3.3 T1
la terraza Terrasse I 6.4 E1
el terremoto Erdbeben II 3.1 E1
el territorio Gebiet II 7.1 E7
el test Test I 6.2 T1
el/la testigo Zeuge/-in I 10.4 E2
el tiempo Zeit, Wetter I 3.4 T1
la tienda Geschäft I 5.2 E1
la tienda de campaña Zelt II 8.3 E2
la tierra Erde I 9.1 E6
tímido/-a schüchtern I 2.5 T
el/la tinerfeño/-a Einwohner/-in Teneriffas II 8.1 T
el tío / la tía Onkel / Tante I 1.4 E4
típico/-a typisch I 1.2 E5
el tipo Typ, Sorte II 8.2 E9
tirar un dado würfeln I 3.1 E3
el titular Überschrift, Schlagzeile II 6.4 E6
el título Titel, Überschrift I 9.1 E5
el tobillo Knöchel I 8.1 T
tocar *(ein Instrument)* spielen, berühren I 4.
tocarle a alguien dran, an der Reihe sein II 4.1 T1
todavía noch I 2.2 E3
todo alles I 3.2 T
todo el / toda la der / die / das ganze I 4.4 E12
todos/-as los / las alle, jede/-r I 4.4 E12
tomar nehmen I 4.3 T
tomar apuntes Notizen machen II 1.1 E6
tomar fotos fotografieren II 4.4 T
tomar sol sich sonnen II 8.3 E2
el tomate Tomate I 5. E1
tonto/-a dumm I 1.2 E5
torcerse algo sich etw. verstauchen I 8.1 T
la tormenta Gewitter I 7.1 E2
el torneo Turnier I 8.2 T
la tortilla Kartoffelomelette I 3.4 T1
la tos Husten I 6.3 T
la tostada Toast I 8.4 T
el total Gesamtheit II 4.3 E4
trabajar arbeiten I 1.3 E5
el trabajo Arbeit I 3.2 E14
la tradición Tradition II 7.1 T3
tradicional traditionell II 8.1 E4
traducir übersetzen I 10.2 E2
el/la traductor/-a Übersetzer/-in I 10.2 E2
traer herbringen I 7.2 E5
el tráfico Verkehr II 6.2 T2
tranquilizarse sich beruhigen II 4.2 E1
tranquilo/-a ruhig I 1.3 E5
tratar de handeln von II 3.4 E3
el tren Zug I 7. E1
el tribunal Tribunal I 10.3 T
triste traurig I 9.2 T
tropezar stolpern I 8. E1
tú du I E0 T
el túnel Tunnel I 10.1 E7
el turismo Tourismus II 8.1 T
el/la turista Tourist/-in II 4.2 T
tuyo/-a/-os/-as deine/-r I 9.3 T3

U

último/-a letzte/-r/-s I 7.3 E7
un/-a ein/-e I 1.2 T
un poco ein bisschen I 2.5 T1
único/-a einzig, einzigartig II 4.2 E1
el uniforme (Schul-)Uniform I 3.2 T
la universidad Universität I 2.2 E3
unir verbinden I 10.2 T
usar verwenden I 6.2 E4
usted Sie, Ihnen I E0 T
ustedes Sie, Ihnen I 1.2 E2
útil nützlich I 4.3 E2

V

la vaca Kuh, Rind II 1.2 T2
las vacaciones Urlaub, Ferien I 1.3 E5
vacío/-a leer II 1.1 E6
vago/-a faul I 2.3 T2
vale okay I 1.3 T
el valenciano das Valencianische I 1.4 T
valenciano/-a valencianisch I 1.4 T
los vaqueros Jeans I 6. E1
variado/-a abwechslungsreich II 7.2 T1
varios/-as mehrere II 6.1 T
vasco/-a baskisch I 10.3 E4
el váter Toilette, Klosett I 6.4 E4
el/la vecino/-a Nachbar/-in, Anwohner/-in I 8.1 E4
la vela Kerze, Segel II 6.3 E1
vencer besiegen II 7.3 T2
vender verkaufen I 11.2 T
venir kommen I 4.3 T
la ventaja Vorteil II 3.2 E4
la ventana Fenster I 8.1 E4
ver sehen, treffen I 2.1 T
el verano Sommer I 7.1 T
la verdad, ¿verdad? Wahrheit; nicht wahr? I 4.4 T
verde grün I 6. E1
la verdura Gemüse I 5.2 E2
la vergüenza Schmach, Schande II 6.4 E6
el vestido Kleid I 6. E1
vestirse sich anziehen I 8.4 T
la vez Mal I 4.1 T
viajar a reisen I 1.3 E5
el viaje Reise I 7.2 T
la víctima Opfer II 6.4 T
la vida Leben I 2.2 E9
el videoclip Videoclip, Musikvideo II 7. E2
el videojuego Videospiel I 4.1 T
viejo/-a alt I 5.4 E3
el viento Wind I 7.1 T
el viernes Freitag I 3.2 E3
el vinagre Essig II 1.3 E3
la viñeta Einzelbild eines Comics II 2.1 E4
el vino Wein I 1.4 T
la violencia Gewalt II 6.4 E4
violeta violett I 6. E1
la visa Visum I 9.2 T
la visita Besuch, Besucher/-in I 9.2 T
visitar a besuchen I 2.4 T
vivir wohnen, leben I 2.5 T2
volar fliegen II 3.3 T1
el voleibol Volleyball I 4.
volver zurück-, umkehren I 4.1 T
volver a + *inf.* etw. wieder tun I 9.3 E8
el/la voluntario/-a Freiwillige/-r II 8.2 E9
vosotros/-as ihr I 1.2 T
el vuelo Flug II 8.3 E2
la vuelta Rückkehr I 7.3 T1
vuestro/-a/-os/-as eure/-r I 9.3 T3

W

el windsurf (wind-)surfen I 7.1 T

Y

y / e und I E0 T
y cuarto Viertel nach I 3.
y media halb (Uhrzeit) I 3.
ya schon I 1.3 E5
ya no nicht mehr I 1.3 E5
ya que da, weil II 6.1 T
el yudo Judo I 4.2 E8

Z

las zapatillas Turn-, Sportschuhe I 6. E1
la zona Zone, Gebiet I 1.4 T
el zumo Saft I 4.4 T

Diccionario
alemán – español

A

ab a partir de II 2.1 E7
abbiegen girar I 5.3 E3
Abendessen la cena II 4.1 E5
aber pero I 1.2 E5
abfahren salir I 3.4 T1
Abfall la basura II 2.1 E6
abgeben entregar I 8.2 T
abhängig adicto/-a II 3.2 E5
abholen recoger II 2.2 E4
Abschnitt la etapa I 10.1 T1
Absicht la intención II 6.1 E11
Absicht el objetivo II 3.2 E5
absteigen bajar II 2.2 E1
absurd absurdo/-a I 8.3 E6
abwechslungsreich variado/-a II 7.2 T1
ach herrje! ¡jolín! I 8.1 T
Achtung la atención II 3.1 E15
addieren sumar I 6.2 T1
Adresse la dirección I 2.5 E8
Affe / Äffin el / la mono/-a I 9.3 T1
ähnlich parecido/-a I 11.3 T
Ähnlichkeit la similitud II 6.3 E2
aktiv activo/-a II 1.2 T1
Aktivität la actividad I 3.3 T1
aktuell actual I 3.4 T1
alle todos/-as I 4.4 E12
Allee la avenida II 1.2 T1
allein solo/-a I 2.3 T
alles todo I 3.2 T
allgemein general I 6.2 T1
alltäglich diario/-a I 9.2 E8
als Erwachsene/-r de mayor II 2.3 E4
als Kind de pequeño/-a II 4.3 T1
als ob como si II 7.1 E4
alt viejo/-a I 5.4 E3
Altar el altar II 6.3 E1
Alter la edad I 9.1 E7
älter mayor I 2.2 T
am Ende al final (de) I 3.2 T
Amphitheater el anfiteatro I 10.1 E5
an der Reihe sein tocarle a alguien II 4.1 T1
analysieren analizar II 8.3 E1
anbauen cultivar II 7.2 T1
anbieten ofrecer II 1.2 T1
andere/-r otro/-a/-os/-as I 1.3 E5
andererseits por otro lado I 10.3 E4
ändern cambiar I 8.1 E6
anerkennen reconocer II 4.3 T3
Anfang el comienzo II 3.4 E3
Anfang el principio I 9.3 T1
anfangen comenzar II 3.4 E3
anfangs al comienzo II 3.4 E3
Angaben los datos I 4.2 T
angenehm agradable I 7.2 T
Angestellte/-r el / la empleado/-a I 4.2 T
angreifen atacar II 8.1 T
Angriff el ataque II 6.4 T
Angst el miedo I 10.4 E2
ankommen llegar I 3.4 T1
Ankunft la llegada II 6.1 T
anlocken atraer II 8.3 E1
anmachen encender I 8. E1
anprobieren probarse algo I 6.1 T2
Anruf la llamada telefónica I 4.3 E3
anrufen llamar a I 2.3 T
anschauen mirar I 2.2 T
anschließend luego I 9.3 T1
anspringen arrancar I 8.1 T
anstelle von en lugar de II 6.2 T2
anstreichen pintar II 1.3 E7
Anthropologe/-in el / la antropólogo/-a II 7.4 E5
antik antiguo/-a I 7.3 T2
Antwort la respuesta I 7.2 E3
antworten contestar II 3.2 E1
Anwesenheit la presencia I 8.2 T
Anwohner/-in el / la vecino/-a I 8.1 E4
anziehen atraer II 8.3 E1
Apfel la manzana I 5.1 E1
Apfelwein la sidra I 1.4 T
Apotheke la farmacia I 9.2 E7
April el abril I 7.1 E5
Aquädukt el acueducto I 10.
arabisch árabe I 10. E1
Arbeit el trabajo I 3.2 E14
arbeiten trabajar I 1.3 E5
arbeitslos parado/-a II 2.3 T
Arbeitslose/-r el / la parado/-a II 2.3 T
Arbeitslosigkeit el paro II 2.3 T
Arbeitsplatz el puesto I 8.2 T
Architektur la arquitectura II 4.3 T1
argentinisch argentino/-a I 1.2 T
Argument el argumento II 3.4 E3
Arm el brazo I 6.3 E1
arm (dran) pobre I 2.4 E5
Armut la miseria I 11.2 T
Armut la pobreza II 6.1 T
Art la forma II 4.3 T1
Art la manera II 2.3 T
Artikel el artículo I 3.4 T1
Arzt / Ärztin el / la doctor/-a I 6.3 T
Arzt / Ärztin el / la médico/-a I 11.1 T
Aspekt el aspecto I 9.3 T1
Atlantik el Océano Atlántico I 1.2 E8
Atmosphäre el ambiente II 1.2 T1
auch también I 1.2 E5
auch nicht tampoco I 3.3 E5
Aufenthaltsgenehmigung el permiso de residencia I 11.1 E1
auffallen llamar la atención II 6.2 E2
aufführen representar II 4.2 E2
aufhören terminar I 3.3 T1
aufhören etw. zu tun dejar de I 8.4 E9
aufgrund von a causa de II 8.1 T
aufgrund von a raíz de II 6.4 T
aufmerksam atento/-a II 8.1 E4
Aufmerksamkeit la atención II 3.1 E15
aufpassen auf cuidar I 4.
aufräumen ordenar II 6.2 E11
aufregend emocionante I 8.1 T
aufschreiben apuntar I 4.2 T
Aufstand el levantamiento I 10.4 T
aufstehen levantarse I 3.1 T
aufsteigen subir II 2.2 E1
auftauchen aparecer II 8.1 T
aufwachen despertarse I 3.2 T
Aufzug el ascensor II 4.4 T
Auge el ojo I 2.5 T
August el agosto I 7.1 E5
aus de, del I 1.2 T
aus Fleisch und Blut de carne y hueso II 3.3 T1
ausdrücken expresar II 2.3 E8
Ausdrucksweise el lenguaje II 8.1 E8
Ausflug la excursión I 4.3 E7
ausgehen salir I 3.4 T1
Ausgezeichnet la matrícula de honor II 4.1 T2
aushalten resistir II 7.2 T2
auslachen reírse de alguien II 3.3 T1
Ausland el extranjero I 1.3 E5
ausnutzen aprovechar II 6.3 T
Ausreichend el aprobado II 4.1 T2
ausschalten apagar II 2.1 E6
Aussehen el aspecto físico II 6.1 E6
Aussehen el físico II 6.1 E6
aussteigen bajar II 2.2 E1
aussuchen elegir II 4.2 T
Auswahl la elección I 10.4 T
Auswanderer/-in el / la emigrante I 11.3
auswandern emigrar I 9.1 E7
außerdem además I 1.2 E5
Auto el coche I 6.4 E1
Autobahn la autopista II 1.3 E1
Autogramm el autógrafo II 3.1 E10
Automechaniker/-in el / la mecánico/-a II 1.1 E5
Autor/-in el / la autor/-a II 3.4 T1
Autorität la autoridad I 10.1 E1
Azteken los aztecas II 6.3 T

B

Bäcker/-in	el/la panadero/-a	II 2.3 E2
Bäckerei	la panadería	I 5.2 E1
Bad	el (cuarto de) baño	I 3.1 T
bald	pronto	II 2. E1
Bahnhof	la estación	I 5.3 E7
Banane	el plátano	I 5. E1
Bank	el banco	II 4.3 T1
Basketball	el baloncesto	I 4.2 T
baskisch	euskera	I 1.4 T
baskisch	vasco/-a	I 10.3 E4
Bau	la construcción	II 7.1 T3
Bauch	la barriga	I 6.3 E1
Baum	el árbol	II 1.2 T2
beauftragen	contratar	II 4.1 T1
bedeuten	significar	II 1.3 E4
Bedeutung	el significado	II 6.3 T
Bedingung	la condición	I 11.2 T
Bedürfnis	la necesidad	II 3.3 E15
beeindrucken	impresionar	II 3.4 E4
beeindruckend	impresionante	I 9.2 E4
beeinflussen	influir en	II 6.1 T
Befehl	la orden	I 6.3 E5
befehlen	dar una orden	I 6.3 E5
befehlen	ordenar	II 6.2 E11
Beginn	el principio	I 9.3 T1
Befreiung	la emancipación	II 7.3 E13
Befriedigend	el bien	II 4.1 T2
befürchten	temer	II 8.2 E3
begeistert	encantado/-a	II 1.1 T
Beginn	el comienzo	II 3.4 E3
beginnen	comenzar	II 3.4 E3
beginnen	empezar	I 3.2 E8
beginnen	empezar por	II 6.2 T2
begleiten	acompañar	II 4.1 T1
begrüßen	saludar	II 8.1 E4
beibringen	enseñar	I 4.2 T
beide	ambos/-as	II 6.3 T
Bein	la pierna	I 6.1 E3
beißen	morder	I 2.5 T
bekommen	recibir	I 2.5 E10
bellen	ladrar	I 2.5 T
Berg	la montaña	I 1.2 E8
Bericht	el informe	I 7.1 E4
berichten	informar	II 6.4 T
Beruf	la profesión	I 11.1 E2
berühmt	famoso/-a	I 8.2 T
berühren	tocar	I 4.
beschränken	limitar	II 8.3 E3
beschreiben	describir	II 6.1 T
Beschreibung	la descripción	II 7.1 E2
besiegen	derrotar	I 8.2 T
besiegen	vencer	II 7.3 T2
Besitzer/-in	el/la dueño/-a	I 8.1 E4
besonders	en especial	I 7.2 E4
besonders	especial	I 2.5 T
besser	mejor	I 2.4 T
besser gehen	estar mejor	I 2.4 T
bestellen	pedir	I 11.1 T
Besuch	la visita	I 9.2 T
besuchen	visitar a	I 2.4 T
Besucher/-in	la visita	I 9.2 T
Betrieb	la empresa	II 3.1 T2
Bett	la cama	I 2.3 T
beunruhigend	inquietante	II 3.4 T1
Bevölkerung	la población	I 9.2 E5
Bevölkerungsentwicklung	el desarrollo demográfico	II 2.2 T
bewaffnet	armado/-a	II 8.1 E4
bewohnen	habitar	II 8.
bewölkt sein	estar nublado	I 7.1 T
bezahlen	pagar	I 3.3 T1
Beziehung	la relación	I 11. E2
bilden	formar	II 8.
Bildung	la educación	II 6.1 T
billig	barato/-a	I 5.2 T
Biographie	la biografía	I 9.2 E13
bis	hasta	I 3.1 E5
Bis bald!	hasta luego	I E0 T
Bis gleich!	hasta ahora	I 1.3 T
Bis morgen!	hasta mañana	I E0 T
bitte	por favor	I E0 E1
bitte sehr	de nada	I 5.2 T
bitten	pedir	I 11.1 T
blau	azul	I 6. E1
bleiben	quedarse	I 4.4 T
Bleistift	el lápiz	I 3.2 T
Blick	la mirada	II 8.1 E2
Blickwinkel	la perspectiva	II 6.3 T
Blog	el blog	I 9.2 E7
blond	rubio/-a	I 1.2 E5
Blume	la flor	I 3.3 T1
Boden	el suelo	II 1.1 E6
Bonbon	el caramelo	I 4.2 E3
Brand	el incendio	II 4.4 T
Brauch	la costumbre	I 9.1 T2
brauchen	necesitar	I 2.5 T1
braun	marrón	I 6. E1
breit	ancho/-a	II 1.2 T1
Brief	la carta	I 2.3 T
Briefmarke	el sello	I 5.2 E1
bringen	llevar	I 2.1 T
Brot	el pan	I 5. E1
Brücke	el puente	I 9.1 T2
Bruder	el hermano	I 1.3 E5
Buch	el libro	I 2.2 E6
Buchstabe	la letra	I 10. E3
Burger/-in	el/la ciudadano/-a	I 9.1 E7
Bürgerkrieg	la guerra civil	I 10.4 T
Büro	la oficina	I 4.2 T
Bus	el autobús	I 5.3 E7

C

Café	el bar	I 4.3 E2
Cafeteria	la cafetería	I 3.3 T1
Campingplatz	el camping	II 1.
CD	el cedé, el CD	I 2.2 E6
Cent	el céntimo	I 5.2 T
Chance	la oportunidad	I 11.1 E1
Charakter	el carácter	II 6.1 E6
chatten	chatear	I 2.3 T1
Chef/-in	el/la jefe/-a	II 1.3 E4
Chor	el coro	II 3.2 T1
Christ/-in	el/la cristiano/-a	I 10.2 T
christlich	cristiano/-a	I 10.2 T
Computer	el ordenador	I 3.4 E3
Cousin/-e	el/la primo/-a	I 2.
Croissant	el cruasán	II 1.2 T2

D

da	como	II 8.1 E8
da	ya que	II 6.1 T
dafür	a favor	II 8.3 E3
dagegen	en contra	II 8.3 E3
daher	así que	II 4.3 T1
damals	entonces	I 10.1 T2
damit	a fin de (que)	II 3.3 E16
damit	para que	II 3.3 E15
danach	después	I 3.1 T
danach	luego	I 9.3 T1
dank	gracias a	I 7.2 T
danke	gracias	I E0 T
dann	entonces	I 10.1 T2
darstellen	interpretar	II 2.2 T
darstellen	representar	II 4.2 E2
das	eso	I 4.1 E2
das heißt	es decir	I 11.2 T
das hier	esto	II 6.2 E3
Datum	la fecha	I 7.1 E7
dauern	durar	I 2.4 T
dauern	tardar	II 4.4 T
definieren	definir	II 6. E3
denken an	pensar en	I 2.5 T
Denkmal	el monumento	II 4.2 T
dennoch	sin embargo	II 3.3 T1
deprimiert sein	deprimirse	I 6.2 T1
der, die, das	el/la / los / las	I 1.2 E8
der, die, das	que	I 2.4 T
der/die/das ganze	todo el / toda la	I 4.4 E12
der-/die-/dasselbe	lo mismo	I 7.3 E7
deshalb	así que	II 4.3 T1
deshalb	por eso	I 4.2 T
Designer/-in	el/la diseñador/-a	II 6.4 E1
dessen / deren	cuyo/-a/-os/-as	II 7.4 E5
Dessert	el postre	I 5.1 T
deutsch	alemán/-ana	I 1.2 T
Dezember	el diciembre	I 7.1 E5
Dialekt	el dialecto	I 10.1 T1
dick	gordo/-a	I 2.2 T
Dienstag	el martes	I 3.2 E3
diese/-r	este/-a/-os/-as	I 3.2 T
diese/-r/-s (da)	ese/-a/-os/-as	I 5.2 T
diese/-r/-s (dort)	aquel/-lla/-os/-as	I 5.2 T
Ding	la cosa	I 2.3 E4
Diktatur	la dictadura	I 10.4 T
Diskothek	la discoteca	I 9.1 T2
diskriminieren	discriminar	II 3.3 E15
Diskriminierung	la discriminación	II 3.3 T2
Diskussion	la discusión	II 8.3 E3
diskutieren	discutir	II 2. E1
Dolmetscher/-in	el/la intérprete	I 5.4 E9
Donnerstag	el jueves	I 3.2 E3
Dorf	el pueblo	I 1.3 E5
dort(hin)	allí	I 5.3 E2

dran sein tocarle a alguien II 4.1 T1
draußen al aire libre II 2.3 E5
Dritte Welt el Tercer Mundo II 8.2 E9
Drittel el tercio II 1.2 T1
du tú I E0 T
dumm tonto/-a I 1.2 E5
dunkel oscuro/-a I 2.5 T
dunkelhaarig moreno/-a I 1.2 E5
Durcheinander el lío I 4.1 T
durchführen realizar II 8.2 E9
durchqueren recorrer II 1. E2
durchschnittlich regular I E0 T
duschen ducharse I 3.1 T
Dutzend la docena I 5.2 E6
DVD el DVD I 7.2 E4
dynamisch dinámico/-a II 8.2 E8

E

egal igual I 11.3 E3
Ehemann el marido II 2.2 E4
Ei el huevo I 5. E1
eigene/-r propio/-a II 4.3 T3
Eigenschaft la característica II 2. E1
Eigenschaft la cualidad II 3.3 T1
Eiland el islote II 8.
ein/-e un/-a I 1.2 T
ein bisschen un poco I 2.5 T
Eindruck la impresión II 6.2 T1
einfach fácil I 2.2 E9
einfach simple I 6.2 T1
Einfluss la influencia II 7.2
Eingang la entrada II 3.1 T2
eingebildet presumido/-a II 3.2 T1
einige algunos/-as I 4.2 T
Einkauf la compra I 5.
einkaufen gehen hacer la compra, ir de compras I 5.
einladen invitar I 4.3 T
einsam solo/-a I 2.3 T
einschlafen dormirse II 3.2 E6
einsprachig monolingüe II 7.1 E5
einsteigen subir II 2.2 E1
einstellen contratar II 4.1 T1
Einstellung la actitud II 3.2 E2
Einstellung la postura II 6.1 E11
Eintrittskarte la entrada II 3.1 T2
einverstanden de acuerdo II 1.2 T2
Einwanderer/-in el/la inmigrante I 4.4 T
einwandern inmigrar I 11.1 E1
Einwanderung la inmigración I 11.1 E1
Einwohner/-in el/la habitante I 3.3 T1
einzig(artig) único/-a II 4.2 E1
Eis el hielo I 7.1 E2
elegant elegante II 1.2 T1
Elekrizität la electricidad II 2.1 E6
Element el elemento II 4.3 T1
Ellenbogen el codo I 8.2 T
Eltern los padres I 2.
E-Mail el e-mail I 2.5 E10
Emanzipation la emancipación II 7.3 E13
empfehlen aconsejar II 3.1 T2
empfehlen recomendar II 3.1 T2
Ende el fin II 4.
Ende el final I 3.2 T
endlich por fin II 4.4
englisch inglés/-esa I 1.2 E5
Enkel/-in el/la nieto/-a I 4.2 E3
entdecken descubrir I 10.3 E2
Entdeckung el descubrimiento II 6.1 T
entfernen sacar I 10.3 T
Entfernung la distancia I 9.1 E5
entlang a lo largo de II 1. E1
entscheiden decidir I 8.2 E7
Entscheidung la decisión II 4.3 E10
entschieden decidido/-a II 7.3 T2
entschlossen decidido/-a II 7.3 T2
entschuldigen Sie oiga I 5.3
Enttäuschung la desilusión II 7.1 E14
entwerfen diseñar II 6.4 E1
entzückend precioso/-a II 1.1 E6
er / sie él / ella / ellos / ellas I 1.2 T
erbauen construir I 11.3 E2
Erdbeben el terremoto II 3.1 E1
Erde la tierra I 9.1 E6
Erdkunde Geografía I 3.2 T
Erfahrung la experiencia I 7.3 T1
erfinden inventar II 7.1 T3
Erfolg el éxito I 8.4 E11
erfreut encantado/-a II 1.1 T
Ergebnis el resultado II 3.2 E5
erklären explicar I 5.4 T
erlauben permitir I 8.2 T
Erlebnis la experiencia I 7.3 T1
Ernährung la alimentación II 6.1 T
ernst serio/-a I 2.2 E9
ernsthaft en serio II 3.2 T1
Eroberer el conquistador II 7.1 E1
erobern conquistar I 10.1 T1
Eroberung la conquista II 6.1 T
erraten adivinar I 7. E1
erschaffen crear II 4.3 T1
erstens primero I 3.2 T
Erwachsene/-r el/la adulto/-a II 4.4 E4
erwärmen calentar II 2.1 E6
erzählen contar I 7.2 T
Erzähler/-in el/la narrador/-a II 3.4 E1
Erzählung el relato II 3.4 T1
Erziehung la educación II 6.1 T
es tut mir leid lo siento I 4.3 T
essen comer I 2.1 T
Essen la comida I 1.4 T
Essig el vinagre II 1.3 E3
Esszimmer el comedor I 6.4 E1
etwas algo I 3.4 T1
Euro el euro I 3.3 T1
exakt exacto/-a II 4.4 T
existieren existir I 9.3 T1
extrem extremado/-a I 6.2 T1

F

Fähigkeit la capacidad II 6.3 E9
Fähigkeit la cualidad II 3.3 T1
Fahne la bandera I 11.2 T
Fahrkarte el billete I 5.3 E7
Fahrrad la bicicleta I 6.4 E4
Fahrrad fahren ir en bicicleta I 6.4 E4
Fahrstuhl el ascensor II 4.4 T
fallen caerse I 8. E1
falls en caso de (que) II 3.3 E19
falls si I 4.1 T
falsch equivocado/-a I 9.2 E7
falsch falso/-a I 1.3 E8
familiär familiar I 11. E1
Familie la familia I 2.
Fantasie la fantasía II 1. E2
fantastisch alucinante II 3.1 T2
Farbe el color I 6.
Farbe la pintura II 1.2 T2
Fassade la fachada II 4.3 T1
fast casi I 4.1 T
faszinieren fascinar II 1.1 T
faul vago/-a I 2.3 T2
Februar el febrero I 7.1 E5
Federmappe el estuche I 3.2 T
Fehlen la falta II 6.2 T2
fehlen faltar I 3.2 T
Fehler la falta II 6.2 T2
feiern celebrar I 7.1 E6
Feind el enemigo I 10.1 E1
Feld el campo I 11.2 T
Fell el pelo I 2.5 T
Fenster la ventana I 8.1 E4
Ferien las vacaciones I 1.3 E5
Fernsehen la televisión, la tele I 2.1 T
Fernseher el televisor I 6.4 E4
Fest la fiesta I 5.4 E11
fest firme II 8.1 T
Feuer el incendio II 4.4 T
Feuerwehrmann/-frau el/la bombero/-a II 2.3 E2
Fieber la fiebre I 6.3 T
Figur el personaje I 10.3 E8
Film la película I 4.3 E4
finden encontrar I 9.3 T1
Finger el dedo I 6.3 E1
Firma la empresa II 3.1 T2
Fisch el pescado I 5.2 E1
Fisch el pez II 4.2 E2
Fischladen la pescadería I 5.2 E1
Fitness la condición física II 7.1 E7
Fitnessstudio el gimnasio I 4.1 T
Flasche la botella I 5.2 E6
Fleisch la carne II 1.2 T1
fliegen volar II 3.3 T1
Fliese el azulejo II 4.3 T1
Flohmarkt el mercadillo I 5.2 E5
Flug el vuelo II 8.3 E2
Flughafen el aeropuerto I 9.3 T1
Flugzeug el avión I 7. E1
Fluss el río II 1.2 T2
Folge la consecuencia II 6.4 T
folgen seguir I 10.4 T
folgende/-r siguiente I 8.2 T
Form la forma II 4.3 T1
formulieren expresar II 2.3 E8

Forschung la investigación I 3.2 E14
Forum el foro I 10.1 E5
Fortbewegungsmittel el medio de transporte I 7. E1
Foto la fotografía, la foto I 2.2 T
Fotograf/-in el/la fotógrafo/-a II 2.3 E2
fotografieren tomar fotos II 4.4 T
Frage la pregunta I 7.2 E3
Fragebogen el cuestionario II 7.4 E3
fragen preguntar I 3.1 T
französisch francés /-esa I 1.2 E5
Frau la mujer I 10.1 E1
Frau la señora I 2.2 T
frei libre I 3.1 T
Freiheit la libertad I 10.2 E2
Freitag el viernes I 3.2 E3
freiwillig voluntario/-a II 8.2 E9
Freund/-in el/la amigo/-a I 1.2 T
Freund/-in el/la novio/-a I 2.3 T
Friedhof el cementerio II 6.3 E1
friedlich pacífico/-a II 7.4 E5
frieren tener frío I 6.1 E3
frisch fresco/-a I 7.1 T
frittiert frito/-a II 7.2 T1
fröhlich alegre I 11.3 E1
Frucht la fruta I 5.1 T
früh temprano/-a I 4.3 E7
Frühling la primavera I 7.1 E2
Frühstück el desayuno I 2.1 T
frühstücken desayunar I 3.2 T
fühlen sentir I 6.2 T1
funktionieren funcionar II 8.1 E8
für para I 2.3 T1
für por I 3.4 T1
fürchten, dass temer que II 8.2 E3
Fuß el pie I 6.3 E1
Fußball el fútbol I 3.3 T1
Fußballspieler/-in el/la futbolista I 8.4 E11
Fußboden el suelo II 1.1 E6

G

galicisch gallego/-a I 1.4 T
Garage el garaje I 6.4 E1
Garten el jardín I 6.4 T
Gebäude el edificio I 9.1 T1
geben dar I 6.1 E6
Gebiet el ámbito II 7.2 T1
Gebiet la región I 7.1 T
Gebiet el territorio II 7.1 E7
Gebiet la zona I 1.4 T
geboren werden nacer I 8.2 T
Geburtstag el cumpleaños I 4.3 E2
Gedicht el poema I 3.3 E6
Gefahr el peligro II 2.3 T
gefährlich peligroso/-a I 2.4 T
Gefallen el favor II 2. E1
gefallen gustar I 3.3 E1
gegenseitig mutuo/-a II 7.2
gegenüber enfrente (de) I 5.3 E1
Geheimnis el secreto II 7.2 T1
geheimnisvoll misterioso/-a II 3.4 E3
gehen caminar I 7.3 T2
gehen nach ir a I 3.1 E4
gehören zu pertenecer a II 6. E3
gelangweilt aburrido/-a I 2.3 T
gelb amarillo/-a I 6. E1
Geld el dinero I 4.3 T
Geldstrafe la multa II 6.2 T2
Gelegenheit la oportunidad I 11.1 E1
Gelehrte/-r el/la sabio/-a I 10.2 E2
geliebt querido/-a I 4.1 T
Gemälde el cuadro I 10.4 E3
Gemälde la pintura II 1.2 T2
gemäß según II 4.3 T3
Gemeinde el Ayuntamiento II 2.2 E2
gemeinsam haben tener algo en común II 7. E1
Gemüse la verdura I 5.2 E2
genau exacto/-a II 4.4 T
Generation la generación I 9.2 E7
genießen disfrutar de I 7.3 T2
genug bastante I 2.4 E5
gerade getan haben acabar de I 8.4 T
geradeaus gehen seguir todo recto I 5.3 E3
Gesamtheit el conjunto II 6. E3
Gesamtheit el total II 4.3 E4
Geschäft la tienda I 5.2 E1
Geschäftsmann/-frau el/la comerciante I 11.1 T
geschehen pasar I 6.3 E1
Geschenk el regalo I 7.2 E5
Geschichte la historia I 3.4 T1
geschichtlich histórico/-a I 10.3 E8
Geschmack el gusto I 6.
Geschwister los hermanos I 1.3 E5
Gesellschaft la sociedad II 3.3 T1
gesellschaftlich social II 2.1 T
Gesetz la ley I 11.2 T
Gesicht la cara II 6.2 E7
gestern ayer I 7.3 T2
gestern Abend anoche I 8.2 E7
gesund sano/-a I 5. E2
gesund sein estar bien I 2.4 T
Gesundheit la salud II 8.1 E4
Getränk la bebida I 1.4 T
Gewalt la violencia II 6.4 E4
gewinnen ganar I 8.2 T
Gewitter la tormenta I 7.1 E2
gewittern haber tormenta I 7.1 E2
gewöhnt acostumbrado/-a II 7.4 E6
Gitarre la guitarra I 4.
glatt sein haber hielo I 7.1 E2
Glatteis el hielo I 7.1 E2
glauben parecer I 6.1 E6
glauben, dass creer que I 3.1 T
gleich ahora mismo II 2.3 T
gleich mismo/-a I 7.3 E7
gleich igual I 11.3 E3
gleichzeitig al mismo tiempo I 11.1 E2
Glück la suerte I 4.2 T
Glück haben tener suerte I 4.2 T
glücklich feliz II 1.1 E6
Gold el oro II 7.1 T1
golden dorado/-a I 6.2 E1
gotisch gótico/-a II 4.4 T
Gott / Göttin el/la dios/-a, Dios II 4.2 E2
Grad (Celsius) el grado I 7.1 E2
Grafik el gráfico II 2.2 T
Gramm el gramo I 5.2 E6
gratulieren felicitar a alguien I 6.3 E3
grau gris I 6. E1
Grenze la frontera I 9.3 T1
grenzen an limitar con II 6. E3
grillen hacer un asado II 1.3
Grillfleisch el asado II 1.3
Grippe la gripe I 2.4 T
groß alto/-a I 1.2 E5
groß grande I 1.3 E6
Großvater/-mutter el/la abuelo/-a I 1.3 E5
grün verde I 6. E1
Grund el motivo I 11.1 E3
Grund la razón II 3.2 T1
Gruppe el conjunto II 6. E3
Gruppe el grupo I 8.4 E12
grüßen saludar II 8.1 E4
gut bien I E0 T
gut bueno/-a I 1.2 E5
Gut el notable II 4.1 T2
gut stehen irle bien I 6.1 T2
Gute Besserung ¡que te mejores! II 3.3 E4
Gute Nacht! buenas noches I E0 E1
gute Note haben sacar una buena nota II 4.2 E2
Guten Abend! buenas noches / tardes I E0 E1
Guten Appetit ¡que aproveche! II 3.3 E4
Guten Morgen! buenos días I E0 E1
Guten Tag! buenas tardes, buenos días I E0 E1
guter Zweck la causa justa II 3.1 T2
gutes Wetter sein hacer buen tiempo I 6.1 T1
Gymnasium el instituto I 3.4

H

Haar el pelo I 2.5 T
haben tener I 2.2 E5
Hafen el puerto I 1.2 E8
Hähnchen el pollo I 5.1 T
halb y media I 3.
halbe/-s/-r medio/-a I 3.
Hälfte la mitad II 2.2 E1
hallo hola I E0 T
Hals la garganta I 6.3 E1
Haltestelle la estación I 5.3 E7
Haltung la actitud II 3.2 E2
Haltung la postura II 6.1 E11
Hand la mano I 6.3 E1
handeln von tratar de II 3.4 E3
Handlung el argumento II 3.4 E3
Handschrift la letra I 10. E3
Handwerk la artesanía II 6.3 T

Handy el móvil II 3.1 E11
Hängematte la hamaca II 7.4 E5
hängen colgar II 7.4 E5
hart duro/-a I 11.2 T
hässlich feo/-a I 2.2 E9
Haupt- principal II 6.2 T2
Hauptdarsteller/-in el/la protagonista II 3.3 T2
Hauptfigur el/la protagonista II 3.3 T2
Hauptstadt la capital I 1.2 T
Haus la casa I 1.3 T
Hausaufgaben los deberes I 2.3 T
Hausfrau el ama de casa *f.* I 11.1 T
Hausordnung el reglamento II 4.4 E4
Heft el cuaderno I 3.2 T
heimlich clandestino/-a I 11.1 E4
Heirat el casamiento II 7.4 E5
heiraten casarse (con) I 9.1 E5
heiß sein hacer / tener calor I 7.1 T
heißen llamarse I E0 T
Held/-in el héroe / la heroína II 3.3
helfen ayudar a I 1.3 E5
hell claro/-a I 2.5 T
hellblau celeste I 6.2 E1
Helm el casco I 8. E1
Hemd la camisa I 6. E1
heraufklettern subir II 2.2 E1
Herausforderung el reto II 6.4 E1
herausholen sacar I 10.3 T
herauskommen salir I 3.4 T1
herbringen traer I 7.2 E5
Herbst el otoño I 7.1 E2
hereinkommen entrar en I 8.2 T
Herkunft el origen I 10.2 E3
Herr el señor I 2.2 T
herunterladen bajar II 2.2 E1
hervorragend excelente II 8.1 T
heute hoy I 2.3 T1
hier aquí I 1.3 E6
Hilfe la ayuda II 3.1 T2
hin a, al I 2.1 T
hinter detrás de I 5.3 E1
Hintern el culo I 6.3 E1
Hinweg la ida I 11.3
Hip Hop el hip hop II 3.1
Hispanoamerika Hispanoamérica II 6. E3
Hit la pasada II 3.1 T2
Hitze el calor I 7.1 T
hoch alto/-a I 1.2 E5
Hochhaus el rascacielos II 1.2 E1
hochheben levantar I 6.3 T
Hochzeit el casamiento II 7.4 E5
hoffentlich ojalá I 10.2
Hoffnung la esperanza II 7.1 E14
Höhle la cueva II 1.2 T2
Hölle el infierno II 4.2 E2
hör mal oye I 4.4 E10
hören escuchar I 2.3 T
Horoskop el horóscopo II 2. E1
Hose los pantalones I 6. E1
Hotel el hotel I 7.3 T1
hübsch guapo/-a I 2.2 E9
Hund / Hündin el/la perro/-a I 1.2 E5
Hundekorb el cesto del perro I 2.3 T1
Hunger el hambre I 2.3 T
Husten la tos I 6.3 T
Hütte la choza II 7.4 E5
Hypothese la hipótesis II 2.3 E8

I

Iberische Halbinsel la Península Ibérica I 10. E4
ideal ideal I 3.1 E7
Idealismus el idealismo II 2.3 T
Idee la idea I 2.4 T
identifizieren identificar II 6.4 T
Idol el ídolo I 8.1 T
idyllisch pintoresco/-a II 1.2 E1
Ihnen usted, ustedes I E0 T
ihr vosotros/-as I 1.2 T
illegal ilegal I 9.3 T1
im Allgemeinen en general I 6.2 T1
im Gegenzug a cambio II 3.3 T1
im Moment de momento II 1.1 T
immer siempre I 1.4 T
immer noch tun seguir + *gerundio* I 9.2 T
Imperium el imperio I 10.1 T1
in en I 1.2 T
in der Öffentlichkeit en público II 4.3 T3
in Wirklichkeit en realidad II 6.1 T
Indigene/-r el/la precolombino/-a II 7.1 T3
Indio- indígena I 7.3 T1
Information la información I 3.3 T1
informieren informar II 6.4 T
Inhaber/-in el/la dueño/-a I 8.1 E4
inklusive incluido/-a II 2.2 E2
innen en el interior II 4.4 T
Inneres el interior II 4.4 T
Inquisition la Inquisición I 10.3 T
ins Internet gehen conectarse a Internet II 3.2 T2
Insel la isla I 1.2 E8
Instrument spielen tocar I 4.
Integration la integración II 8.2 E9
integrieren integrarse II 8.2 E3
intelligent inteligente I 1.2 E5
intensiv intenso/-a I 6.2 T1
interessant interesante I 1.2 E8
interessieren interesar I 3.3 T1
intern interno/-a I 11.2
international internacional II 1.3 E7
interpretieren interpretar II 2.2 T
Interview la entrevista I 9.1 E5
Interviewer/-in el/la entrevistador/-a II 6.1 T
Invasion la invasión II 7.
irgendein/-e algún/-uno/-una II 6. E1
irgendein/-e cualquier/-a II 6.1 T

J

ja sí I 1.2 T
Ja, bitte? ¿dígame? I 4.3 T
Jacke la chaqueta I 6. E1
Jahr el año I 2.2 E6
Jahre alt sein tener ... años I 2.2 E6
Jahreszeit la estación I 7.1 E2
Jahrhundert el siglo I 10. E4
Januar el enero I 7.1 E5
je por I 3.4 T1
Jeans los vaqueros I 6. E1
jede/-r/-s cada (uno/-a) I 3.1 E6
jede/-r todos/-as los / las I 4.4 E12
jemand alguien I 7.2 E1
jetzt ahora I E0 E1
Journalist/-in el/la periodista I 9.1 E5
jüdisch judío/-a I 10.
Judo el yudo I 4.2 E8
Jugendherberge el albergue juvenil II 4.3 E6
Jugendliche/-r el/la joven I 4.3 E9
Juli el julio I 7.1 E5
jung joven I 4.3 E9
Junge el chico I E0 T
Junge el niño I 3.3 T1
jünger menor I 2.2 E9
Juni el junio I 7.1 E5

K

Kaffee el café I 2.1 T
kalt frío/-a I 2.5 T
kalt sein hacer frío I 6.1 E3
Kälte el frío I 6.1 E3
kämmen peinar I 4.1 E6
kämpfen luchar II 6.4 E7
kaputt roto/-a II 6.2 T2
Kartoffel la patata I 5. E1
Käse el queso I 5. E1
kastilisch castellano/-a I 10.3 T
katalanisch catalán/-ana I 1.3 E5
Kater / Katze el/la gato/-a I 2.2 E9
Kathedrale la catedral I 7.3 T2
katholisch católico/-a I 10.3 T
kaufen comprar I 3.4 T1
kaum poco I 2.5 T
kein/-e/-r/-s ningún/-uno/-una I 7.2 T
kein Problem no pasa nada I 8.1 T
Kellner/-in el/la camarero/-a I 4.4 T
kennen(lernen) conocer I 4.3 E7
Kerze la vela II 6.3 E1
Kilo el kilo I 2.5 T
Kind el/la chico/-a I E0 T
Kinder los hijos I 2.1 E1
Kindheit la niñez II 6.1 T
Kino el cine I 4.1 T
Kiosk el estanco I 5.2 E1
Klasse la clase I 3.2 T
Klasse el curso II 4.
Kleid el vestido I 6. E1
Kleidung la ropa I 6. E1
klein bajo/-a I 1.2 E5
klein pequeño/-a I 1.2 E5

Klima el clima	I 1.4 T	
klingeln sonar	II 2.2 E4	
Knie la rodilla	I 6.3 E1	
Knoblauch el ajo	I 5. E1	
Knöchel el tobillo	I 8.1 T	
Knochen el hueso	II 3.3 T1	
Koch / Köchin el / la cocinero/-a	II 2.3 E2	
kochen cocinar	I 5.2 E9	
Koffer (packen) (hacer) la maleta	I 6.1 T1	
kommen venir	I 4.3 T	
kommen aus ser de	I E0 T	
Kommentar el comentario	II 3.2 T1	
kommentieren comentar	II 8.1 E1	
kommunizieren mit comunicarse con	II 8.1 E8	
kompliziert complicado/-a	II 3.2 E12	
Kondition la condición física	II 7.1 E7	
Konfektionsgröße la talla	I 6.1 T2	
König el rey	I 8.2 T	
Königin la reina	II 3.2 T1	
können poder	I 2.3 T	
können saber	I 4.4 T	
Konsument/-in el / la consumidor/-a	II 8.2 E9	
konsumieren consumir	II 7.2 T1	
Kontakt el contacto	II 7.2 T1	
Kontinent el continente	I 10.3 E6	
Konzert el concierto	I 4.3 E7	
Kopf la cabeza	I 6.3 E1	
Körper el cuerpo	I 6.3 E1	
Korruption la corrupción	II 6.2 T2	
Körpersprache el lenguaje corporal	II 7.1 E2	
kosten costar	I 5.2 T	
kostenlos gratis	I 4.4 T	
krank enfermo/-a	I 2.3 T	
krank sein estar mal	I 2.4 T	
Krankenhaus el hospital	I 8.1 T	
Krankenpfleger/-in el / la enfermero/-a	II 2.3 E2	
Krankenwagen la ambulancia	I 8. E1	
Krankheit la enfermedad	II 7.3 T2	
Krieg la guerra	I 10.4 T	
Krieger/-in el / la guerrero/-a	II 8.1 E2	
kritisch crítico/-a	II 3.1 T2	
Krone la corona	II 4.4 T	
Küche la cocina	I 6.4 E1	
Kugelschreiber el bolígrafo	I 3.2 T	
Kuh la vaca	II 1.2 T2	
kühl sein hacer fresco	I 7.1 T	
Kühlschrank la nevera	I 2.3 T	
Kultur la cultura	I 10. E4	
kulturell cultural	II 7.1 T3	
Kunde/-in el / la cliente	I 5.2 E8	
Kunst el arte	II 4.2 T	
Künstler/-in el / la artista	II 6.1 E11	
Kunstunterricht Educación Plástica y Visual	I 3.2 T	
Kunstwerk la obra	II 4.3 T1	
Kurs el curso	II 4.	
kurz corto/-a	I 6.2 E8	
Kürzestgeschichte el microrrelato	II 3.4 E8	
Kurzgeschichte el relato	II 3.4 T1	
Kuss el beso	I 3.4 T1	
Küste la costa	I 1.2 E8	

L

Lächeln la sonrisa	I 3.4 T1
lachen reírse	II 3.3 T1
Laib *(Brot)* la barra	I 5.2 E6
Land el país	I 1.2 T
Landkarte el mapa	I 5.3 E3
Landschaft el paisaje	I 7.2 T
Landstraße la carretera	II 1. E1
Landwirt/-in el / la campesino/-a	II 8.1 E8
lang largo/-a	I 5.4 E7
langsam lento/-a	I 4.2 E5
langweilig aburrido/-a	I 2.3 T
Lärm el ruido	I 4.1 T
lassen dejar	I 9.2 E11
lateinamerikanisch latino/-a	I 9.1 T2
lateinisch latín	I 10.1
laufen caminar	I 7.3 T2
laut fuerte	I 8.1 E4
laut según	II 4.3 T3
läuten sonar	II 2.2 E4
Leben la vida	I 2.2 E9
leben vivir	I 2.5 T2
Lebensstandard el nivel de vida	II 8.2 T
lebhaft activo/-a	II 1.2 T1
lecker rico/-a	I 11.3 E2
leer vacío/-a	II 1.1 E6
legal legal	I 11.1 E1
legen poner	I 5.2 T
Lehrer/-in el / la profe(sor/-a)	I 3.2 T
leiden sufrir	I 11.2 T
lenken conducir	I 8.4 E5
lernen aprender	I 4.1 T
lernen estudiar	I 1.3 E5
lesen leer	I 2.1 T
letzte/-r/-s último/-a	I 7.3 E7
Leute la gente	I 2.4 T
Licht la luz	II 2.1 E6
lieb bueno/-a	I 1.2 E5
liebe/-r querido/-a	I 4.1 T
lieben amar	I 10.3 T
lieben querer	I 2.4 E5
lieber mögen preferir	I 3.4 T1
Lieblings- favorito/-a	I 2.4 E1
Liedtext la letra	I 10. E3
links a la izquierda	I 5.3 E1
Liter el litro	I 5.2 E6
Literatur la literatura	I 10.2 T
logisch lógico/-a	II 3.2 T1
löschen apagar	II 2.1 E6
lösen solucionar	II 6.2 T2
Lösung la solución	II 3.3 T1
Lüge la mentira	II 3.1 E11
Lust haben zu apetecerle	I 4.3 T
Lust haben zu tener ganas de	I 2.4 T
lustig divertido/-a	II 3.2 T3

M

machen hacer	I 2.3 T
Macht el poder	I 10.2 T
Mädchen la chica	I E0 T
Mädchen la niña	I 3.3 T1
maghrebinisch magrebí	II 8.2 T
magisch mágico/-a	II 1.1
Mai el mayo	I 7.1 E5
Mal la vez	I 4.1 T
mal sehen a ver	I 3.2 T
malen dibujar	II 4.1 E7
malen pintar	II 1.3 E7
Maler/-in el / la pintor/-a	II 2.3 E2
Malerei la pintura	II 1.2 T2
Mama la mamá	I 1.3 T
manchmal a veces	I 2.3 T2
Mangelhaft el suspenso	II 4.1 T2
Mann el hombre	I 10.1 E1
Marke la marca	I 6.2 E10
Markt el mercado	I 5.1 E1
März el marzo	I 7.1 E5
Match el partido	I 4.2 T
Matetee el mate	II 1.3 E7
Mathematik Matemáticas	I 3.2 T
Maure/-in el / la moro/-a	I 10.3 E4
Maya los mayas	II 6.3 T
Medien los medios	II 3.2 E5
Medikament el remedio	I 8.2
Medizin la medicina	I 9.1 E7
Meer el mar	I 1.2 E8
Meeresfrüchte los mariscos	I 5. E1
mehr más	I 1.2 E8
mehrere varios/-as	II 6.1 T
Mehrheit la mayoría	II 2.2 T
Meinung la opinión	I 5.4 E6
meistens normalmente	I 5.1 T
Meldung la noticia	I 8.1 E4
Melodie la melodía	II 8.2 E8
Menge la cantidad	I 5.2 E6
Menschheit la humanidad	II 7.1 T3
Merkmal la característica	II 2. E1
merkwürdig raro/-a	II 3.1 E14
Metall el metal	II 8.1 E2
Meter el metro	I 8.1 T
mieten alquilar	I 11.2 T
Migration la migración	I 11.2
Milch la leche	I 2.1 T
militärisch militar	I 10.4 T
Million el millón	I 3.3 T1
Minderheit la minoría	II 6.2 E3
Mineralwasser el agua mineral	I 5. E1
Minirock la minifalda	I 6. E1
Minute el minuto	I 3.1 T
mischen mezclar	I 6.3 E10
Mischung la mezcla	II 6.1 T
mit con	I 1.3 T
mit dir contigo	I 4.3 E8
mit mir conmigo	I 4.3 E4
Mitte el centro	I 1.2 T
Mittel el remedio	I 8.2
Mittelamerika Centroamérica	II 6. E3
mittelmäßig regular	I E0 T

Mittelmeer el Mar Mediterráneo I 1.2 E8
mitten in en medio de II 6.4 T
Mittwoch el miércoles I 3.2 E3
Mobiltelefon el móvil II 3.1 E11
Mode la moda II 4.3 T1
Modell el modelo II 3.3 T1
modern moderno/-a I 6.1 T2
möglich posible I 1.3 T
Möglichkeit la posibilidad II 2.3 T
Moment el momento I 9.3 T1
Monat el mes I 3.3 T1
Montag el lunes I 3.2 E3
morgen mañana I 2.1 T
Morgen la mañana I 2.1 T
morgens por la mañana I 2.1 T
Motiv el motivo I 11.1 E3
Motor el motor I 8. E1
Motorrad la moto(cicleta) I 8. E1
Mp3-Spieler el (reproductor de) mp3 I 2.3 T
müde cansado/-a I 3.1 T
müde sein tener sueño II 7.1 T1
Mulatte/-in el/la mulato/-a I 9.2 E5
Müll la basura II 2.1 E6
Mund la boca I 6.3 E1
Museum el museo I 6.1 T1
Musik la música I 2.3 T
Musikinstrument el instrumento II 8.2 E8
Musikvideo el videoclip II 7. E1
muslimisch musulmán/-ana I 10.2 T
müssen deber II 3.3 E5
müssen tener que I 2.3 E5
Mutter la madre I 2.
mysteriös misterioso/-a II 3.4 E3

N

na ja bueno I E0 E5
na ja pues I 3.4 T1
na klar claro I 2.5 T
nach a, al I 2.1 T
nach después de I 3.1 T
nach hacia I 11.3 E1
nach según II 4.3 T3
nach Christus después de Cristo, d. C. I 10 E4
nach und nach poco a poco II 7.1 T1
Nachbar/-in el/la vecino/-a I 8.1 E4
nachhaltig sostenible II 8.3 T1
Nachmittag la tarde I 2.4 T
nachmittags por la tarde I 2.4 T
Nachname el apellido I 2.
Nachricht el mensaje II 3.1 E11
Nachricht la noticia I 8.1 E4
nächste/-r próximo/-a I 4.3 E1
nächste/-r siguiente I 8.2 T
Nacht la noche I 4.1 T
Nachteil la desventaja II 3.2 E4
Nachtleben la marcha II 8.3 E2
nachts por la noche I 4.1 T
nackt desnudo/-a II 7.1 T1
nah cerca (de) I 7.1 T
Nahrungsmittel el alimento II 7.2 T1
Name el nombre I 2.
Nase la nariz I 2.5 T
national nacional II 1.3 E7
Nationalität la nacionalidad II 1.1 E1
Nationalpark el parque nacional II 1.2 E11
Natur la naturaleza II 2.2 E6
natürlich natural I 6.2 E5
Naturwissenschaften Ciencias de la Naturaleza I 3.2 T
neben al lado I 5.3 E1
Nebel la niebla I 7.1 E2
negativ negativo/-a I 7.2 E1
nehmen tomar I 4.3 T
nein no I 1.2 T
nervös nervioso/-a I 5.4 T
nett bueno/-a I 1.2 E5
nett simpático/-a I 1.2 E5
neu nuevo/-a I 2.1 E2
neutral neutral I 10.4 T
nicht no I 1.2 T
nicht dürfen no deber II 3.3 E5
nicht mehr ya no I 1.3 E5
nicht wahr? ¿verdad? I 4.4 T
Nichtregierungsorganisation la organización no gubernamental, la ONG II 8.2 E9
nichts nada I 1.3 T
nie nunca I 2.3 T2
niemals jamás II 7.3 T2
niemand nadie I 7.2 T
Niveau el nivel II 8.2 T
noch todavía I 2.2 E3
Norden el Norte I 1.3 E5
normal normal I 2.2 E5
notieren apuntar I 4.2 T
nötig necesario/-a I 6.2 E5
November el noviembre I 7.1 E5
Notizen los apuntes II 1.1 E6
Notizen machen tomar apuntes II 1.1 E6
Notwendigkeit la necesidad II 3.3 E15
nur solo I 3.1 T
nutzen aprovechar II 6.3 T
nützlich útil I 4.3 E2

O

ob si I 4.1 T
oben arriba II 4.2 E2
Oberfläche la superficie I 9.3 T1
Objekt el objeto II 6.3 T
Obst la fruta I 5.1 T
obwohl aunque I 10.2 E2
oder o / u I 2.2 E5
öffentlich público/-a I 3.4
offiziell oficial I 1.4 T
öffnen abrir I 6.3 T
ohne sin I 4.2 E12
ohne dass sin que II 3.3 E16
Ohr la oreja I 2.5 T
okay vale I 1.3 T
ökologisch ecológico/-a II 8.3 E4
Oktober el octubre I 7.1 E5
Öl el aceite I 5. E1
Olivenbaum el olivo I 1.4 T
Onkel el tío I 1.4 E4
Opfer la víctima II 6.4 T
optimistisch optimista I 6.2 T1
Orange la naranja I 4.4 T
orangefarben naranja I 4.4 T
Ordnung el orden II 8.2 E4
organisieren organizar I 10.4 T
Ort el lugar I 1.2 E8
Ort el sitio II 8.1 E8
Ozean el océano I 1.2 E8

P

Packung, Paket el paquete I 5.2 E6
Papa el papá I 1.3 T
Papier el papel I 6.3 E10
Paradies el paraíso II 4.2 E2
Park el parque I 2.1 T
Partei el partido I 10.4 T
Pass el pasaporte I 9.3 T1
Pause la pausa I 6.3 E9
Pech la mala pata / suerte I 8. E1
Pension el albergue II 4.3 E6
perfekt perfecto/-a I 6.2 E5
perfektionistisch perfeccionista I 6.2 T1
Person la persona I 6.2 T1
Personalausweis el documento nacional de identidad (DNI) I 2.5 E8
persönlich personal I 7.3 T1
Persönlichkeit la personalidad II 1.2 T1
Pessimist/-in el/la pesimista II 2.2 E6
pessimistisch pesimista II 2.2 E6
Pfeffer la pimienta II 1.3 E3
Pferd el caballo I 9. E1
Pfirsich el melocotón I 5.1 E1
Pflanze la planta II 2.1 E5
pflanzen plantar II 2.1 E6
picknicken hacer (un) picnic I 9. E1
Pistolenkugel la bala II 6.4 T
Pizza la pizza I 4.1 E11
Plan el plan I 4.3 T
Plan el plano II 4.3 E6
planen planear II 1.1 T
Platz la plaza I 1.3 T
Platz el sitio II 8.1 E8
plötzlich de pronto / repente I 8.1 T
Politik la política I 10.1 E9
Politiker/-in el/la político/-a II 6. E2
politisch político/-a I 9.1 E5
Polizei la policía I 11.1 E5
Polizist/-in el/la policía I 11.1 E5
Pool la piscina I 4.2 T
Popcorn las palomitas II 3.3 E5
Poster el póster II 4.3 E6
Postkarte la postal I 5.2 E1
Präsentation la presentación II 4.1 E5
präsentieren presentar II 2.1 T
Preis el precio II 6.1 E10
Preis el premio I 8.2 T

Alemán	Español	Unidad
privat	privado/-a	I 3.3 T1
Problem	el problema	I 2.4 E5
Projekt	el proyecto	I 3.4 T1
Prophezeiung	la profecía	II 7.3 T2
Prospekt	el folleto	II 4.1 T2
Provinz	la provincia	I 10.1 E7
Prozent	el … por ciento	II 2.2 E1
Prozentsatz	el porcentaje	II 6.2 E5
Prüfung	el examen	I 2.3 E5
psychisch	psíquico/-a	I 9.2 E7
Pullover	el jersey	I 6. E1
Punkt	el punto	II 4.2 T
putzen	limpiar	I 2.3 T2

Q

Alemán	Español	Unidad
Quelle	la fuente	II 6.4 T

R

Alemán	Español	Unidad
Radio	la radio	I 7.1 E4
Rasse	la raza	I 2.5 T
Rat	el consejo	II 3.1 E7
Rathaus	el ayuntamiento	II 2.2 E2
Rebellion	el levantamiento	I 10.4 T
Recherche	la investigación	I 3.2 E14
rechnen	calcular	II 4.1 T2
Rechnung	la factura	II 3.2 E6
Recht	el derecho	II 4.3 T3
Recht	la razón	II 3.2 T1
Recht haben	tener razón	II 3.2 T1
rechts	a la derecha	I 5.3 E1
Referat	la ponencia	I 9.3 T1
Regel	la regla	II 4.4 E4
Regelwerk	el reglamento	II 4.4 E4
Regen	la lluvia	I 7.1 E2
Register	el registro	II 8.2 E9
regnen	llover	I 7.1 T
reich	rico/-a	I 11.3 E2
Reich	el reino	I 10.2 T
reif	maduro/-a	I 5.2 T
Reihenfolge	el orden	II 8.2 E4
Reis	el arroz	I 5.1 T
Reise	el recorrido	II 1.1 E6
Reise	el viaje	I 7.2 T
Reisebüro	la agencia de viajes	II 4.1 T1
Reiseführer	la guía turística	I 10.2 E6
reisen	viajar a	I 1.3 E5
reiten	montar a caballo	I 9. E1
Religion(sunterricht)	Religión	I 3.2 E1
Rennen	la carrera	I 8.1 T
rennen	correr	I 6.3 E9
reparieren	reparar	II 1.1 E6
repräsentieren	representar	II 4.2 E2
Reservat	la reserva	I 7.3 T1
respektieren	respetar	II 3.3 E16
Restaurant	el restaurante	I 1.3 T
retten	rescatar	II 8.2 T
Revolution	la revolución	I 9.1 T2
Rezept	la receta	I 5.2 E9
Rhythmus	el ritmo	I 8.4 E12
richtig	correcto/-a	I 1.3 E8
riesig	enorme	I 7.2 T
Rind	la vaca	II 1.2 T2
Ritual	el ritual	II 6.3 T
Rock	la falda	I 6. E1
Rollenspiel	el juego de roles	I 4.1 E9
Roman	la novela	II 3.4 E5
römisch	romano/-a	I 10.
rosa	rosa	I 6.2 E1
rot	rojo/-a	I 6. E1
Rücken	la espalda	I 6.3 E1
Rückkehr	la vuelta	I 7.3 T1
Rucksack	la mochila	I 2.3 E4
Rücksitz	el asiento trasero	I 8. E1
rufen	llamar a	I 2.3 T
ruhig	tranquilo/-a	I 1.3 E5
Ruine	la ruina	II 1.3 E7
rund	redondo/-a	II 4.3 T1

S

Alemán	Español	Unidad
Sache	la cosa	I 2.3 E4
Safran	el azafrán	I 5.1 T
Saft	el zumo	I 4.4 T
sag bloß	no me digas	II 4.1 T2
sagen	decir	I 5.4 T
Salat	la ensalada	I 5. E1
Salz	la sal	I 5.1 T
Samstag	el sábado	I 3.2 E3
Sandwich	el bocadillo	I 2.1 T
Sänger/-in	el/la cantante	I 8.4 E12
sauber	limpio/-a	II 6.2 E11
Säule	la columna	II 4.3 T1
Schande	la vergüenza	II 6.4 E6
scharf	picante	II 1.3 E3
Schaubild	el gráfico	II 2.2 T
Schaukel	la hamaca	II 7.4 E5
Schauspieler/-in	el actor / la actriz	II 6. E2
scheinen	parecer	I 6.1 E6
schicken	mandar	II 3.2 E6
Schiff	el barco	I 10.4 E2
Schlacht	la batalla	II 8.1 T
Schlaf	el sueño	II 7.1 T1
schlafen	dormir	I 4.2 E3
Schlafzimmer	el dormitorio	I 6.4 E1
Schlagzeile	el titular	II 6.4 E6
schlecht	mal, malo/-a	I 2.4 T
schlechter	peor	I 5.4
schlechtes Wetter sein	hacer mal tiempo	I 6.1 T1
schließen	cerrar	II 7.3 E8
Schloss	el palacio	I 10.2 T
Schlüssel	la llave	I 8.2 E8
Schlussfolgerung	la conclusión	II 6.2 E4
Schnee	la nieve	I 7.1 E2
schneien	nevar	I 7.1 T
schnell	rápido/-a	I 3.2 T
Schokolade	el chocolate	II 3.2 E6
schon	ya	I 1.3 E5
schön	bonito/-a	I 6.1 T2
Schrank	el armario	I 6.4 E4
schrecklich	horrible	I 8.3 E6
schreiben	escribir	I 2.5 E10
Schreibwarengeschäft	la papelería	I 5.2 E1
Schrift	la escritura	II 7.1 T3
Schriftsteller/-in	el/la escritor/-a	II 4.2 T
schüchtern	tímido/-a	I 2.5 T
Schuld	la culpa	II 7.3 E3
Schule	el colegio, el cole	I 2.1 T
Schule	la escuela	I 10.1 E1
Schüler/-in	el/la alumno/-a	II 4.1 T1
Schüler/-in	el/la estudiante	I 1.2 T
Schulfach	la asignatura	I 3.2 T
schulisch	escolar	II 2. E1
Schuljahr	el curso	II 4.
Schulnote	la nota	II 2. E1
Schulpause	el recreo	I 3.2 T
Schultasche	la mochila	I 2.3 E4
schützen	proteger	I 10.1 E1
schwarz	negro/-a	I 6. E1
schwer	difícil	I 2.2 E9
Schwester	la hermana	I 1.3 E5
Schwimmbad	la piscina	I 4.2 T
schwimmen	nadar	I 4.
See	el lago	II 1.
Segel	la vela	II 6.3 E1
sehen	ver	I 2.1 T
Sehenswürdigkeit	la atracción (turística)	II 4.2 E1
sehr	mucho	I 1.2 E8
sehr	muy	I E0 T
Sehr gut	el sobresaliente	II 4.1 T2
sehr mögen	encantarle	I 4.2 E8
sein	estar	I 1.3 T
sein	ser	I 1.2 T
seit (… Uhr)	desde (las …)	I 3.2 E5
Seite	el lado	I 5.3 E1
selbstverständlich	por supuesto	I 10.3 T
seltsam	extraño/-a	I 8.1 T
seltsam	raro/-a	II 3.1 E14
September	el septiembre	I 7.1 E5
Sessel	el sillón	I 6.4 E4
sich anmelden	apuntarse a	I 4.2 T
sich anziehen	ponerse	I 6.1
sich anziehen	vestirse	I 8.4 T
sich ärgern	enfadarse	I 8.3 E6
sich ausruhen	descansar	II 4.4 T
sich befinden	encontrarse	II 4.2 T
sich beruhigen	tranquilizarse	II 4.2 E1
sich beschäftigen mit	dedicarse a + *inf.*	I 11.1 T
sich bessern	mejorar	I 9.2 E9
sich beziehen auf	referirse a	II 7.1 E5
sich etw. brechen	fracturarse	I 8.1 T
sich einig sein	estar de acuerdo	II 4.1 T1
sich einig werden	ponerse de acuerdo	II 4.2 E1
sich entwickeln	desarrollarse	II 6.1 T
sich ereignen	ocurrir	II 6.4 T
sich erinnern an	recordar	I 9.
sich erschrecken	llevarse un (buen) susto	I 8.1 T
sich freuen	alegrarse de (que)	II 6.4 E7
sich freuen	hacerle ilusión	I 6.1 T1

sich gewöhnen acostumbrarse II 7.4 E6
sich gut verstehen llevarse bien I 9.3 T1
sich hinsetzen sentarse II 3.3 E7
sich interessieren für etw. interesarse por I 10.1 T1
sich irren equivocarse I 11.3 E2
sich kümmern um ocuparse de II 8.1 E4
sich langweilen aburrirse I 7.3 T2
sich richten an dirigirse a II 8.3 E1
sich schminken maquillarse I 4.1 E6
sich sonnen tomar sol II 8.3 E2
sich sorgen (um) preocuparse (por) I 4.4 T
sich verabreden quedar con I 4.3 T
sich verlieben enamorarse II 7.4 E7
sich etw. verstauchen torcerse algo I 8.1 T
sich etw. vorstellen imaginar(se) I 9.3 T1
sich widersetzen resistir II 7.2 T2
sicher seguro/-a I 7.1 T
Sicherheit la seguridad II 6.1 T
Sie usted, ustedes I E0 T
Silbe la sílaba I 6.1 E3
sinken bajar II 2.2 E1
Sinti / Roma el / la gitano/-a I 11.2 T
Situation la situación I 2.2 E9
Sitz el asiento I 8. E1
sitzen estar sentado/-a I 7.2 T
Sitzung la reunión II 4.1 T1
Ski fahren esquiar I 7.1 T
Skipiste la pista de esquí I 1.4 T
Sklave/-in el / la esclavo/-a II 6.1 T
SMS el mensaje de texto II 3.1 E11
so así I 2.5 T1
so viel/-e tanto/-a/-os/-as I 7.1 T
so (wie) tan … (como) I 5.4 E2
sogar incluso II 7.1 E4
sofort inmediato/-a I 8.1 T
Sohn el hijo I 2.1 E1
solange mientras II 3.2 T3
solidarisch solidario/-a II 3.1
sollen deber II 3.3 E5
Sommer el verano I 7.1 T
Sommerzeit el horario de verano I 8.1 T
sondern sino I 4.3 E7
Sonne el sol I 7.1 T
sonnig sein hacer sol I 7.1 T
Sonntag el domingo I 3.2 E3
Sorte la forma II 4.3 T1
Sorte el tipo II 8.2 E9
Soße la salsa II 1.3 E3
sowohl … als auch tanto … como II 6.3 T
sozial social II 2.3 T
Sozialwissenschaften Ciencias Sociales I 3.2 T
Spanier/-in el / la español/-a I 1.2 T
spanisch español/-a I 1.2 T
Spanische Sprache und Literatur Lengua Castellana y Literatura I 3.2 T
sparen ahorrar II 6.2 T2
Spaß haben divertirse I 9.3 T1
spät tarde I 1.3 T
später después I 3.1 T
spazieren gehen dar un paseo II 1.2 E1
Spaziergang el paseo II 4.4 T
Spiegel el espejo II 7. E2
Spiel el juego I 3.2 E7
Spiel el partido I 4.2 T
spielen jugar I 2.5 T
Spielzeug el juguete II 6.1 T
Spitze la corona II 4.4 T
Sport el deporte I 3.2 E11
Sportler/-in el / la deportista I 8.2 T
Sportplatz la cancha I 4.2 T
Sportschuhe las zapatillas I 6. E1
Sportunterricht Educación Física I 3.2 T
Sportzentrum el polideportivo I 4.2 T
Sprache el idioma I 1.4 T
Sprache la lengua II 4.3 T3
Sprache el lenguaje II 8.1 E8
sprechen hablar I 1.3 E5
Sprecher/-in el / la locutor/-a II 3.1 E15
springen saltar I 6.3 E9
Staat el estado I 11.1 E2
Staatsangehörigkeit la nacionalidad II 1.1 E1
Staatsbürgerkunde Educación para la Ciudadanía y Derechos Humanos I 3.2 T
Stadion el estadio II 4.2 T
Stadt la ciudad I 1.2 T
Stadtplan el mapa I 5.3 E3
Stadtteil el barrio II 1.2 E1
Stadtviertel el barrio II 1.2 E1
stammend aus originario/-a de II 7.2 T1
stark fuerte I 8.1 E4
Statistik la estadística II 2.2 T
stattfinden tener lugar I 11. E2
Stein la piedra I 8. E1
stellen poner I 5.2 T
Stempel el sello I 5.2 E1
sterben morir I 9.3 T1
Sternzeichen el signo II 2. E1
Stichwort la palabra clave II 8.3 E4
Stiefel las botas I 6. E1
Stiftung la fundación II 8.3 E4
Stil el estilo II 4.3 T1
Stimmung el ambiente II 1.2 T1
stolpern tropezar I 8. E1
stolz orgulloso/-a II 6.1 T
stören molestar I 8.3 E6
Strand la playa I 1.2 E8
Straße la calle I 2.2 E9
Straßen- callejero/-a II 1.2 E1
Straßenecke la esquina II 6.4 T
Strecke el recorrido II 1.1 E6
Streit la pelea II 6.4 T
streiten discutir II 2. E1
Student/-in el / la estudiante I 1.2 T
studieren estudiar I 1.3 E5
Studium los estudios I 9.2 E13
Stuhl la silla I 6.4 E4
Stunde la hora I 3.
Stundenplan el horario I 3.2 T
suchen buscar I 3.2 T
süchtig adicto/-a II 3.2 E5
Süden el sur I 9.3 T1
super genial I 2.3 T1
super guay I 9.1 E4
Supermarkt el supermercado I 5.1 T
Suppe la sopa I 8.4 T
Surfen el surf II 8.3 E2
Surfen el windsurf I 7.1 T
surfen im Internet navegar I 2.4 E5
Symbol el signo II 2. E1
Symbol el símbolo II 4.2 E2
System el sistema II 6.1 T

T

Tablette la pastilla I 6.3 T
Tag el día I 2.1 T
Tagebuch el diario I 4.1 T
täglich diario/-a I 9.2 E8
Tante la tía I 1.4 E4
tanzen bailar II 1.2 T1
Tasse la taza II 1.1 E12
Tat la acción I 11.1 E2
Tatsache el hecho I 10.4 E7
tauchen bucear II 8.3 E2
Tausend mil I 5.4 E10
Team el equipo I 4.2 T
Technik la tecnología I 3.2 T
Tee el té I 5.4 T
Teil la parte I 6.3 E1
teilen compartir II 7.4 E5
teilnehmen participar II 2.2 T
Teilnehmer/-in el / la participante II 6.4 E7
Telefon el teléfono I 2.3 T2
telefonieren hablar por teléfono I 2.3 T2
Teller el plato I 7.2 E3
Temperatur la temperatura I 7.3 T1
Tennis el tenis I 4.2 T
Tennisspieler/-in el / la tenista I 8.2 T
Terrasse la terraza I 6.4 E1
Test el test I 6.2 T1
teuer caro/-a I 5.2 T
Theater el teatro I 4.4 E2
Thema el tema I 4.4 E10
Tier el animal I 9.3 E4
Tisch la mesa I 6.4 E4
Titel el título I 9.1 E5
Toast la tostada I 8.4 T
Tochter la hija I 2.1 E1
Tod la muerte I 10.4 T
Toilette los servicios II 4.4 T
Toilette el váter I 6.4 E4
toll precioso/-a II 1.1 E6

toll sein molar mogollón II 3.1 T2
Tomate el tomate I 5. E1
Ton el sonido I 8.4 E12
töten matar I 10.3 T
Totenkopf la calavera II 6.3 E1
Tourismus el turismo II 8.1 T
Tourist/-in el/la turista II 4.2 T
Tradition la tradición II 7.1 T3
traditionell tradicional II 8.1 E4
tragen llevar I 2.1 T
Trainer/-in el/la entrenador/-a I 8.2 T
trainieren entrenarse I 4.1 T
Trainingsanzug el chándal I 6.2 T2
Traum el sueño II 7.1 T1
träumen von soñar con I 11.3 E2
traurig triste I 9.2 T
treffen encontrarse con I 9.3 T1
treffen ver I 2.1 T
Treffen el encuentro II 7.1
trennen separar II 2.1 E6
Tribunal el tribunal I 10.3 T
trinken beber I 2.1
Trinkgeld la propina II 2.3 E5
trotzdem sin embargo II 3.3 T1
Tschüß! adiós I E0 T
T-Shirt la camiseta I 6. E1
Tunnel el túnel I 10.1 E7
Tür la puerta I 8.4 E4
Turnhalle el gimnasio I 4.1 T
Turnier el torneo I 8.2 T
Turnschuhe las zapatillas I 6. E1
Typ el tipo II 8.2 E9
typisch típico/-a I 1.2 E5

U

U-Bahn el metro I 8.1 T
üben practicar I 4.2
über encima de I 6.1 E3
über sobre I 3.3 T1
überlassen dejar I 9.2 E11
überqueren cruzar I 5.3 E3
überreichen entregar I 8.2 T
Überschrift el título I 9.1 E5
übersetzen traducir I 10.2 E2
Übersetzer/-in el/la traductor/-a I 10.2 E2
übertreiben exagerar II 4.2 E1
überzeugen convencer II 3.2 E3
die übrigen los demás II 2.3 E5
Uhrzeit la hora I 3.
Um wieviel Uhr? ¿a qué hora? I 3.1 E2
um zu a fin de (que) II 3.3 E16
um zu para I 2.3 T1
Umarmung el abrazo I 9.1 T2
Umfrage la encuesta I 3.3 E6
Umkleidekabine el probador I 6.1 T2
umstellen cambiar I 8.1 E6
Umwelt el medio ambiente II 2.1
unabhängig independiente II 7.3 E13
Unabhängigkeit la indepencencia II 7.3 E13
unbekannt desconocido/-a II 7.1 E8
und y / e I E0 T
unecht irreal II 3.3 T1
unerwartet inesperado/-a II 3.4 E3
Unfall el accidente I 8.1
ungeduldig impaciente II 4.1 T1
Ungenügend el suspenso II 4.1 T2
unglaublich increíble I 7.3 T1
Unglück la mala pata / suerte I 8. E1
unheimlich inquietante II 3.4 T1
Uniform el uniforme I 3.2 T
Universität la universidad I 2.2 E3
Unsicherheit la inseguridad II 6.2 T2
unter debajo de I 9.3 T3
unter Null bajo cero I 7.1 E2
Unternehmen la empresa II 3.1 T2
Unterricht la clase I 3.2 T
Unterschied la diferencia I 1.4 T
unterschreiben firmar II 8.1 T
Unterstützung la ayuda II 3.1 T2
unvergesslich inolvidable I 7.3 T1
unverzichtbar indispensable II 8.2 E3
unwirklich irreal II 3.3 T1
Ureinwohner/-in el/la aborigen II 8.1 T
Ureinwohner/-in el/la nativo/-a II 7.1 T1
Urgroßvater/-mutter el/la bisabuelo/-a I 2.2 T
Urlaub las vacaciones I 1.3 E5
Ursache la causa II 6.4 E4
USA los EE. UU. I 9.1 E5
US-Amerikaner/-in el/la estadounidense I 9.1 T2
US-amerikanisch estadounidense I 9.1 T2

V

valencianisch valenciano/-a I 1.4 T
Vater el padre I 2.
Veränderung el cambio II 3.3 T2
verärgern enfadar I 8.3 E6
verbessern mejorar I 9.2 E9
verbieten prohibir II 4.3 T3
verbinden relacionar II 6.3 T
verbinden unir I 10.2 T
Verbraucher/-in el/la consumidor/-a II 8.2 E9
Verbrechen el crimen II 6.4 T
verbreitet común II 7.2 T1
verbringen pasar I 6.3 E1
verbunden conectado/-a II 3.2 T2
verbunden sein estar unido/-a I 10.2 T
Verdächtige/-r el/la sospechoso/-a II 6.4 T
verdienen ganar I 8.2 T
Vereinigte Staaten los Estados Unidos I 9.2 E5
Verfassung la Constitución II 4.3 T3
verfolgen perseguir I 10.3 T
vergangen/-e/-r/-s pasado/-a I 7.3 T2
Vergangenheit el pasado I 9.1 T
vergehen pasar I 6.3 E1
vergessen olvidar I 7.2 T
Vergleich la comparación II 6.1 T
verglichen mit en comparación con II 6.1 T
verhaften detener I 11.1 E5
Verhältnis la relación I 11. E2
verheiratet casado/-a I 11.1 E5
verkaufen vender I 11.2 T
Verkäufer/-in el/la dependiente/-a I 5.2 T
Verkehr el tráfico II 6.2 T2
verletzen herir II 6.4 T
Verletzung la lesión I 8.2 T
verliebt enamorado/-a II 7.4 E7
verlieren perder I 8.2 E8
verlosen sortear II 3.1 T2
vermieten alquilar I 11.2 T
vermissen echar de menos I 7.2 T
veröffentlichen publicar II 4.3 T3
Vermutung la hipótesis II 2.3 E8
verrückt loco/-a I 10.1 T2
Versammlung la reunión II 4.1 T1
verschieden diferente I 1.4 T
Verschmutzung la contaminación II 6.2 T2
verschwinden desaparecer II 4.4 T
versprechen prometer II 8.3 E1
verstehen entender I 3.2 T
versuchen intentar II 8.1 T
verteidigen defender II 8.1 T
verwählt equivocado/-a I 9.2 E7
Verwandte/-r el/la familiar II 6.3 T
verwechseln confundir II 7.3 E2
Verwechslung la confusión II 7.3 E2
verwenden usar I 6.2 E4
Verwirrung la confusión II 7.3 E2
Verzeichnis el registro II 8.2 E9
verzeihen perdonar II 3.4 T1
Verzeihung perdón I 3.2 T
Videoclip el videoclip II 7. E2
Videospiel el videojuego I 4.1 T
viel mucho I 1.2 E8
viel/-e mucho/-a/-os/-as I 1.4 T
vielleicht quizás I 2.3 T
Viertel el cuarto II 2.2 E1
Viertel nach y cuarto I 3.
Viertel vor menos cuarto I 3.
Vignette la viñeta II 2.1 E4
violett violeta I 6. E1
Visum la visa I 9.2 T
Volk el pueblo I 1.3 E5
voll lleno/-a II 6.1 T
Volleyball el voleibol I 4.
von de, del I 1.2 T
von … an a partir de II 2.1 E7
von … aus / an desde I 7.2 T
von … bis … de … a … I 3.2 E5
vor delante de I 5.3 E1
vor hace I 7.3 T2
vor allem sobre todo I 9.1 T2
vor Christus antes de Cristo I 10. E4
Vorbild el modelo II 3.3 T1
vorbereiten preparar I 2.1 T
vorbeugen prevenir I 8.3

Vorgesetzte/-r el / la jefe/-a II 1.3 E4
vorgestern anteayer I 8.2 E7
vorher antes I 3.2 T
Vorhersage la previsión I 7.1 E4
Vorname el nombre I 2.
vorschlagen proponer I 9.2 E7
vorstellen presentar II 2.1 T
Vorteil la ventaja II 3.2 E4
Vortrag la presentación II 4.1 E5

W

wachsen crecer I 9.1 E7
Waffe el arma *f.* I 10.4 T
Wahlen las elecciones I 10.4 T
wählen elegir II 4.2 T
wahr werden cumplirse II 7.3 T2
während durante I 7.2 E10
während mientras II 3.2 T3
Wahrheit la verdad I 4.4 T
wahrscheinlich probable II 3.1 E10
Wald el bosque II 1.2 T2
Wand la pared II 7.4 E5
wandern caminar I 7.3 T2
wandern hacer senderismo II 8.3 E2
Wann? ¿cuándo? I 2.3 E8
warten esperar a I 1.3 T
Warum? ¿por qué? I 1.3 T
Was (für)? ¿qué? I 1.4
Was für ein/-e …! ¡qué …! I 2.3 T
Was ist los? ¿qué pasa? I 2.4 T
waschen lavar I 3.1 T
Wasser el agua I 5. E1
WC los servicios II 4.4 T
Wechsel el cambio II 3.3 T2
wecken despertar a I 8.1 T
Wecker el despertador I 3.1 T
weder … noch … ni … ni … I 10.1 T1
Weg el camino I 5.3 E4
wegen por I 3.4 T1
weggehen irse I 3.1 T
weh tun doler I 6.3 T
weil como II 8.1 E8
weil porque I 1.3 E6
weil ya que II 6.1 T
Weile el rato I 8.4 T
Wein el vino I 1.4 T
weinen llorar II 8.2 E2
weise sabio/-a I 10.2 E2
weiß blanco/-a I 6. E1
weit weg (von) lejos (de) I 9.1 T2
weitergehen continuar II 7.3
weitergehen seguir I 10.4 T
weitermachen continuar II 7.3
Welche/-r/-s? ¿cuál/-es? I 6.1 T2
Welle la ola I 7.2 T
Welt el mundo I 3.4 T1
Welt- mundial II 2.1 T
weltoffen cosmopolita II 1.2 E1
wenige poco/-a/-os/-as I 2.5 T
weniger menos I 5. E2
wenigstens por lo menos I 9.2 E11
wenn cuando I 2.3 T
Wer? ¿quién/-es? I 1.2 T
Werk la obra II 4.3 T1
Werkstatt el taller II 1.1 E6
Westen el Oeste I 7.1 T
Wettbewerb la competición I 5.4 T
wetten, dass nicht a que no II 1.1 T
Wetter el tiempo I 3.4 T1
Wettkampf el torneo I 8.2 T
Wettrennen la carrera I 8.1 T
wichtig importante I 3.3 T1
wichtig sein importar I 6.4 T
widmen dedicar II 6.3 T
wie como I 1.2 T
Wie? ¿cómo? I 1.2 E5
Wie geht es dir? ¿cómo estás? I E0 T
Wie geht's? ¿qué tal? I E0 T
Wie großartig! ¡qué pasada! II 3.1 T2
Wie langweilig! ¡qué rollo! I 11.1 T
Wie spät ist es? ¿qué hora es? I 3.
Wie viel kostet es? ¿cuánto es? I 5.2 T
Wie viel/-e? ¿cuánto/-a/-os/-as? I 2.1 E4
wieder tun volver a + *inf.* I 9.3 E8
wiedererkennen reconocer II 4.3 T3
wiederholen repetir I 10. E3
Wiederholung el repaso I 9.1 E3
wiegen pesar I 2.5 T
wild salvaje II 8.1 E8
willkommen bienvenido/-a II 1.3 E7
Wind el viento I 7.1 T
windig sein hacer viento I 7.1 T
Winter el invierno I 7.1 T
wir nosotros/-as I 1.2 T
wirklich real I 6.2 T1
Wirklichkeit la realidad II 6.1 T
Wirtschaft la economía II 6.1 T
wirtschaftlich económico/-a I 10.3 E4
wissen saber I 4.4 T
Wissenschaften las ciencias I 10.2 T
Wissenschaftler/-in el / la científico/-a II 6. E2
witzig gracioso/-a I 2.2 E9
wo donde I 2.3 T2
Wo? ¿dónde? I 1.2 T
Woche la semana I 3.2 E3
Wochenende el fin de semana I 4.2 E5
Woher? ¿de dónde? I 1.2 T
Wohin? ¿adónde? I 1.3 E5
wohnen vivir I 2.5 T2
Wohnung el piso I 6.4 E2
Wohnzimmer el salón I 6.4 E1
Wolkenkratzer el rascacielos II 1.2 E1
wolkenlos despejado/-a I 7.1 E2
wolkig nublado/-a I 7.1 T
wollen querer I 2.4 E5
Wort la palabra I 3.4 T1
wunderbar maravilloso/-a I 7.3
wunderschön hermoso/-a I 4.3 E7
Würfel el dado I 3.1 E3
würfeln tirar un dado I 3.1 E3
Würstchen la salchicha I 2.5 T
Wurzel la raíz II 7.2 T1
würzig picante II 1.3 E3
Wüste el desierto II 1.1 E6

Z

Zahl la cifra II 6.2
Zahl el número I 2.1 E4
Zahnarzt/-ärztin el / la dentista II 1.3 E2
Zeh el dedo del pie I 6.3 E1
zeichnen dibujar II 4.1 E7
zeichnen diseñar II 6.4 E1
Zeichner/-in el / la diseñador/-a II 6.4 E1
zeigen enseñar I 4.2 T
zeigen mostrar I 8.1 T
Zeit el tiempo I 3.4 T1
Zeitraum la época I 10.1 E7
Zeitschrift la revista II 3.1 T2
Zeitung el periódico I 2.1 T
Zelt la tienda de campaña II 8.3 E2
Zensur la nota II 2. E1
Zentrum el centro I 1.2 T
Zeuge/-in el / la testigo I 10.4 E2
Ziel el fin II 4.
Ziel el objetivo II 3.2 E5
ziemlich bastante I 2.4 E5
Ziffer la cifra II 6.2
Zimmer la habitación I 2.3 T1
zu a, al I 2.1 T
zu Abend essen cenar I 4.3 T
zu Fuß a pie I 7. E1
zu Hause en casa I 1.3 T
zu Pferd a caballo I 9. E1
zu viel / sehr demasiado I 6.2 T1
Zucker el azúcar II 7.2
zuerst al principio I 9.3 T1
zuerst primero I 3.2 T
zufrieden contento/-a I 2.3 T2
Zug el tren I 7. E1
Zukunft el futuro I 11.1
zum Beispiel por ejemplo I 1.4 T
zum Glück por suerte I 4.2 T
zurechtweisen llamarle la atención a alguien II 4.1 E7
zurück de vuelta I 7.3 T1
Zurückeroberung la reconquista I 10.2 T
zurückgeben devolver I 4.3 E2
zurückkehren volver I 4.1 T
zurücklegen recorrer II 1. E2
zusammen juntos/-as I 6.1 E6
zusammen mit junto con II 4.3 T3
zusammenfassen resumir II 7.1 E1
Zusammenfassung el resumen II 1. E2
zusammenleben convivir II 6.2 E11
Zusammentreffen el encuentro II 7.1
Zustand la condición I 11.2 T
Zustand el estado I 11.1 E2
Zweifel la duda II 3.1 E7
zweisprachig bilingüe II 4.3 T3
Zweck el objetivo II 3.2 E5
Zwiebel la cebolla I 5. E1
Zwillings- gemelo/-a II 3.4 E1
zwischen entre I 1.4 T

Bildnachweis:

Biblioteca Nazionale Centrale, Florenz: 165; Bildagentur Schapowaldow / Gabriele Croppi / SIME, Hamburg: 38; Bernd Blume, Mockrehma: 39; Chris Brown, Madrid: 82; ddp images / SIPA: 156; Danita Delimont / Gallo Images / Getty Images: 21; DPA picture alliance / Abaca 60252: 38; DPA picture alliance / akg-images: 149, 162, 163; DPA picture alliance / Albert Olivé: 113; DPA picture alliance / AP Images / Candr / Roberto Candia: 48 (2); DPA picture alliance / Bildagentur Huber: 174, 190; DPA picture alliance / Bildagentur Huber / R. Schmid: 190; DPA picture alliance / Bildagentur online / PWI-McPhoto: 145; DPA picture alliance / Bildagentur online / TIPS-images: 112, 120, 139; DPA picture alliance / CHROMEORANGE / R. Kaufung: 176; DPA picture alliance / Design Pics: 139, 144; DPA picture alliance / dpa-Bild-archiv / epa afp Omar Torres: 127; DPA picture alliance / dpa-Bildarchiv / Wolfgang Weihs: 193; DPA picture alliance / dpa-Fotoreport / epa AFP CSIRO: 177; DPA picture alliance / dpa-Fotoreport / epa efe Juan Medina: 183; DPA picture alliance / dpa-Report / CTK Lukas Machalinek: 177; DPA picture alliance / dpa-Report / DB Vogelsänger: 181; DPA picture alliance / dpa-Report / epa efe Manuel Lerida: 182; DPA picture alliance / dpaweb / epa efe Rafael Diaz: 182; DPA picture alliance / EFE, Cezaro de Luca: 26; DPA picture alliance / epa efe Alejandro Ernesto: 113; DPA picture alliance / epa efe Barba: 182; DPA picture alliance / epa efe Carlos De Saa: 182; DPA picture alliance / epa efe Ulises Ruiz Basurto: 127; DPA picture alliance / Eventpress Radke: 52; DPA picture alliance / imagestate / Spectrum / Peter Thomson: 174; DPA picture alliance / Juanjo Martin: 47; DPA picture alliance / keystone: 152; DPA picture alliance / Lonely Planet Images / Dallas Stribley: 134; DPA picture alliance / Lou Avers: 38, 146; DPA picture alliance / Marijan Murat: 46; DPA picture alliance / NASA / JPL-Caltech: 177; DPA picture alliance / Paul Kennedy / Lonely Planet Images: 124; DPA picture alliance / Ricardo Maldonado Rozo: 117; DPA picture alliance / Robert Harding World Imagery / Jeremy Lightfoot: 181; DPA picture alliance / Robert Harding World Imagery / Robin Hanbury Tension: 171, 172; DPA picture alliance / Rolf / Wilms: 176; DPA picture alliance / SCHROEWIG / RR: 119; DPA picture alliance / Sodapix AG / Schuler Bernd: 134; DPA picture alliance / Space Images / Jeremy Woodhouse: 127; DPA picture alliance / TIPS-images / Reinhold Dirscherl: 177; DPA picture alliance / Ton Koene: 112; DPA picture alliance / TPGimages: 152; DPA picture alliance / Uwe Gerig: 120; DPA picture alliance / ZB / dpa-Report / Andreas Lander: 176; DPA picture alliance / ZB / Patrick Pleue: 38; DPA picture alliance / ZB-Fotoreport / Peer Grimm: 137; DPA picture alliance / ZPress / Keystone / Allen Sullivan: 113; Mónica Duncker, San Antonio de Areco: 40, 145; flider / subiela: 102; fotolia.com / Abe Mossop: 32; fotolia.com / auremar: 189; fotolia.com / Bildpix.de: 38; fotolia.com / contrastwerkstatt: 46; fotolia.com / JiSIGN: 76; Juan Gandini, www.despacitoperosindescanso.blogspot.com: 8 (4), 9 (4); Bianca Geike, Sevilla: 100, 101; Ron Gilling / Lineair: 113; Cora Heinrich, Cali: 142 (2); Michaela Silvia Hoffmann, Bamberg: 14, 23, 27 (2), 82, 83, 87, 89 (2), 91, 92, 95, 112, 126 (3), 139 (2), 140, 145 (2), 168, 189, 190, 191, 192 (4); Bjorn Holland / Getty Images: 151; ideenmanufaktur, Dortmund: 8, 10, 17, 18, 21, 27, 48, 84, 91, 93, 108, 116, 118, 121, 122, 175, 188, 193; iStockphoto / artplay711: Umschlag, 66, 187; iStockphoto / blackred: Umschlag; iStockphoto / Brainsi: 26; iStockphoto / chuck-moser: 39; iStockphoto / Cristos Georghiou: 162; iStockphoto / DNY59: 49; iStockphoto / Elenathewise: 32; iStockphoto / Ellen Kirkpatrick: 128; iStockphoto / EpicStockMedia: 189, 190; iStockphoto / Gaby Contreras: 128; iStockphoto / Ginés Romero: 158; iStockphoto / groveb: 46; iStockphoto / Holger Mette: Umschlag, 142; iStockphoto / Ines Koleva: 159; iStockphoto / Jabas: 32; iStockphoto / John Archer: 81; iStockphoto / John Woodcock: 56; iStockphoto / Keith Bishop: 194; iStockphoto / Luxian: 100; iStockphoto / Matthewleesdixon: 88; iStockphoto / Michael Cavén: 189; iStockphoto / Pierre Chouinard: 153; iStockphoto / Roberto hartasanchez Castillo: 150, 152, 163, 168; iStockphoto / subjug: 67; iStockphoto / tjhunt: 53 (5); iStockphoto / valeryprint2d: 166; iStockphoto / zerani: 47; Axel Kibert, http://locosxlapuna.blogspot.com: 13 (6); John Kieffer / Getty Images: 76; Laif / REA / Francois Perri: 127; Library of Congress Prints and Photographs Division Washington, D.C.: 147; Marcello Mencarini / Leemage: 113; Museo del Prado, Madrid: 85; www.natuaventura.com: 77; Nordic Photos / Ulrika Finnberg, Simply North images.de, Berlin: 32; J. Pereira / www.jpereira.net: 106; ©PIXELIO / acidburnblue: 32; ©PIXELIO /

Alfred Krawietz: 89; ©PIXELIO / Bernd Boscolo: 32; ©PIXELIO / Blumenia: 32; ©PIXELIO / Consuelo: 131; ©PIXELIO / Daniel Setzke: 140; ©PIXELIO / Dieter Schütz: 197; ©PIXELIO / Gerhard Pliessnig: 134; ©PIXELIO / Helmut Wegmann: 112; ©PIXELIO / Kunstzirkus: 39; ©PIXELIO / Michael Weidemann: 27; ©PIXELIO / Torsten Rempt: 32; Anke Schöttler, Altmittweida: 115; Maria Sebald, Bamberg: 28 (12); Brian Snelson, St. Leonard on Seas: 83; Thinkstock / Creatas Images: 16; Thinkstock / Hemera / Ann Verboven: 70; Thinkstock / Hemera / Solatges Irina: 95; Thinkstock / Hemera / Technologies / Getty Images: 119; Thinkstock / iStockphoto: 58, 78, 106, 107, 144, 144; Thinkstock / iStockphoto / Antonio Sanchez Poy: 89; Thinkstock / iStockphoto / art12321: 33; Thinkstock / iStockphoto / bluebearry: 24; Thinkstock / iStockphoto / Dena McMurdie: 68; Thinkstock / iStockphoto / Gary Godby: 17; Thinkstock / iStockphoto / jensenwy: 19; Thinkstock / iStockphoto / Spectral-Design: 15; Thinkstock / iStockphoto / Timur Syrtsov: 110 (2); Thinkstock / iStockphoto / vofpalabra: 87; Thinkstock / Jupiterimages: Umschlag; Thinkstock / radchanida thippayos: 98; Thinkstock / Stockbyte: 159; Ullstein Bild / ASIA: 130; Ullstein Bild / Lebrecht Music & Art: 176; Ullstein Bild / The Granger Collection: 164; Vario images, Bonn: 26, 46, 189; VisionsofAmercia / Joe Sohm / Getty Images: 21; Nina Wagner, Berlin: 120, 123, 145, 157; wikimedia / afrank99: 192; wikimedia / Alberto Pérez: 103; wikimedia / cardenasg: 177; wikimedia / Cholka Pablo Gautero: 74; wikimedia / Dario Alpern: 74; wikimedia / Dario Alvarez: 100; wikimedia / David Liff: 88; wikimedia / Daytonarolexboston: 82; wikimedia / Grela: 100; wikimedia / Harrieta 171: 105; wikimedia / Kadellar: 82, 83 (2); wikimedia / Kaetzar: 83; wikimedia / Kai670: 108; wikimedia / Lameiro: 110; wikimedia / Luis Argerich: 16; wikimedia / Luis Miguel Bugallo Sánchez: 100, 101, 104; wikimedia / Mariano: 19; wikimedia / Neva Micheva: 101; wikimedia / Tabletpc2: 89; wikimedia / winky: 12; wikimedia / Yearofthedragon: 89; Xurxo Lobato / Cover Getty Images: 105

1 Antigua y Barbuda
2 Bahamas
3 Barbados
4 Belice
5 Dominica
6 República Dominicana
7 Grenada
8 Guatemala
9 Haití
10 Jamaica
11 Sant Christopher Nevis
12 Santa Lucía
13 San Vicente y Las Granadas
14 El Salvador
OCÉANO ATLÁNTICO
OCÉANO PACÍFICO
Mar de los Sargazos
Golfo de México
Mar Caribe
Grandes Llanuras
Montañas Rocosas
Montes Apalaches
ESTADOS UNIDOS
MÉXICO
Sierra Madre Oriental
Sierra Madre Occidental
Sierra Madre del Sur
Baja California
Golfo de California
Bahamas
Grandes Antillas
Pequeñas Antillas
CUBA
LA HABANA
SANTO DOMINGO
Port-au-Prince
Kingston
San Juan
Puerto Rico
Islas Bermuda (R.U.)
Islas Galápagos
GUATEMALA
HONDURAS
Tegucigalpa
NICARAGUA
Managua
COSTA RICA
San José
PANAMÁ
Panamá
COLOMBIA
BOGOTÁ
VENEZUELA
CARACAS
GUYANA
Georgetown
SURINAM
Paramaribo
Guayana Francesa
Cayenne
ECUADOR
QUITO
GUAYAQUIL
TRINIDAD Y TOBAGO
Port of Spain
Macizo de las Guayanas
MANAUS
BELÉM
São Luís
FORTALEZA
VANCOUVER
SEATTLE
PORTLAND
SAN FRANCISCO
SACRAMENTO
LOS ANGELES
SAN DIEGO
PHOENIX
SALT LAKE CITY
DENVER
KANSAS CITY
MINNEAPOLIS
MILWAUKEE
CHICAGO
DETROIT
CLEVELAND
PITTSBURGH
COLUMBUS
CINCINNATI
INDIANAPOLIS
ST. LOUIS
DALLAS
HOUSTON
SAN ANTONIO
NEW ORLEANS
ATLANTA
CHARLOTTE
NORFOLK
WASHINGTON
BALTIMORE
FILADELFIA
NUEVA YORK
HARTFORD
PROVIDENCE
BOSTON
MIAMI
TORONTO
MONTRÉAL
BUFFALO
Quebec
Ottawa
Halifax
MONTERREY
CIUDAD DE MÉXICO
GUADALAJARA
MEDELLÍN
CALI
MARACAIBO
VALENCIA